dtv

Sie feuern wahre Salven von Schimpfwörtern ab, werfen sich in aller Öffentlichkeit kreischend auf den Boden oder zerstören mutwillig die Bauten ihrer Spielgefährten: Kinder gehen beim Austragen ihrer Auseinandersetzungen meist wenig zimperlich vor. Wie sind ihre aggressiven Ausbrüche zu bewerten und was können Eltern dagegensetzen? In ihrem umfassenden, einfühlsamen und an Alltagsbeispielen reichen Ratgeber befasst sich Barbara Friedrich zunächst mit dem Unterschied zwischen destruktiver und konstruktiver Aggression als Teil des kindlichen Entdeckungsdrangs. Ist die Kinderwut dagegen zerstörerisch, weiß die Autorin vielfältige Möglichkeiten, wie Eltern darauf reagieren können. Sie erklärt, wie wichtig das Einüben von Regeln ist, wie Kinder lernen, mit Frust und Seelenschmerz umzugehen, dass der Wunsch nach Kriegsspielzeug nicht automatisch Ausdruck destruktiver Aggression ist und wie Eltern den eigenen Ärger unter Kontrolle halten können. Darüber hinaus hat sie (Bilder-)Bücher speziell für trotzige, zornige und wütende Kinder zusammengestellt.

Barbara Friedrich, geboren 1944, verheiratet, zwei Kinder, war zunächst Lehrerin an Grund- und Hauptschulen und später bis vor wenigen Jahren Analytische Kinder- und Jugendlichenpsychotherapeutin in freier Praxis, Dozentin und Kontrollanalytikerin am Psychoanalytischen Institut »Stuttgarter Gruppe« e.V. sowie Supervisorin für Sozialpädagogen. Zahlreiche Beiträge für den Rundfunk, für Bücher und Fachzeitschriften. Sie lebt in Stuttgart.

Barbara Friedrich

Trotzig, zornig, wütend

Umgang mit kindlichen Aggressionen

Deutscher Taschenbuch Verlag

Überarbeitete Ausgabe
Dezember 2005
Deutscher Taschenbuch Verlag GmbH & Co. KG,
München
www.dtv.de

unter dem Titel: Zornmichel, Triezliese & Co.
Umgang mit kindlichen Aggressionen
Umschlagkonzept: Balk & Brumshagen
Umschlaggestaltung: Stephanie Weischer unter
Verwendung eines Fotos von © zefaimages/Grace
Gesetzt aus der Fairfield 9,5/11,5'
Satz: Greiner und Reichel, Köln
Druck und Bindung: Druckerei C. H. Beck, Nördlingen
Gedruckt auf säurefreiem, chlorfrei gebleichtem Papier
Printed in Germany · ISBN 3-423-34260-9

Inhalt

Ein Wort zuvor
Das böse Bärbel

Das Mädchen, vielleicht drei Jahre alt, war manchmal »bös«: bockig, trotzig, eigensinnig, widerborstig. Ab und zu wusste es schon beim Aufwachen, dass dies ein schwarzer Tag werden würde, ein Tag voller Missverständnisse, Unglücklichsein und Tränen. Ein Tag, den der Nikolaus in sein großes Buch eintragen würde, schwer seufzend über das Kind, das seinen Eltern so viel Kummer bereitet. An einem solchen Tag schälte sich das Kind nur zögernd aus der warmen Betthülle. Keiner außer ihm schien zu ahnen, was bevorstand.

Die ersten Ungeschicklichkeiten wirkten noch zufällig, das Kämmen ziepte zu sehr. »Jetzt halt doch still, wie soll ich dich kämmen!« Der Wollpullover kratzte und die Strumpfbänder verloren beim Kampf mit den zappeligen Fingern diese dämlichen Gumminippel, mit denen es die Strümpfe festmachen sollte. »Kannst du denn nicht aufpassen – sei doch wenigstens nicht so ungeduldig, wenn du es schon unbedingt selber machen musst!«

Die Mutter glaubte vielleicht noch, der Tag ließe sich nur ein wenig dumm an, aber das Kind war erfahren mit diesen frühen Anzeichen. Es wusste, es werde ihm später unmöglich sein, sich an den Namen dieser Frau zu erinnern, die zu Besuch kam und die es nicht mochte, weil sie so komisch roch, und vor deren aufdringlicher Nähe es dem Kind ekelte. Und weil es den Namen nicht sagen konnte, wollte es keinen Knicks machen, überhaupt nicht die Hand geben, sondern lieber fort sein, gar nicht da sein, was am ehesten ging, wenn das Kind schwieg und wegschaute, sich aus dem Haus wünschte und durch verbissenes Schweigen Nichtexistenz vortäuschte. »Du sagst jetzt sofort Guten Tag, hörst du! Sofort! Los!«

An einem solchen Tag schmeckte auch das Essen nicht, nicht einmal vom Lieblingsteller mit dem Zwerg. Dann griff die Mutter in die Das-Kind-muss-mehr-essen-Trickkiste und sagte: »Iss, sonst kriegt der Zwerg keine Luft mehr unter dem Brei.« Halb litt das Kind mit dem Zwerg, der zu ersticken drohte, halb spürte es etwas Perfides an dem Trick der Mutter und das verletzte es tief. Bis zum Nachmittag hatte es ein paar Schläge eingesteckt, mit grimmig-ergebener Genugtuung, weil nicht nur das Kind darunter litt, sondern auch die Mutter: »Das tut mir mindestens so weh wie dir, aber du willst ja nicht hören.«

Am schlimmsten war, wenn der Vater mit zurückgehaltenem Zorn zu dem Kind sagte: »Jetzt bring mal das böse Bärbel raus und komm erst wieder, wenn du die liebe Bärbel mitbringst.« Ratlos verließ das Kind das Zimmer. Es war doch ganz und es gab keine zwei Bärbels in seiner einen Haut. Das Kind war sicher, dass es allein »das böse Bärbel« war und dass es niemand anderen mehr gab in seinem Körper. Alle die bösen Gefühle und die zornigen, eigensinnigen Gedanken waren doch seine eigenen Gefühle und Gedanken. Wie sollte das Kind sich selbst wegschaffen, draußen vor der Tür lassen und sich in jene »liebe Bärbel« verwandeln, die es bestenfalls spielen konnte, aber die es doch nicht war! Oder war es vielleicht nur ein So-tun-als-ob? Dabei schien es doch manchmal tatsächlich die liebe Bärbel zu *sein*, wenn es nur erst eine Weile im Zimmer bei den Eltern war und deren Augen wieder freundlich wurden.

Das Kind mühte sich vergeblich, die Zweiteilung in der Einheit seiner kleinen Person zu begreifen. Es gelang ihm nicht, das Rätsel seiner inneren Verwandlungen zu lösen. Es flüchtete in Fantasien; es erzählte sich selbst Geschichten, stellte sich vor, dass es tot sei, und malte sich aus, wie die Eltern weinend an seinem Grab standen, voller Schuldgefühle und Reue und sehr allein. Später, als es endlich lesen konnte, floh das Kind in die Welten der Bücher, tauchte selbstvergessen ab in die Erzählstränge fremder Leben. Und: es malte. Aber seine Bilder stießen auf Ratlosigkeit und manchmal erzeugten sie Schrecken.

Diese frühen Versuche, das »Böse-Sein« zu verstehen, waren wahrscheinlich der Beginn meiner lebenslangen Auseinandersetzung mit dem Thema Aggression.

»Kinder sollen es besser haben als ich!«

Der Wunsch, Kindern zu helfen, sich selbst in ihrer Welt besser zu verstehen und weniger an ihrem Kindsein zu leiden als »das Bärbel«, war sicher ein Grund, warum ich Lehrerin werden wollte. Ich stellte mir vor, eine liebe Lehrerin zu werden, eine Erwachsene, die kein Kind ärgert oder quält.

Frustriert zu werden ist unangenehm, außerdem ärgert es einen und macht wütend. Frust, so glaubte ich, sei die Wurzel allen Übels und so kam ich zu der festen Überzeugung, man dürfe Kinder nicht frustrieren. Als Pädagogikstudentin war ich begeistert von meinem Tatendrang, die Welt zum Besseren zu verändern. Vom *Alltag* mit Kindern war ich jedoch noch sehr weit entfernt. Die ersten Unterrichtserfahrungen machte ich in Musterklassen, die gewohnt waren, von Studenten unterrichtet zu werden. Außerdem war immer mindestens ein »richtiger« Lehrer anwesend, so dass ich »mit Netz und doppeltem Boden« vor der Klasse stand.

Mit meiner ersten Stelle kam der »Praxisschock«: ein Raum voller bewegungshungriger Zweitklässler. In meinen Übungsklassen hatte ein »Wir machen einen Sitzkreis« genügt und schon saßen nach zwei Minuten die Kinder geordnet im Kreis. Jetzt bewirkte der Satz »Wir machen einen Sitzkreis« lärmendes Chaos. Die Kinder rannten, ihre Stühle in der Hand, schreiend nach vorn. Jeder wollte Erster sein. Möbel polterten. Die Kinder kämpften um die besten Plätze, beschimpften einander und erst nach langem Wüten landeten sie erschöpft auf ihren Stühlen.

Ich begann zu begreifen, dass Aggression allgegenwärtig ist: auf dem Sportplatz Regelbrüche und Foulspiel, auf dem Schulhof Verfolgungsjagden und Rempeleien, in der Pausenhalle Gerangel um die vorderen Plätze in der Schlange vorm Getränkeverkauf und in meinem Klassenzimmer Wettkämpfe ums Drankommen (»Ich! Ich!!«) oder Vornesitzen. Ich wollte eine liebe Lehrerin sein. Und je mehr ich das wollte, umso schwieriger wurden die Kinder. Sie wurden widerborstig und forderten mich heraus. Hatte ich mich einmal (»Och bitte!!«) breitschlagen lassen, dass sie nach der Hälfte der Sportstunde zur Belohnung Völkerball spielen durften, so verlangten sie beim nächsten Mal bereits nach einer Viertelstunde ihr Völkerballspiel und stimmten, wenn ich (böse!) ablehnte, ein Protestgeheul an. Meine Auffassung, ich müsse nur allen Frust vermeiden, dann würden die Kinder von allein das tun, was sie sinnvollerweise tun sollten, geriet ins Wanken.

Endgültig entpuppte sich meine Frustvermeidungs-Überzeugung bei meinen eigenen Kindern als unhaltbar. »Mama, wieso darf ich *nie* so lange aufbleiben wie du?« Die Frage traf mich nach meinem langen, ermüdenden Mutteralltag, als ich nach dem »Sandmännchen« den Fernseher ausschaltete – mit dem Gedanken, ihn später wieder einzuschalten, um beim Spielfilm die Beine hochzulegen. »Weil auch eine Mama noch eine Stunde Feierabend haben will vorm Schlafengehen!« – »Ooooch Mensch – das is gemein!«

Die Kinder zu frustrieren war mir unangenehm, weil ich Geschrei, Gebrüll und Wut, die oft darauf folgten, schlecht ertragen konnte. Aber ich musste mich schützen und meinen Feierabend verteidigen. Dazu war es nötig, den kleinen Plagegeistern meine Grenzen aufzuzeigen. So halfen mir meine Kinder, die notwendige Lektion »Egoismus für Fortgeschrittene« zu lernen.

»Mama, der kann besser rechnen als ich. Und wenn ich ihm sage, dass ich aber besser lesen kann als er, dann sagt der einfach: ›Du bist ja auch größer.‹« – »Mama, der lässt sich von mir verprügeln – und heult nicht mal!!« Mit ihren geschwisterlichen Rivalitäten und Eifersüchteleien stießen mich meine Kinder erneut auf das Thema. Sie wetteiferten gerissen und gewitzt. Sie maßen ihre Kräfte, rauften und schlugen sich und manchmal fragte ich mich bang, wohin so viel geschwisterliche Aggression wohl noch führen mochte.

»Ich musste schon die Mandeln rauskriegen – aber der gaaaaar nicht«, beklagte sich meine Tochter. Bis der kleine Bruder dann doch einmal operiert wurde: »Und dann ist er endlich mal im Krankenhaus – und du guckst dauernd nach ihm!« Die Eifersucht war offensichtlich und der Vorwurf »Rabenmutter!« schwang deutlich mit. Alle meine Versuche, die Geschwister gleich zu behandeln, konnten nichts ausrichten gegen das *Gefühl* eines meiner Kinder, dass ich es »immer« – auf jeden Fall gerade jetzt – schwer vernachlässigte. »Du bist gemein!«, bekam ich an den Kopf. »Du hast den viel lieber als mich!« Geheul, Türenschlagen und ein entschiedenes »Ich mag dich gar nicht mehr!«.

Das irritierte die liebe Mutter, die ich so gerne sein wollte. Es verletzte mich und zwang mich schließlich zum Betrachten meiner wütend-hilflosen Mutterseite. Es war niederschmetternd! Ich war enttäuscht darüber, dass ich keine fortdauernde Harmonie schaffen konnte.

Ein paar Jahre später. In meiner psychotherapeutischen Ausbildung sprachen wir über aggressive Verhaltensweisen von Kindern und darüber, wie sie jeweils zustande gekommen waren – unsere eigene Aggressivität kam jedoch eher zögerlich zur Sprache. Ich bemerkte nicht nur bei anderen Studierenden eine Art Scheu vor Gefühlen wie Ärger oder gar Wut, ich empfand diese Befangenheit selbst. Wenn ich mich einmal ärgerte (»Den könnt ich an die Wand klatschen!«), hätte ich das Gefühl am liebsten ausgeblendet, denn schließlich, so empfand ich es, ist eine Therapeutin doch hilfreich, lieb, gut.

Einmal erzählte ich einem erfahrenen Dozenten, zu dem ich großes Vertrauen hatte, wie es mir mit einem neunjährigen Patienten ging, der schon mehrmals am Schluss seiner Therapiestunde das Monopolyspiel aus dem Regal gerissen, den Deckel abgehoben und den Inhalt ins Zimmer geschmissen hatte. Danach war er grußlos aus dem Raum gerannt und hinaus aus dem Haus und hatte es mir überlassen, alles wieder zu sortieren: Monopoly-Kärtchen und -Geldscheine, Männchen, Häuser und Hotels. »Was geht Ihnen durch den Kopf, wenn Sie auf dem Boden sitzen mit dem ganzen Mist?«, fragte er mich. Es war mir peinlich, aber ich gab zu: »Ich würde am liebsten hinterherrennen und ihm den Hintern versohlen! Ich komme mir vor wie Aschenputtel mit den verdammten Linsen. Ich bin so was von stinksauer! Weil der Kerl mir meine zehn Minuten Pause klaut und weil er einfach weg ist und ich ihm nicht einmal meine Wut ins Gesicht schreien kann.« – »Ist ja wohl auch verständlich und normal – oder? Wenn's anders wäre, würde ich mich fragen, was bei Frau Friedrich nicht stimmt«, sagte mein Gegenüber.

Ich hatte mit diesem Satz von diesem Mann in dieser Situation schneller und besser als durch einen Vortrag oder die Lektüre eines Buches etwas begriffen: Meine gereizten, ärgerlichen, wütenden Seiten verschwanden nicht dadurch, dass ich Therapeutin war. Nach und nach lernte ich auch, dass meine Wut oft genug notwendig ist, um ein Kind besser zu verstehen. Sie ist nötig, damit ein Kind erleben kann, *dass* ich sie auch kenne und *wie* ich mit ihr umgehe.

Einmal nervte mich ein Sechsjähriger in einer Therapiestunde mit mutwillig angerichtetem Chaos. Er hatte im Sandkasten etwas aufgebaut, dann hatte ihn irgendetwas geärgert, das ich gesagt hatte. Nun griff er in die nasse Sandpampe, wog die Ladung in der Hand und blickte mich boshaft-provozierend an. Ich sagte: »Ich glaub, du würdest mich jetzt am liebsten auch noch damit beschmeißen – und dann sehen, wie ich eine Stinkwut kriege und platze!« – »Ja!«, sagte er und das war ein tief befriedigtes und erleichtertes Ja. Er grinste.

In dem Augenblick war ich entgeistert und hilflos. Ich hatte auf die Schnelle nicht die mindeste Idee, wie ich diese Situation bewältigen konnte. Ich hatte Angst davor, dass er mir tatsächlich die Ladung ins Gesicht schmeißen würde. Ich fürchtete aber auch, dass ich dann einen Koller bekäme – und das wollte ich mit Sicherheit genauso wenig.

Wir sahen uns nur an, maßen einander mit Blicken. Dann klatschte er die Pampe zurück in den Kasten und fuhr mit Manschen fort. Einmal sagte er zu mir: »Gott hat gemacht, dass die Menschen gut *und* böse sind.«

Später erzählte mir seine Mutter, dass er aus einer Therapiestunde gekommen sei und gesagt habe: »Gell, Mama, du magst mich auch, wenn ich bös bin!« – »Sicher«, hat sie geantwortet, »ich bin ja auch manchmal wüst zu dir, und du magst mich trotzdem. Das gehört dazu, dass man mal zofft. Das geht gar nicht anders. Aber mögen tut man sich trotzdem.«

Kapitel 1
Was ist Aggression?

Frau Moser füttert ihre dreieinhalb Monate alte Tochter Sarah. Vorsichtig führt sie den Löffel zu Sarahs Mund. Da rudert das Baby kräftig mit den Ärmchen. Der Brei landet auf dem Lätzchen. Die Mutter seufzt. Schon wieder Wäsche! »So 'n kleines Biest«, schießt es ihr durch den Kopf, »schlägt doch tatsächlich nach dem Löffel!« Und dann: »Wie Bernd.« Vetter Bernd ist geradezu berüchtigt wegen seiner Aggressivität. Schon im Kindergarten ist er durch Raufereien und wildes Protestgehabe aufgefallen.
Vorsichtig bringt die Mutter den nächsten Löffel auf den Weg. Dabei schaut sie in Sarahs entwaffnend fröhliches Gesichtchen. Und da spürt sie: Sarahs Nach-dem-Löffel-Hauen hat mit den Raufereien ihres Vetters Bernd nichts gemein.
Wieder rudert Sarah mit den Ärmchen. Aber diesmal schafft es die Mutter, die Breiladung aus der Gefahrenzone herauszuhalten. Und dabei spürt sie, dass Sarah an etwas Wichtigem »arbeitet«, dass sie nämlich versucht, aktiv am Gefüttertwerden teilzuhaben und dabei mitzumachen.

Die konstruktive Aggression

Das ist richtig. Und es war auch richtig, dass Frau Moser der Begriff »Aggression« in den Sinn kam, als Sarah den Breilöffel traf.

Baby Sarah hat schon bald nach der Geburt, begonnen, seine Umwelt großäugig schauend mit den Augen, grabschend und greifend mit den Händchen und saugend-kauend mit dem Mund zu erkunden und sie sich so zu Eigen zu machen.

In diesem Tun zeigt sich eine der beiden Hauptformen von Aggression, und zwar jene Form der Aggression, die vom ersten Tag unseres Lebens an eine wichtige Antriebskraft für unsere Entwicklung ist.

Der Begriff »Aggression« kommt von lateinisch »aggredi«. Das heißt »an etwas herangehen«, und zwar ganz ohne die böse Bedeutung, die das Wort heute so oft umhüllt.

Diese Form der Aggression steckt in allem Tun, das zur *Selbstbehauptung* gehört. Sie hilft dem kleinsten wie dem großen Kind, sie ist die Antriebskraft für das Meistern von Schwierigkeiten und für den Erwerb von Fähigkeiten; sie ist die Kraft, die das Kind dazu bringt, in vielen kleinen Schritten selbstständig zu werden und seine Bedürfnisse, Wünsche oder Forderungen anzumelden.

Weil durch diese Form der Aggression so viel Gutes entsteht, nenne ich sie mit vielen Psychologen *konstruktive Aggression*.

Die konstruktive Aggression ist Teil der Vitalität, die ein Kind mitbringt, wenn es auf die Welt kommt, und im Laufe des Heranwachsens entwickelt sie sich immer weiter. Sie hilft dem Kind, sich an die Umwelt und ihre Anforderungen anzupassen. Und sie ist auch der Motor für die Reifung aller im Kind angelegten Fähigkeiten.

Wir sehen: konstruktive Aggression ist im Spiel,

- **wenn der sechs Wochen alte Björn wach ist, sich wohl fühlt und sich interessiert den Dingen seiner Umgebung zuwendet,**
- **wenn Sarah mit aller Kraft viele Minuten lang ein Spielzeug mit den Blicken fixiert und mit dem Rudern ihrer Ärmchen den Löffel zu erreichen sucht,**
- **wenn der siebenjährige Thomas seinen erweiterten Lebensraum »erobert«, indem er auf dem Schulweg neugierig in eine Nebengasse geht und sich an einer Schaufensterscheibe die Nase platt drückt,**
- **wenn ein Kind beglückt erlebt, dass es etwas bewirkt.**

Die Haferflocken-Verwandlung oder Lenas Stolz
Mutter und Lena, drei, beim Frühstück. Das Telefon klingelt in der Diele. Als die Mutter nach dem Telefonat wiederkommt, erstarrt sie. Rings um Lena ist alles weißlich gesprenkelt: der Tisch, der Teppichboden, auch Lena selbst. Die Mutter muss

sehr tief atmen, bevor sie leidlich gefasst sagt: »Lena, ich mag wirklich nicht sehr gern sauber machen. Lass bitte die Haferflocken in der Dose.«
Was war bloß in Lena gefahren? Hatte sie der Mutter die Abwesenheit »heimzahlen« wollen? War das Ganze ein bösartiger Angriff auf Mutters Bemühungen um ein Minimum an Ordnung? Nein.
Lena hat sich Haferflocken nachfüllen wollen. Dabei sind einige neben den Teller gerieselt und auf der blauen Tischdecke hat das so fröhlich ausgesehen. Selbstvergessen hat Lena weitergestreut. Die Haferflocken machen ein leises Geräusch in der Blechdose, wenn Lena sie schüttelt. Und oben kommt Staub heraus! Den kann sie schmecken. Er schmeckt nach Haferflocken. Wie sich der Boden verändert! Sie kann eine Flockenlinie auf den Teppichboden streuen!
Lena betrachtet die Verwandlung: Das alles hat sie ganz allein gemacht!
Sie ist fasziniert davon, dass sie auch mit Haferflocken Spuren hinterlassen kann – bislang hat sie nur die Spur eines Wachsstifts auf Papier gekannt oder die nasse Spur ihres Fingers auf dem beschlagenen Spiegel.
Lena fühlt sich wie einer jener Menschen, die an Mauern und Wänden, auf Tischen oder Bänken Zeichen setzen und ihre Spuren hinterlassen: »McKilroy was here«. Das Geräusch in der Blechdose, der Haferflockengeschmack des Staubs erweitern ihr Weltbild ebenso wie Kuchenteigkneten oder das Hantieren mit Vaters Hammer. All dies sind Äußerungen der konstruktiven Aggression, die Lenas Großwerden unterstützen.
Sie ist stolz, stolz wie der Vater war, als er im Kinderzimmer den Teppichboden mit dem lustigen Muster verlegt hatte. Da war das Kinderzimmer ganz verwandelt. Das ist ja alles wie Zaubern! Lena kann zaubern!

Sich selbst als Urheber erleben: Ein Grundbedürfnis
Etwas in Bewegung setzen, etwas bewirken, sich selbst als Ursache von etwas erleben – das ist ein menschliches Grundbedürfnis. Wissenschaftler haben gezeigt, dass schon Babys dieses

Grundbedürfnis haben. Sie ließen bei vier Monate alten Säuglingen Lichter aufblitzen, immer wieder ein paar Sekunden lang. Anfangs schauten die Babys neugierig hin, zeigten Interesse für das Spektakel. Mit der Zeit ließ ihre Aufmerksamkeit nach. Es geschah ja nichts Neues, es gab nur immer wieder diese Blitze.

Dann haben die Wissenschaftler es so eingerichtet, dass ein Baby einen Lichtblitz auslöste, wenn es dreimal hintereinander seinen Kopf auf die Seite drehte.

Die Babys hatten sehr schnell heraus, dass und wie sie die Lichtblitze hervorrufen konnten. Nun drehten sie immer wieder den Kopf zur Seite und man sah deutlich, dass sie sich freuten, wenn es blitzte. Mit dem Interesse am Anknipsen erging es den Babys anders als mit ihrem Interesse an den Lichtblitzen, die sie nicht selbst hervorgerufen hatten.

Das Interesse am *Machen* ließ *nicht* nach! Im Gegenteil: Die Babys erzeugten mit ihren Kopfbewegungen immer häufiger neue Blitze! Dabei schienen sie gar nicht so sehr die Blitze zu beachten, vielmehr schienen sie sich darüber zu freuen, dass sie etwas vollbringen konnten. Die Säuglinge verschafften sich auf diese Weise die fröhliche Befriedigung: »Ich hab was *gemacht*! Ich hab was *angestellt*!« Diese Freude am Hervorbringen, am Vollbringen, am Urheber-Sein ist vielleicht eine der spannendsten und erstaunlichsten Facetten der konstruktiven Aggression, die uns vom ersten Lebenstag an – wenn nicht schon lange vorher – in unserem Werden voranbringt.

Die konstruktive Aggression und die Grundbedürfnisse

Die konstruktive Aggression treibt den fünfjährigen Sven an, wenn er sich bemüht, auf einen Baum zu klettern. Und auch die kleine Ilka, wenn sie immer und immer wieder auf ihr Kinderfahrrad steigt, um das Fahren zu üben.

Die konstruktive Aggression zeigt sich in allem Neugierverhalten, im Forscherdrang und im Bestreben, sich der Welt zu bemächtigen (s. das Kapitel »Auf dem Weg zur Autonomie«, S. 30).

Die konstruktive Aggression ist die Kraft des Kindes, auf dem Spielplatz seine Interessen anzumelden: »Geh mal runter von der Schaukel, ich will jetzt rauf!«

Sie ermöglicht dem Kind, sich zu verteidigen: »Wenn der mich an den Haaren ziehen will, schieb ich ihn einfach weg«, sagt der vierjährige Sascha über seinen brüderlichen Umgang mit Baby Björn.

Die konstruktive Aggression ist die Energie, mit der das Kind auf sich und seine Bedürfnisse aufmerksam machen kann: Der vier Monate alte Björn schreit, wenn er Hunger hat oder Gesellschaft haben möchte: Björn »klagt« seine Milchflasche »ein« oder verlangt lautstark nach einer frischen Windel, wenn es ihm unbehaglich nass ist – und um Saschas Gesellschaft anzufordern, hat er sogar einen ganz anderen Ton.

Die konstruktive Aggression ist die Antriebskraft, mit deren Hilfe das Kind ein Bedürfnis selbst befriedigt: Björn streckt sich ganz lang, bis er endlich den Bauklotz ergreifen kann, der am Rand seiner Decke liegt.

Diese Form der Aggression ist eine positive Kraft, sie ist gut für das Kind; sie hilft ihm, groß zu werden in seiner Welt, und sie gewährleistet, dass seine Grundbedürfnisse befriedigt werden.

Zu den Grundbedürfnissen zählen jedoch nicht nur Essen, Trinken und Schlafen. Zu den Grundbedürfnissen gehören auch Reize für alle fünf Sinne: Sehen, Tasten, Hören, Riechen und Schmecken.

Alle diese Sinne brauchen Nahrung, um nicht zu verkümmern, und auch diese ist ein Grundbedürfnis.

Außerdem gehört die Liebe eines vertrauten Menschen dazu, seine Zärtlichkeit, Streicheln und Knuddeln, Warme, liebevolles Gehaltenwerden – alles, was der Begriff »Hautkontakt« zusammenfasst. Und was leicht vergessen wird: Unterhaltung in einem weiten Sinn: Beziehungen zu anderen Menschen, Ansprache, Zwiesprache, Schauen, Spielen und Lernen, auch das in einem umfassenden Sinn.

Jedes Baby bringt einen beträchtlichen Reizhunger mit auf die Welt. Sie kennen die Begriffe »Erlebnishunger«, »Lebenshunger«, »Wissensdurst« und den überaus wichtigen Begriff »Bewegungshunger«. Die Weisheit der Sprache zeigt es an: Ohne die Befriedigung dieser Grundbedürfnisse müssten Babys seelisch verhungern oder verdursten. Reizhunger ist das dringende Bedürfnis, etwas zu erleben, etwas zu lernen – das bedeutet für die Babys Sarah und Björn beispielsweise, Dinge zu betrachten, die unterschiedlichsten Gegenstände anzufassen, ihre Beschaffenheit zu erspüren, Geräusche und Töne zu hören usw.

Viele Reize finden Sarah und Björn bereits in sich selbst vor, etwa das Kollern in Sarahs Bauch oder Björns Atemgeräusch. Andere entdecken sie in ihrer Welt: Die Babys betrachten die Licht- und Schattenspiele an der Wand, Björn befühlt seine Decke mit den Händen, Sarah spürt die Spuckwindel an der Wange; sie hören die Geräusche in der Wohnung, das Telefonläuten, das Gerumpel der Waschmaschine, Mutters Singen ... Sie freuen sich, wenn es *neue* Dinge zu erfahren gibt, ja, sie haben schon in den ersten zwei Lebenswochen versucht, mit großer Anstrengung ihr Köpfchen neuen Geräuschen oder Gestalten zuzuwenden, die in ihrer Nähe auftauchten. Bereits das Neugeborene wird aktiv, um etwas zu erleben, ja, es kann sogar schon lernen, sich selbst solche Reize zu verschaffen.

Neugeborene saugen nicht nur, wenn sie gefüttert werden, sondern sie saugen unabhängig vom Trinken einfach nur so. Sie können die Muskelbewegungen, die zum Saugen nötig sind, sehr gut kontrollieren, d. h., sie saugen nicht reflexartig, sondern sie können willkürlich langsamer, schneller, fester oder weniger fest saugen – wie es ihnen gerade gefällt.

Ein Experiment mit Schnuller und Bilderkarussell

Forscher haben Säuglingen präparierte Schnuller in den Mund gesteckt, in denen eine winzige Vorrichtung verborgen war, die ein Bilderkarussell in Gang setzen konnte. Wenn der Säugling mit einer bestimmten Stärke und in einem bestimmten Rhythmus (also etwa zweimal lang und fest, einmal kurz und schwächer) saugte, schaltete sich das Bilderkarussell ein: Im Blickfeld des Babys erschienen Bilder, und das Baby betrachtete sie mit Vergnügen. Wenn das Karussell nach einer Weile stoppte, konnte der Säugling es durch das Saugen wieder in Gang setzen – und das tat er auch immer wieder (Daniel N. Stern 1992, S. 64).

Ich finde es fantastisch, mit welcher Energie die gerade erst auf die Welt gekommenen Babys sich »etwas zu gucken« verschafft haben! Ihr Kind hätte als Baby genauso reagiert, denn die konstruktive Aggression, die die Forscher mit dem geschilderten Versuch in ihrem Wirken studieren konnten, ist allen Neugeborenen eigen. Sie ist von Beginn des Lebens an wirksam. Sie ist die Triebfeder für das Tun des Kindes und für das Vorwärts! in seiner Entwicklung. Ich nenne diese unentbehrliche Energie darum »Lebenskraft Aggression«.

Die konstruktive Aggression sichert und schützt unsere Bedürfnisse, unser Eigentum und unsere Rechte. Sie ist der Motor für Sarahs Anstrengung, beim Gefüttertwerden mitzuhelfen, für das Einschalten des Bilderkarussells und für Lenas schöpferische Streu-Aktion, bei der sie sich stolz als Urheber einer verblüffenden Veränderung erlebt. Ebenso ist die konstruktive Aggression die treibende Kraft bei den Bemühungen eines Teenagers, ein schwieriges Problem zu lösen (»Wie komme ich pünktlich zu meiner Verabredung, wenn mein Fahrrad einen Platten hat, mein Bruder mir sein Rad nicht leihen will und Mutter mich nicht fährt, weil ich die Hausaufgaben noch nicht gemacht habe?«) oder etwas in Bewegung zu setzen, »damit endlich etwas geschieht«.

Teufelskreise

Sarah, die Fortsetzung

Betrachten Sie noch einmal die Szene am Anfang des Kapitels, als Sarah mit ihrem Ärmchen auf den Löffel schlägt: Die Mutter ärgert sich über die Kleckerei und zugleich geht ihr die Frage durch den Kopf, ob Sarah womöglich genauso aggressiv ist wie ihr Vetter Bernd. Frau Moser hat sich durch die fröhlichen Augen ihres Kindes eines Besseren belehren lassen.

Aber die Geschichte hätte auch so weitergehen können: Die Mutter befürchtet, dass ihr kleines Mädchen mit dem Schlag bereits rabaukenhafte Züge zeigt: Angst steigt in ihr hoch, sie könne tatsächlich so werden wie ihr schlimmer Vetter. So lässt sie Sarah ihren Ärger spüren und stoppt mit einem aufgebrachten »Nein!« Sarahs Bemühungen.

Wie jedes Kind, das sich gebremst sieht, verstärkt Sarah erst einmal ihre Anstrengungen. Dann jedoch quengelt und weint sie, brüllt wütend los und schlägt am Ende womöglich um sich. Die konstruktive Aggression ist im Handumdrehen umgeschlagen, Enttäuschung, Ärger, Entrüstung, Feindseligkeit und Wut beherrschen die Szene – die andere Form der Aggression regiert: die feindselige Aggression.

Lena, die Fortsetzung
Auch für Lenas Haferflockengeschichte ist eine Fortsetzung denkbar, die in feindseliger Aggression endet.
Die Mutter steht unter Stress. Sie erlebt Lenas Tun als »böse«, sie fühlt sich durch das staubige Treiben ihrer Tochter provoziert. Dieser ganze »Dreck« auf dem Teppich macht sie zornig und sie herrscht ihre Tochter an: »Ja spinnst du denn?! Das kannst du doch nicht machen!« Und damit setzt sie einen Teufelskreis von Zorn und Wider-Zorn in Gang – feindselige Aggression auf beiden Seiten.

Und noch ein Beispiel dafür, wie die konstruktive Aggression umschlagen kann.

Sophia zermatscht eine Raupe
Sophia, knapp ein halbes Jahr alt, ist ein beharrliches Persönchen, und wenn die Mutter ihr etwas Verbotenes aus der Hand nimmt, einen Filzstift etwa oder die Nagelschere – was immer Sophia unbedingt mit Lippen, Mund und Händen erkunden will –, stimmt sie nicht nur ein Protestgeheul an, sondern schlägt auch nach Mamas »böser« Hand, die ihr die interessanten Dinge fortnimmt.
Die Mutter fühlt sich angesichts dieser Reaktion ihrer Tochter immer sehr schlecht. Sie erlebt Sophias Geheul und ihren Zorn als ein Ungestüm, das sie schmerzlich an ihren jähzornigen Vater erinnert, mit dem sie schreckliche Szenen erlebt hat. Sie hat Angst, dass Sophia seine Unbeherrschtheit und Heftigkeit geerbt hat, und dem muss sie von vornherein Einhalt gebieten. Streng ist sie mit Sophia. Nichts lässt sie ihr durchgehen, wenn sie energisch nach etwas verlangt: »Nein! Du bist bös!« Und

wenn Sophia dann, wie die meisten kleinen Kinder, enttäuscht und wütend brüllt, fährt die Mutter sie an: »Du jähzorniges kleines Biest!«
Als Sophia drei Jahre alt ist, sieht sie auf dem Gartenweg eine dicke, haarige Raupe. Sie betrachtet sie, dann hebt sie den Fuß, zerquetscht die Raupe mit ihrem Schuh und betrachtet den zermatschten Rest mit offensichtlichem Vergnügen. Diese Art des neugierigen Untersuchens ist für ein Kind in diesem Alter normal. Dass Mütter eine zermatschte Raupe eklig finden, ist auch normal. Zwei Jahre später wissen Kinder schon mehr über lebendig sein, tot machen und tot sein, damit hören derlei Erkundungen allmählich auf. Sophias Mutter sieht jedoch nur die zermatschte Raupe. Sie betrachtet Sophia als sadistisches kleines Monster und macht aus ihrem Abscheu keinen Hehl: »Bist du des Teufels? Stell dir vor, jemand täte das mit dir!«
Die Mutter ist so erschüttert und erschrocken, dass ihr die Szene nicht aus dem Kopf geht. Sie hat als Kind unter ihrem unbeherrscht cholerischen Vater gelitten. Nun befürchtet sie, dass bei Sophia diese schlimmen Eigenschaften durchschlagen. Das macht ihr Angst und sie will es unbedingt verhindern. Sie möchte aus ihrem Kind ein sensibles Wesen machen, das alles Lebendige achtet und schützt. Deswegen erinnert sie ihre Tochter bei jeder Gelegenheit an das Raupenerlebnis und wiederholt ihre Vorwürfe: »Du bist des Teufels! Du bist bös! Du bist aggressiv!«
Sie tut das in bester Absicht und ahnt nicht, was sie über die Jahre damit in Wirklichkeit anrichtet: Aus Sophia wird nämlich bis zur Einschulung ein unfrohes Mädchen, »bös« und feindselig, das blitzartig ausflippen und zuschlagen kann. »Wie mein Vater!«, denkt die Mutter entsetzt. Sie weiß nicht, dass das Elend, ein so »böses« Kind zu haben, hausgemacht ist. Was ist geschehen?

Eine Prophezeiung, die sich selbst erfüllt

Ein Kind spürt normalerweise die zärtlichen, liebevollen Blicke der Eltern, es hört ihre aufmunternden und lobenden Worte. Es erlebt, dass die Eltern sich über ihr Kind freuen und gern mit ihm zusammen sind. Das ist natürlich nicht immer so, nicht durchgängig vierundzwanzig Stunden an sieben Tagen der Woche. Aber wenn das die Grundstimmung ist, reicht es.

Für das Kind sind die Eltern wie ein Spiegel. Wenn es in diesen Spiegel blickt, spürt es: »Papa ist entzückt, wenn er mich sieht. Mama strahlt und lobt mich. Sie haben mich sehr lieb!« Auf diese Weise »sieht« das Kind, »wie es ist«: nämlich liebenswert, rundum toll. Es sonnt sich im Blick der Eltern. Der Blick wirft ihm wie ein Spiegel seine Wirkung zurück, und das Kind spürt: »Ich bin liebenswert. Ich bin tüchtig. Ich bin gut so, wie ich bin.«

Das Kind »weiß« dies alles nicht bewusst. Es könnte das, was es spürt und erlebt, nicht mit Worten wiedergeben. Dieses »Wissen« setzt sich fest als sein Selbstwertgefühl, als Selbstsicherheit und Selbstvertrauen.

Hört nun ein Kind über lange Zeit immer wieder, es sei schlimm, aggressiv und böse, so bekommt es ein sehr schlechtes Bild von sich.

So ergeht es Sophia. Die Mutter meint immer wieder, Eigenschaften ihres Vaters aufblitzen zu sehen: Wenn Sophia sehr stürmisch ist, wenn sie etwa im Überschwang kindlicher Neugier zu forsch mit ihrer Schere hantiert und versehentlich etwas kaputtgeht, deutet die Mutter Sophias konstruktive, gute Aggression um, bezeichnet sie als »schlimm«, als »gefährlich« oder »bösartig«: »Lass das doch! Musst du denn alles kaputtmachen!« – »Sei doch nicht so grob!« – »Das ist ja schrecklich mit dir. Egal, was ich dich machen lasse, du machst alles kaputt!«

Sophia beeindrucken nicht nur die Worte. Es erschreckt sie genauso, wenn sie Angst oder Entsetzen über Mutters Gesicht huschen sieht, wenn Mutters Augen misstrauisch-schmal werden, wenn sie sie erschrocken aufreißt oder wenn die Mimik der Mutter plötzlich erstarrt. Sophia speichert »das Schlimme«, das sie gespiegelt bekommt, in ihrem Selbstbild ab.

Sie kann sich anstrengen und bemühen, so viel sie will – immer wieder spiegelt die Mutter ihr, sie sei »schlecht«. Irgendwann sind Mut und lebendige Fröhlichkeit dann aufgebraucht, das Kind wird mürrisch, unzufrieden, unlustig, widersetzlich. Manchmal entlädt sich angestaute Wut oder ein Übermaß an Unwohlsein blitzartig. Und nun entspricht Sophia immer mehr dem Zerrbild, das die Mutter in ihrer Angst vor einer möglichen Ähnlichkeit Sophias mit dem Opa zu »sehen« begonnen hat. Das Urteil »du bist bös« oder »du bist aggressiv« ist immer häufiger keine falsche Zuschreibung mehr, sondern traurige Realität.

Die Fehldeutungen und ungerechtfertigten Zuschreibungen der Mutter haben Sophia zu dem werden lassen, was sie nun ist. Dieser Vorgang heißt »self-fullfilling prophecy«, das bedeutet: eine sich selbst erfüllende Prophezeiung. Durch die strenge Einschränkung ihrer konstruktiven Aggression und die ständige Spiegelung, dass sie »böse« sei, wurde Sophia tatsächlich unberechenbar und unverträglich. Am Ende waren beide, Mutter und Kind, unglücklich in einer Spirale der Feindseligkeit und Aggression gefangen.

Und nur eine Therapie konnte beiden helfen, dieser Falle wieder zu entkommen.

Sophias Mutter hat sich nach einigen Beratungsgesprächen entschieden, eine Psychotherapie zu machen. Nach ein paar Einzelsitzungen ging sie in eine Gruppentherapie. Dort hat ihr das Feedback der anderen Gruppenteilnehmer geholfen, sich und Sophia anders wahrzunehmen. Am meisten hat sie davon profitiert, dass der Therapeut mit sehr viel Humor schwierige Situationen in der Gruppe auflösen konnte. Manches hat sie später zu Hause ähnlich gemacht.

Am Ende ihrer Therapie waren nicht nur ihre alten »Seelenknoten« aufgelöst, sie hatte dazu noch ein gutes Polster aus Humor erworben, das ihr half, mit mehr Gleichmut einfach mal zu warten, wie sich Sophia denn weiterentwickelt, welche Gaben, welche Stärken, welche Schwächen und welche familiären Ähnlichkeiten sich denn nun tatsächlich bei ihr zeigen.

In dem Kapitel »Frust ist eine Sache mit zwei Gesichtern« (S. 83) finden Sie noch andere Beispiele dafür, wie sich aus konstruktiver Aggression ihr Gegenteil entwickeln kann – oder eben auch etwas völlig anderes.

Wie man merkt, dass etwas schief läuft

Verstehen Sie bitte recht: In der Geschichte von Sophia geht es nicht um gelegentliche Ärgerreaktionen der Mutter, die völlig normal und angemessen sind (s. »Wie gut müssen gute Eltern sein?«, S. 182), sondern hier geht es darum, dass Sophias Mutter bestimmte Vorkommnisse grundsätzlich in einer Weise missdeutet, die Sophia als »böse« und »schlecht« kennzeichnet. Das hat nichts mit vorübergehender Belastung zu tun oder mit gelegentlicher Unbeherrschtheit, wie sie im Alltag vorkommen kann! Diese Mutter nimmt bestimmte Ausschnitte der Realität fast immer falsch wahr, weil sie von der Furcht vor ihrem eigenen Vater und dessen Unberechenbarkeit und Härte beherrscht wird.

Praxistipp:
Was können Sie aus Sophias Geschichte lernen?
Wenn Ihnen andere Mütter oder Ihre Freundinnen häufiger sagen: »Du bist aber streng! Das hat Deine Tochter doch bestimmt nicht böse gemeint!«, oder wenn Sie sich öfter dabei ertappen, dass Sie mit Sorge über mögliche Ähnlichkeiten Ihres Kindes mit ungeliebten Familienangehörigen nachdenken, dann kann es für Sie und Ihr Kind hilfreich sein, wenn Sie zu einer Beratungsstelle gehen und dort über Ihre Ängste sprechen.
Ein Berater kann als Außenstehender leichter erkennen, wenn ein Elternteil so sehr in eigene Besorgnis verstrickt ist, dass das Kind darunter leidet. Er kann eher unterscheiden, was bei einem Kind gesund und normal ist und was nicht. Und er kann Ihnen Wege zeigen, wie Sie aus Ihrer ungünstigen Wahrnehmung herausfinden.

Die feindselige und destruktive Aggression

Die destruktive, feindselige Aggression ist bekannt als hässliches, verletzendes Benehmen aus Zorn, Wut und Hass. Sie steckt in der Rachsucht und äußert sich als Tyrannisieren und Quälen, wie es zum Beispiel in dem Bilderbuch ›Juul‹ erschütternd aus der Sicht des Opfers dargestellt ist.

Juul hat rote Haare. Seine Haarfarbe ist das äußere Zeichen dafür, dass die anderen ihn als grundlegend »anders« wahrnehmen, ihn ausschließen, verspotten, ächten, quälen und ihn trotz aller Anpassungsversuche, aller Bemühungen, sich »passend« zu machen, in die Selbstaufgabe treiben. Seine Selbstdemontage endet erst, als fast nichts mehr von ihm übrig ist.

Feindselige Aggression ist wütendes, feindseliges Verhalten *als Folge* von Schmerz, qualvoller Überforderung oder auch allzu großem Frust, wie der allgemeine Sprachgebrauch Frustrationen verkürzt nennt. Damit sind Erlebnisse von Enttäuschungen und Versagungen gemeint, auch erzwungener Verzicht auf etwas sehr Begehrtes gehört dazu sowie Schmerz und qualvolle Überforderung. Dabei denke ich an weinende Kinder, die wütend oder auch mit kläglichem Gesicht nach ihrem Peiniger schlagen.

Wie feindselige Aggression entsteht

Sophias Geschichte hat gezeigt, wie konstruktive in destruktive Aggression umschlagen kann. Hier noch einige andere Geschichten, die veranschaulichen, wie es zu destruktiver Aggression kommen kann.

Voraussetzung für das Entstehen feindseliger Aggression ist großer Schmerz, unerträgliche Frustration, gefühlsmäßige Überforderung und übermäßiges Unbehagen (s. »Exzessives Unbehagen«, S. 87).

Daniel verteidigt seinen Sandkasten oder
Hilflosigkeit ist wie ein heftiger Schmerz

Daniel ist drei. Er sitzt in seinem kleinen Sandkasten und spielt. Da gesellt sich die große Schwester zu ihm und zwängt sich ebenfalls in den kleinen Kasten. Daniel will sie nicht bei sich dulden – es ist sein Sandkasten und er verteidigt ihn. Er versucht, die große Schwester hinauszudrücken, aber das gelingt nicht. Sein Unmut wächst, er quengelt, schubst und schließlich schlägt er wild um sich, um die große Schwester zu vertreiben.

Bei genauem Betrachten dieser Szene fällt zunächst die *konstruktive Aggression* ins Auge: Daniel tritt für seine Bedürfnisse und Rechte ein. Da er sich jedoch gegen die wesentlich stärkere Schwester nicht durchsetzen kann, wächst sein Ärger. Daniel empfindet immer deutlicher seine Wehrlosigkeit gegenüber der großen Schwester – seine Hilflosigkeit ist wie ein heftiger Schmerz, der ihn quält. Die Gefühlstönung der Aggression, die zunächst dem Wahren seiner Interessen galt, wandelt sich. Schließlich wird die Sache für ihn unerträglich, und die *konstruktive* Aggression schlägt um in *feindselige* Aggression.

Wenn Weinen nicht geht oder
Feindselige Aggression als letztes Ventil
Der sechsjährige Piet steuert an einem sonnigen Nachmittag auf dem Spielplatz zielstrebig Vinzenz' Sandburg an und mit hoch befriedigtem Gesicht tritt er kräftig hinein. Was bedeutet dieser Ausdruck von Genugtuung? Woher kommt dieser Ausbruch feindseliger Aggression?
Die Vorgeschichte: Piet und Vinzenz hatten ein paar Tage zuvor miteinander bei Vinzenz daheim gespielt und die Holzeisenbahn aufgebaut. Die Buben hatten Streit bekommen und Vinzenz, dieser aufbrausende kleine Hitzkopf, hatte kurz entschlossen den von Piet aufgebauten Teil der Anlage auseinander genommen und weggepackt: »Wenn du das nicht so machst, wie ich es will, packe ich es eben ein. Ist ja sowieso meins.«
Piet hätte weinen mögen, aber er konnte nicht. Er befürchtete Vinzenz' Spott und wollte keinesfalls riskieren, dass er von ihm als »Heulsuse« reden würde. So war Piet sehr verletzt heimgegangen. Seiner Mutter mochte er auch nichts erzählen, weil gerade die Großeltern zu Besuch waren. Und deren Reaktion konnte er nicht einschätzen. Da hielt er lieber den Mund. (Am Ende ging die Geschichte doch noch gut aus, s. das Kapitel »Balgen, kloppen, keilen oder Ohne Regeln geht es nicht«, S. 72.)

Die Unterscheidung zwischen destruktiver und konstruktiver Aggression mag ein bisschen theoretisch klingen. Aber das ist schon deutlich geworden: Wenn wir sie im Kopf haben, hilft sie uns, bei unseren Kindern anders hinzusehen und damit auch auf das Verhalten der Kinder anders zu reagieren.

- **Wenn Eltern unterscheiden können, ob konstruktive oder destruktive Aggression ein Verhalten bestimmt, können sie ihren Kindern helfen, angemessen damit umzugehen. Sarahs Mutter kann den Schlag auf den Löffel anders beantworten, wenn sie weiß, dass eine positive Kraft hinter dieser Aggression steckt und nicht etwa Böswilligkeit und der Wunsch, die Mutter zu kränken.**
- **Es macht einen Unterschied, ob ein Kind sich verteidigt oder ob es angreift, ob es sich gegen Zumutungen wehrt oder ob es ein anderes Kind schikaniert.**
- **Das Wissen, dass nicht alles Aggressive böse ist, kann dem Teufelskreis einer sich selbst erfüllenden Prophezeiung vorbeugen. Doch dieses Wissen allein reicht nicht immer aus: Sophias Mutter hat erst in ihrer Therapie dazu gefunden, sich von Sophias Aggression nicht mehr an die Gespenster ihrer Vergangenheit erinnern und dadurch ängstigen zu lassen.**

Angst vor der Aggression

Kinder stellen die *feindselige Aggression*, wenn sie ihnen »passiert« ist, manchmal als unkontrollierbaren Vulkanausbruch dar: Unmut, Groll, Beschimpfungen, Wut, Explodieren … Diese Seite der Aggression macht Angst und mit ihr umzugehen ist so schwierig! Vielleicht ist es ja gerade diese Furcht, die einen beim Auftauchen des Wortes »Aggression« diese vorschnell mit Destruktivität und Bösem gleichsetzen lässt.

Hierher gehört auch, dass es früher üblich war, Aggression mit Aggression zu bekämpfen. Viele Erwachsene haben als Kinder Watschen, Prügel oder Ähnliches bezogen, wenn sie mal feindselig destruktiv wurden. Dadurch wurden Gefühle wie Zorn oder Wut mit Angst verknüpft.

Der russische Forscher Pawlow hatte herausgefunden, dass einem Hund bei einem Klingelzeichen das Wasser im Mund zusammenläuft, nachdem er eine Zeit lang sein Fressen zuverlässig beim Ertönen des Klingelzeichens bekommen hatte. Ähnlich ist es, wenn Eltern ihre Kinder durch Aggression von Aggression »befreien« wollen und brüllen oder zuschlagen, wenn das Kind

»böse« ist. Spürt nun ein so dressiertes Kind Zorn in sich aufsteigen, dann steigt gleichzeitig auch Angst in ihm auf. Diese Gleichzeitigkeit der Gefühle kann ein Kind völlig lähmen. Das kann so weit gehen, dass die Angst es nicht zulässt, dass das Kind seine Wut auch nur ansatzweise spürt. Das ist eine typische Situation, in der Kinder krank werden oder zur Autoaggression (s. S. 141) neigen wie z. B. Nägelkauen etc.

Die Gleichzeitigkeit von Angst und Wut macht handlungsunfähig. Und sie verhindert, dass Menschen einen sozial akzeptablen Umgang mit ihren »bösen« Gefühlen erlernen können. Das gilt für viele Erwachsene in unserer Gesellschaft und es ist kein Wunder, dass sie Schwierigkeiten haben, ihren Kindern auf dem Weg von einer kindlichen Aggressionskultur zu einer reifen Streitkultur zu helfen.

Es muss nicht immer Schreien oder Prügel sein, auch andere negative Erfahrungen, die Eltern in ihrer Kinderzeit gemacht haben, schüren ihre Ängste vor jedweder Aggression: nicht nur vor der eigenen, sondern auch vor der der Kinder. Als Kinder durften sie nicht »böse« sein. So musste »das böse Bärbel« (S. 7) verschwinden und nur das liebe Kind durfte bleiben. Vermutlich hat jeder seine eigenen Erfahrungen damit gemacht, wie es ist, »böse« zu sein und nicht mehr dazuzugehören. Die einen haben die Lektion mit Kopfnüssen gelernt, mit Schimpfen, Drohen, Hausarrest, Taschengeld- oder Nachtischentzug, andere durch Schläge. Aggression ist »böse« – eine Lektion, eingebläut durch Aggression. Diese Art der »pädagogischen« Behandlung hinterließ nicht nur Beschämung und das quälende Gefühl der Demütigung und Ohnmacht, sie hinterließ auch oft genug Wut und manchmal sogar Hass.

- **Eltern, die mehr über Aggression wissen, können sich besser auseinander setzen mit der eigenen »bösen« Seite aus ihrer Kinderzeit. Sie entgehen leichter der Versuchung, bei ihren Kindern das zu bekämpfen, was ihnen früher »ausgetrieben« wurde und was doch in Wirklichkeit eine wichtige schöpferische Funktion hätte entfalten können.**

- **Wenn Eltern ihre eigenen Aggressionen kennen und mit ihnen umgehen können (s. »Wie gut müssen gute Eltern sein?«, S. 182), wenn sie innerlich frei sind von alten aggressiven Resten, fällt es ihnen leichter, die Gefühle ihrer Kinder wahrzunehmen, anzunehmen und auszusprechen. Schlimme Gefühle, über die Kinder mit ihren Eltern sprechen können, sind kein gar so gefährlicher Sprengstoff mehr. Die Geschichte von Piet und Vinzenz mag das verdeutlichen.**

Eltern fragen: »Was sollen wir tun, wenn Michi ein anderes Kind haut?« Aus elterlicher Sicht ist es selbstverständlich: Sie wollen ihren Kindern helfen, sich auf gesunde Weise durchzusetzen – und *nicht* auf feindselige Weise. Sie möchten, dass ihre Kinder sich selbst und andere respektieren, dass sie sozial verantwortlich handeln, dass sie gute Liebesbeziehungen eingehen, effektiv arbeiten und ihr Leben hinreichend genießen können. Auf dem Weg dahin stolpern Eltern oft über die Aggression und den Umgang mit ihr.

Es gibt keine *allgemeingültige* Antwort auf die Frage: »Was sollen wir tun, wenn Michi ein anderes Kind haut?« Aber: Es gibt Antworten darauf, wie Eltern Kindern helfen können, mit ihren bösen Gefühlen umzugehen und aus ihnen etwas Gutes zu machen. Mit den Geschichten in diesem Buch möchte ich Eltern Anregungen dazu geben.

Aggression ist zuallererst ein Stück Lebenskraft. Und Eltern können etwas dazu beitragen, dass sie ihren Kindern als *fruchtbare* Kraft erhalten bleibt und nicht *furchtbar* wird.

Kapitel 2
Auf dem Weg zur Autonomie
Die kleinen Forscherinnen und Forscher

Wenn das Wort »Ich« wichtig wird

Der Weg zu Eigenständigkeit, Unabhängigkeit und Autonomie im späteren Erwachsenenleben jedes Kindes beginnt in den ersten Lebenstagen mit kleinen, aber wichtigen Schritten. Und jeder dieser Schritte hat viel mit Aggression zu tun.

Einige davon schauen wir uns im Folgenden genauer an.

Ein wütender und nervenaufreibender Kampf zwischen einem kleinen Forscher und seiner Mutter

Jochens Weg zu Eigenständigkeit, Unabhängigkeit und Autonomie beginnt damit, dass er sich wie alle Kinder mehr und mehr selbst wahrnimmt und als ein eigenständiges Wesen entdeckt mit eigenen Stimmungen, Ängsten, Freuden, Vorlieben und Wünschen. Er zeigt seine Angst durch Anklammern oder Weinen, mit seinem Strahlen zeigt er, dass er sich freut. Er lernt seine Gefühle kennen und er lernt, dass er seine Empfindungen mitteilen kann, dass die Mutter sie auch dann versteht, wenn ihr selbst gerade ganz anders zumute ist – weil Jochen ein eigenständiges Wesen ist und die Mutter auch.

Er möchte die Rassel, dann den Ball … Die Erkundung des Universums beginnt bei den Gegenständen in seiner Reichweite!

Schließlich hat er Durst und möchte Tee – und all das teilt er seiner Mutter mit. Hunger und Durst betreffen seinen Körper. Auch Jochens Körper ist Teil der Welt, die er sich aneignen will. Er spürt seinen Körper, spielt mit ihm, probiert aus, was er mit ihm machen kann: strampeln, die Hände bewegen, den Rumpf beugen, den Kopf wenden. Er kann Brei schlucken und der wilde Hunger beruhigt sich; er kann Tee trinken und der Durst lässt nach. Auch das sind Erfahrungen mit seiner Welt.

In einiger Zeit, wenn er erst sprechen kann, wird sein wichtigstes Wort »ich« sein: »Ich« – das ist jemand anderes als Mama oder Papa. »*Ich* bin hungrig«, »*ich* bin wütend« oder »*ich* bin traurig«. Die Welt lockt und er will sie erobern: »*Ich* will runter«, »*ich* will alleine«, »*ich* will den Ball«. Entschlossen strebt er den Dingen zu, die er kennen lernen, betasten und alleine (!) erforschen will. Das hat er zwar schon getan, als er krabbeln konnte, doch nun kann er das auch aussprechen.

»Alleine!« Das heißt: aus eigener Kraft, selbstständig und ohne Hilfe der Mutter. »Alleine!« ist ebenso ein Zeichen für sein Streben nach Unabhängigkeit wie sein Versuch, »alleine!« zu essen oder »selber!« mit dem Kindermesser das Brot durchzuschneiden. All dies gehört zum Bezwingen seiner Welt und zur Erforschung dessen, was Jochen in ihr tun kann.

Spätestens jetzt wird die Sache mühevoll, wird das Autonomie-Lernen schwer auszuhalten für die Eltern. Wenn nämlich die spätere Unabhängigkeit sich heute als eigenwilliger Hang zeigt, entschlossen alles Erreichbare in Kinderzimmer, Küche, Flur und Bad zu ergründen, unbeirrbar Schränke zu inspizieren, entschlossen Heizkörper abzuklopfen, kurz: beharrlich alles zu erkunden, was sich an Geheimnisvollem anbietet.

Wenn ein Kind forschend in die Welt aufbricht, folgt es seiner eigenen inneren Stimme.

Der lange Weg zu Selbstständigkeit und Autonomie hat eigentlich schon viel früher angefangen.

Ein Kind erkundet von den ersten Lebenstagen an seine Umgebung. Zunächst nur mit saugendem Mund, tastenden Lippen, mit Augen, Haut und Ohren. Bald kommen die Händchen dazu, betasten und befingern alles. Schon gelingt es, die ergriffenen Klötze, Bälle oder Püppchen in den Mund zu stecken: Wie schmeckt das? Wie fühlt es sich im Mund an? Kalt oder warm, glatt oder rau? Kantig? Rund? Bietet der Gegenstand den Kiefern einen Widerstand oder können sie ihn verformen? Das Kind ergründet die Eigenschaften der Dinge, probiert aus, was man mit ihnen machen kann: werfen, beklopfen, kneten, schütteln ...

Zielstrebig wendet das Kind seine diversen Forschungsmethoden an, versunken in sein Tun, begeistert von seinen Fähigkeiten. Alles, was es tut, fasziniert es. Alles hat Erfolg, denn jedes Probieren bringt ihm neue Erkenntnisse, und das macht ungeheure Freude!

Wenn das Kind ein halbes Jahr alt ist, bekommt es einen regelrechten Energieschub. Es spürt einen starken Drang, sich zu bewegen, um die Welt jenseits der Laufstall- und Zimmergrenzen zu entdecken. Dieser Drang ist die Quelle für das fortwährende Streben nach Erweiterung der eigenen Möglichkeiten und damit auch für das Streben nach Autonomie.

Das ist konstruktive Aggression!

Jochens Mutter Petra möchte hier sicher ein Fragezeichen anbringen. Neulich hat der Bub das Handy zerlegt. »Und das ist das Gegenteil von konstruktiv!« Vordergründig hat sie natürlich Recht. Ich bleibe trotzdem dabei: Diese Aggression ist konstruktiv. Zerstörte Handys – da ist der Begriff »Kollateralschaden«, also Nebenschaden, mal wirklich angebracht – gehören halt zur Aneignung der Welt durch die Kinder. Die konstruktive Aggression spielt eine – wenn auch nicht *die* – zentrale Rolle in ihrer Entwicklung.

Der große Psychologe Jean Piaget hat in vielen Büchern dargelegt, wie sich durch diese Erkundung der Welt die Intelligenz beim kleinen Kind entwickelt. Neuerdings bestätigen das die Neurobiologen auf ihre Weise. Bei der Welterkundung entstehen die intellektuellen Fähigkeiten, mit deren Hilfe das Kind später sein Leben bewältigt. Und die Neurobiologen beschreiben, dass von diesem handelnden, begreifenden, tastenden, forschenden Erkunden die Impulse für die »Verdrahtungen« der Neuronen im Gehirn ausgehen, also das Wachsen jener Fasern, die verschiedene Gehirnzellen miteinander verbinden. Das Wort »begreifen« hat nicht ohne Grund mit »greifen« zu tun!

Die konstruktive Aggression bewirkt, dass aus Jochen eine interessierte, der Welt gegenüber aufgeschlossene Persönlichkeit wird, die sich unter Kontrolle hat und die Herausforderungen seiner Umgebung bewältigen kann. Die konstruktive Aggression trägt zum Lernen ebenso bei wie zum Einüben von Fähigkeiten und zu einer immer sichereren Körperbeherrschung.

Jochen ist mit zweieinhalb noch immer in einem Alter, in

dem er alles anfassen und be-greifen muss. Seine kleinen Hände betätigen alle erreichbaren Kippschalter, greifen in Taschen und erkunden den Unterschied zwischen voll und leer. Jochen untersucht den Inhalt des Mülleimers und der Geschirrspülmaschine; er befühlt Bilderrahmen, probiert alle Dreh- und Druckknöpfe am Radio, am Staubsauger oder an einer so erstaunlichen Sache wie der Fernbedienung aus.

Jede Mutter kennt solche forschenden Geister. Und viele Mütter kennen die Fortsetzung derartiger Abenteuer: Schubladen wieder einräumen, Schlüssel abziehen und fortstecken, Zerbrechliches weit nach oben räumen oder seufzend das wegwerfen, was sie bislang (fälschlicherweise!) für unzerbrechlich gehalten haben.

Petra mahnt: »Fass das nicht an, das ist heiß!« – »Lass das los, sonst geht es kaputt!« – »Mach nicht immer das Licht an und aus!« – »Lass die Blumentöpfe in Ruhe!« Zwischendurch zieht sie das Kind vom Treppenabgang weg, nimmt ihm den Telefonhörer aus der Hand und schaut in seinen Mund, um zu sehen, auf was es gerade herumkaut. Sie schimpft, weil sie ständig hinter dem krabbelnden, sich hochziehenden oder Laufen und Klettern übenden Jochen her sein muss, damit er nicht alles anfasst und sich nicht verletzt. Jochens Unmut über die vielen Hindernisse und Unterbrechungen steigt. Er wird erst knatschig, dann zornig, und schließlich entbrennt ein wütender und nervenaufreibender Kampf zwischen dem kleinen Forscher und seiner Mutter.

Praxistipp:

- **Wenn Petra im Wohnzimmer bügelt und es ihr zu gefährlich ist, dass Jochen zwischen Bügelbrett, Kabel und den zum Ausdampfen hängenden Hemden umherturnt, klemmt sie ein Absperrgitter in den Türrahmen und Jochen hat den gesamten Flur für sich.**
- **Er darf auf dem Schaukelpferd durch die Flurprärie reiten,**

• Türme bauen,
• im Auto fahren oder
• tun, was ihm sonst noch Freude macht.

Vom Bügelbrett aus hat sie Jochen im Blick, und sie kann ihn mit Worten begleiten: »Ja, das ist ein toller Turm! Uii, bist du tüchtig!«

Das Absperrgitter ist die Ladentheke, an der Jochen ein Stück Banane kaufen kann, oder die Kneipentheke, an der er seinen Schoppen trinkt. Hauptsache, die Sperre hat in einer Fantasie-Szene einen Sinn und ist in ein Spiel einbezogen.

Petra hat viele Gründe, ihren Alltag spielerisch an Jochens »Forschungsprojekte« anzupassen: Sie möchte Dinge wie Kochen oder Bügeln ungestört erledigen, gleichzeitig möchte sie Jochen in seiner Welt nahe sein, und – sie spielt selber gern!

Lara ist ein Jahr alt: Ermahnungen helfen nicht
Die einjährige Lara entdeckt in der Steckdose den Stecker der Stehlampe. Sie greift danach, um die Sache näher zu erkunden. Der Vater sagt zunächst nichts. Als Lara sich aber weiter am Stecker zu schaffen macht, ruft er von seinem Sessel aus, dass sie das Ding loslassen soll, sonst gibt's einen Klaps. Lara hört nicht auf diese Anweisung aus dem Off. Der Vater geht nun zu ihr, schüttelt ärgerlich ihren Arm und erklärt mit lauter Stimme, dass sie tot sein wird, wenn sie da weiterspielt. Jetzt hat Lara Angst, sie streckt die Arme nach ihm aus, aber der Vater beachtet sie nicht und geht zu seinem Sessel zurück.

Jochens Mutter und Laras Vater glauben wie die meisten Eltern, dass Kinder ihr Verhalten steuern können, wenn die Eltern sie nur oft genug ermahnen. Doch genau das können Jochen und Lara nicht! Die Eltern ahnen nicht, dass ihre Kinder diesem inneren Drang zum Forschen ausgeliefert sind. Jochen und Lara haben gerade erst begonnen, ein winziges bisschen Kontrolle über sich selbst zu entwickeln. Sie können aber noch nicht gehorchen. Wenn sie ihrem Impuls zum Forschen nachgeben, ist ihr Tun deshalb alles andere als provokativ.

Praxistipp:
Tatsächlich gibt es im Laufe der Entwicklung Punkte, an denen Kinder eigensinnig und recht widerwärtig werden können. Gerade da ist es für Eltern wichtig zu wissen, dass ein so kleines Kind die Kraft der in ihm wirkenden Aggression noch nicht beherrschen und kontrollieren kann – und zwar weder die positive noch die negative Kraft.

Natürlich ist ein schrottreifes Handy schlimm, zumindest misslich! Es ist ärgerlich, den Kundendienst in Anspruch nehmen zu müssen, es kostet Geld und im schlimmsten Fall muss man ein neues kaufen. Freilich sind Eltern dann wütend! Und es hilft auch nicht, sich zu sagen, man hätte besser aufpassen, das Handy sicherer verwahren müssen.

Jeder Schaden ist ein Brocken Ärger und dieser Brocken muss raus! Ein Zornschrei steht auch Eltern zu. Sie dürfen wettern – auf ihre Unachtsamkeit, über den Schrott und über das verdammte Pech, das sie haben. Sie dürfen schimpfen. Das Kind darf auch mitkriegen, dass Vater oder Mutter wütend sind. Wütend über das Malheur. Wütend auf sich (»Hätte ich doch besser aufgepasst!«). Und, ja, auch das: wütend auf das Kind (s. auch Kapitel »Wie gut müssen gute Eltern sein?«, S. 182).

Jochen hat mit seinem unermüdlichen Forschen das Handy k. o. geschlagen. Petra ist sauer. Für einen kurzen Moment – je nach Tagesform und Schadenshöhe geraten solche Momente länger oder kürzer – fällt Jochen aus der Liebe seiner Mutter »heraus«: Er fällt in Ungnade.

Das ist *nicht* ungeheuerlich! Petra ist *keine* Rabenmutter und wir müssen *nicht* das Jugendamt benachrichtigen. Es ist einfach nur normal, dass Petra in diesem Moment ihren Jochen nicht lieb hat. Wirklich: normal und völlig in Ordnung. Jochen wird auch nicht für den Rest seines Lebens traumatisiert, wenn er immer mal wieder für einen Augenblick in Ungnade fällt. Im Gegenteil. Er wird nämlich dabei begreifen, dass es einen Zusammenhang gibt zwischen seinem Tun, einem entstandenen Schaden und dem Zorn der Mutter. Der kleine Moment des Erschreckens über Mamas Missbilligung bereitet den Weg dafür, dass Jochen Schuldgefühle entwickeln kann. Und Schuldgefühle im Zusammenhang mit einem angerichteten Unheil (und sei es noch so klein) sind nichts Schädliches, sondern ein guter Weg zur Bildung eines Gewissens.

Betrachten wir die Sache mit dem Gewissen genauer.

Für Jochen sieht sie so aus: »Ich weiß: Im Grunde haben mich meine Eltern lieb. Aber manchmal, wenn ich etwas angestellt habe, ist die Liebe ›ausgeknipst‹. Das mag ich gar nicht. Es macht mir ein bisschen Angst, auch wenn ich weiß, dass das Ausgeknipstsein nicht sehr lange dauert. Und ich tu alles, damit es nicht so bald wieder vorkommt.« Seine Selbstachtung hängt eng zusammen mit elterlichem Lob und ihrer Wertschätzung. Im Augenblick der Ungnade sinkt die Wertschätzung der Eltern – und damit auch Jochens Selbstachtung. Aus solchen Gefühlen entstehen Schuldgefühle und im Laufe der Zeit schließlich das, was wir »Gewissen« nennen. Darüber hinaus entwickelt Jochen auch Selbstkontrolle.

Wenn Petra so richtig fuchsteufelswild ist, kann sie Jochen nach dem ersten Brüllschwall bitten: »Lass mich für eine kleine Weile allein. Ich bin so stinkig, ich muss mich erst mal abregen. Und so lange ertrage ich auch nicht, dass du neben mir sitzt.«

Wenn sich ihr Gemüt ein wenig beruhigt hat, kann sie Jochen in den Arm nehmen und ihm sagen: »Ich bin stocksauer, weil das Handy kaputt ist. Ich war furchtbar wütend! Auf dich. Und auf mich, weil ich nicht aufgepasst hab. Aber jetzt ist es wieder gut. Ich hab dich lieb, auch wenn ich manchmal wütend auf dich bin.«

Zorn und Wut sind menschliche Reaktionen – und Eltern sind Menschen! Kinder sollten das auch erfahren. Das schadet ihnen nicht, weil sie wissen, dass die Liebe der Eltern nicht für alle Zeiten erlischt. Sie ist grundsätzlich immer da – und hat nur manchmal kurze Auszeiten.

Angst durch Kontrollverlust

Cora und die Lampe
Cora ist 14 Monate alt. Sie greift nach einer kleinen Lampe und während sie sie näher untersucht, fällt die Lampe mit einem lauten Poltern auf den Boden. Ihre Neugier und ihr Staunen weichen jäh einem tiefen Erschrecken. Die Lampe ist noch heil. Trotzdem bahnt sich Coras innere Aufruhr ihren Weg nach außen und sie weint.

Uwes Schluck vom heißen Kaffee
Der anderthalbjährige Uwe kriegt die Tasse mit heißem Kaffee zu fassen und bevor die Mutter begriffen hat, was passiert, nimmt er einen Schluck. Wie das brennt! Uwes Erschrecken ist unbeschreiblich. Ganz automatisch hat er die Tasse wieder zurückgestoßen. Es dauert quälende Sekunden, ehe das Erschrecken und der Schmerz ihren Weg nach draußen finden und er weint.

Praxistipp:
Kinder reagieren oft mit Schrecken und Furcht, wenn sie etwas kaputtgemacht oder sich wehgetan haben. Lara erschrickt, weil der Vater aus Sorge so heftig reagiert hat. Furcht und Schrecken hängen mit der drohenden Missbilligung und gefürchteten Ablehnung durch die Eltern zusammen. Vor allem aber resultieren sie aus dem Gefühl des Kindes, dass es die Kontrolle verloren hat. Und daraus kann die schlimme Angst davor entstehen, womöglich selbst Gefahr bringend und zerstörerisch zu sein – für sich selbst und andere.

Schreck und Schmerz sind heftige, unangenehme Erfahrungen. Sie sind auch dann schlimm, wenn die Mama vorher gemahnt hat: »Lass das lieber!« oder »Pass auf – da kannst du dir wehtun«. Natürlich fühlt die Mama den Schrecken des Kindes mit. Natürlich erschrickt der Papa, wenn trotz seiner Voraussicht ein schmerzhaftes Malheur passiert. In solchen Momenten ist die Versuchung groß, sich mit einem »Siehste!« über den eigenen elterlichen Schrecken hinwegzuhelfen. Besser ist es, wenn Vater oder Mutter das Kind trösten und nicht allein lassen in seinem Kummer. Deswegen ist es wichtig, dass Cora und Uwe ebenso getröstet werden wie Lara.

Die Mutter nimmt Cora in den Arm und sagt: »Das hat bum gemacht. Aber schau, wir haben Glück gehabt: Es ist nichts passiert. Es ist alles heil und in Ordnung. Wenn du willst, gucken wir die Lampe zusammen an. Ich halte sie fest und passe auf. Dann fällt sie nicht so leicht runter.«

Und Uwes Mutter sagt: »O je, das war heiß! Das hat wehgetan! Ja, da muss man weinen, wenn man sich wehtut und einen dollen Schrecken kriegt …« Sie wiegt Uwe im Arm, bis er sich beruhigt hat. Dann sagt sie noch: »Tassen sind manchmal heiß und gefährlich. Mama muss vorsichtig sein damit. Und du musst auch aufpassen. Aber es ist ja noch einmal gut gegangen …«

Wie Kinder Selbstkontrolle lernen

Wenn wir bedenken, dass alle Kinder ihrem Entdeckungsdrang ausgeliefert sind, wird klar, dass die kleinen Forscher Hilfe von außen brauchen.

Das sehr kleine Kind braucht das Nein der Mama, es braucht immer wieder das deutliche »das darfst du nicht«, denn allein kann es sich noch nicht zügeln. Erst wenn das Kind allmählich die Sprache beherrscht, wird vieles für die Eltern leichter, weil das Kind dann selbst Nein sagen kann.

Selina sagt Nein zu sich

Die dreijährige Selina steht in der Küche vor dem Herd. Die

Knöpfe sind so verlockend! Mama dreht sie manchmal, man kann sie hineindrücken und wieder herausspringen lassen … Und das alles ist verboten! Sie streckt begehrlich die Händchen aus, ganz langsam und zögerlich. Und dann sagt sie klar und deutlich: »Nein!« Sie sagt zu sich selbst das, was nach ihrer Erfahrung die Mutter in dieser Situation gewöhnlich zu ihr sagt. In einem Bild ausgedrückt: Selina hat eine Mama im Kleinformat in sich »installiert«, die von dort, aus Selinas Innerem, die Gebote der realen Mutter vertritt. Diese »innere Mutter« ist eine Art inneres Hilfs-Ich. Und das ist der Übergang zu einer Selina, die sich beherrschen kann. Meistens jedenfalls (s. auch den Abschnitt zum Gewissen, S. 36).

Hans kann seinen Forscherdrang nicht beherrschen
Manches Verbotene scheint durch das Verbot noch verlockender zu werden. Der zweijährige Hans, der auch nach vielen eindringlichen Nein-Nein-Neins und trotz zahlreicher Ersatzangebote seine Finger immer wieder in die Nähe der Fernbedienung bringt, tut dies nicht, weil das Verbot die Fernbedienung attraktiver macht. Er tut dies, weil er seine drängenden Triebkräfte der konstruktiven Aggression noch nicht beherrschen kann.

Timo muss eine Grenze testen
Und wie ist das bei dem fünfjährigen Timo, der immer und immer wieder den Schnapper am Haustürschloss verstellt, obwohl die Mutter es verboten und erklärt und noch einmal verboten hat? Obwohl Timo selbst erlebt hat, dass ein kräftiger Windstoß einmal die Tür aufgedrückt hat? Und obwohl er verstehen kann, dass die Mutter einen Schrecken gekriegt hat, als eines Tages plötzlich der Elektriker in der Wohnung stand? Das hätte schließlich auch ein Einbrecher sein können!
Könnte Timo seinen Forschertrieb nicht auch beherrschen? Ich bin sicher, dass der Fünfjährige sich ganz gut beherrschen kann. Ich bin mir auch ziemlich sicher, dass sich bei seinen verbotenen Aktionen sein fummelnd-forschender Geist nicht so sehr auf den Haustürschnapper richtet, sondern dass er viel-

mehr seine Eltern testet: »Wie ernst meinen sie es wirklich damit, dass man die Tür nicht aufdrücken können soll?«
Schließlich schlüpft die Mutter zigmal am Tag nach draußen – zum Briefkasten, zum Komposthaufen, an die Brombeerhecke, einen Stängel Petersilie holen – und sie stellt dabei den Schnapper immer so ein, dass jeder, der kommt, die Tür aufdrücken kann.
»Ich will auch groß sein!«, denkt der Fünfjährige. »Und ich will wissen, was wirklich passiert, wenn ich ungezogen bin!« Und das ist tatsächlich auch eine echte Frage für den kleinen Forscher – der sich schließlich nicht nur für physikalische Zusammenhänge interessiert, sondern auch für psychologische.

Die Frage nach den Konsequenzen, danach, was denn »dann« passiert, muss nicht jeder kleine Forscher austesten, denn Eltern können Konsequenzen ankündigen. Im Kapitel »Strafen, Grenzen, Konsequenzen« (S. 147) erfahren Sie mehr darüber. Die meisten psychologisch interessierten Jungforscher *müssen* jedoch unbedingt ergründen, ob Konsequenzen auch tatsächlich eintreten. Dieser Wissensdurst ist sicher nicht bequem. Aber: hat irgendjemand behauptet, dass es bequem ist, Eltern zu sein?

Jochen und Lara, Cora und Uwe brauchen also die Hilfe der Eltern, um nach und nach die Kontrolle über ihre so dringlichen Impulse zu erwerben. Es ist für beide Seiten ein mühsames Stück Arbeit, das sie auf dem Wege zur Autonomie bewältigen müssen. Vorwürfe und Schelte nutzen hier nichts. Auch das Umlenken der Neugier auf einen anderen, erlaubten Gegenstand, das gemeinhin auch »Ablenkung« genannt wird, gelingt nicht immer. Es ist auch nicht immer möglich, die Neugier durch ein Buch zu befriedigen.

Eine vorbereitete Umgebung für die kleinen Forscherinnen und Forscher

Viele Eltern haben es bereits instinktiv getan: Sie haben schon vor der Geburt oder spätestens mit Beginn der Krabbelphase ihres Kindes kostbare, zerbrechliche oder gefährliche Dinge für eine Weile aus seiner Reichweite geräumt. Sie haben das Haus aus der Perspektive des Kleinkindes betrachtet und so Gefahrenpunkte herausgefunden und beseitigt. Die Wohnung muss nicht zwangsläufig ungemütlich werden, wenn sie kleinkindgerecht umgestaltet wird. Und es zahlt sich aus, wenn Jochen, Lara und ihre Forscherkollegen eine Umgebung vorfinden, in der sie die Geheimnisse ihres derzeitigen Universums ergründen dürfen, ohne sich zu gefährden oder allzu viel kaputtzumachen. (Manche Eltern verzichten für eine Weile auf ein repräsentatives Wohnzimmer und richten sich einen großen Wohn- und Lebensraum ein, in dem alle viel Zeit verbringen können ohne ständiges »Lass das!«

In einer für Kinder vorbereiteten Umgebung muss es natürlich auch Dinge geben, die so geheimnisvoll sind und neugierig machen wie sonst Papas Stereoanlage. Einige Montessori-Materialien sind dafür gut geeignet, wie z. B. Steckzylinder und anderes Material (vgl. Biebricher 1999). Eigentlich überflüssig zu sagen, dass in einem Raum, in dem sich kleine Kinder aufhalten, alle Steckdosen mit Kindersicherungen ausgestattet sein müssen.

Laras Vater kann noch ein Übriges tun: Er kann Lara nach dem eindringlichen Grenzensetzen ein Spielzeug anbieten, mit dem sie gefahrlos das tun kann, was ihr im Fall der Steckdose verwehrt war: etwas in Löcher stecken (z. B. ein Holzsteckspiel) oder zwei Dinge aneinander koppeln (z. B. mit hölzernen Schrauben und Muttern).

Trotz aller Vorsicht wird es immer wieder zu unangenehmen Zwischenfällen kommen – das kann niemand verhindern. Und: Auch in einem weitgehend gesicherten Haushalt und bei aller Großzügigkeit der Eltern müssen dem Kind Grenzen gesetzt werden. Das führt unweigerlich zu Konflikten.

Frühe Erkundungen, Schulaktivitäten, der Erwerb sportlicher oder anderer Fähigkeiten: All die vielen kindlichen Aktivitäten dienen der Entwicklung der Persönlichkeit, der Selbstständigkeit und der Autonomie. Ein Kind lernt am besten, wenn es Dinge selbst tun und allein machen darf. Für manches braucht es Helfer, seien dies Lehrer, Eltern, andere Große oder Freunde.

So kann Dorit ohne Hilfestellung nicht gut den Handstand lernen und Jakob tut sich leichter, wenn ihm der Vater bei der ersten Benutzung des Schnitzmessers eine sinnvolle Technik mit auf den Weg gibt.

Kinder brauchen Gelegenheiten, um Unabhängigkeit und Autonomie zu erproben – allein oder unter vernünftiger Beaufsichtigung. Und wenn ein sehr kleines Kind mit etwas hantiert, das beim besten Willen nicht akzeptabel ist, müssen seine Eltern ihm eine Grenze setzen. Sie tun das am besten, indem sie, wie Laras Vater, dem Kind ein erlaubtes Betätigungsfeld anbieten.

Der sechs Monate alte Jochen darf sicher nicht mit den kleinen Glasmurmeln spielen, die vom Besuch der Freundin mit ihren Kindern auf dem Tisch liegen geblieben sind und die die Mutter nicht gleich weggeräumt hat – er könnte sie verschlucken. Petra, seine Mutter, nimmt sie ihm weg und gibt ihm stattdessen eine größere Holzkugel, die auch noch gut in seine Hand passt, die er jedoch nur ablutschen und sicher nicht verschlucken kann.

An dem neuen kleinen Stoffhund von Oma entdeckt Petra die hineingesteckten Glasaugen erst, als Jochen schon angefangen hat, sie herauszuholen. Sie stellt das Stofftier also vorerst sicher, um die gefährlichen Guckerle zu entfernen und mit Stickgarn neue Augen ins Gesicht zu zaubern. Bis dahin darf Jochen nur das ungefährliche Hundekörbchen untersuchen.

Wenn Jochen mit einem Jahr den Mülleimer nicht ausleeren darf, so kann er ja stattdessen den Papierkorb erforschen. Petras Buch auf dem Nachttisch ist tabu, aber der alte Katalog leistet gute Dienste, wenn es ums Alleine-Umblättern und -Anschauen geht – oder ums Seitenausreißen. Den Gläserschrank darf er natürlich nicht ausräumen, jedoch das Schrankfach, in dem die Plastiktöpfe stehen.

Mit anderthalb darf Jochen auf dem Spielplatz im Sand nicht unter den Schaukeln herumkrabbeln, da ist es gefährlich für ihn und außerdem stört er dann die größeren Kinder. Petra bringt ihn zurück in die große Sandkiste. Dass er einen blanken Stein in den Mund nimmt, stört sie nicht besonders, er spuckt ihn auch schon bald wieder aus. Aber als er sich über einen fortgeworfenen Eiswaffelrest hermacht, klaubt sie ihm die Stückchen aus den Händen und bietet ihm einen Apfelschnitz an oder wahlweise ein Stück Banane.

Als Jochen drei ist, begleitet er Petra gern in den Supermarkt. Er liebt es, ihr von seinem Sitz aus beim Beladen des Einkaufswagens zu helfen. Die Mutter zeigt ihm, wovon sie ein oder zwei Packungen braucht. Alles, was nicht zerbrechlich ist, darf er aus dem Regal nehmen und hinter sich in den Wagen plumpsen lassen. So ist er eine wichtige Hilfe für die Mutter – und wie bei jeder Teamarbeit ist klar, wer für welchen Teil zuständig ist.

Übrigens: Ich kenne Caspar, einen aufgeweckten Zweieinhalbjährigen, der äußerst achtsam den unteren Teil des Geschirrspülers ausräumt, Stück für Stück. Auch das Porzellan. Und sogar die Messer. Er ist sehr stolz darauf, ein nützliches Mitglied der Familie zu sein. Eltern dürfen ihren Kindern nämlich getrost auch etwas zutrauen! Das stärkt das Selbstvertrauen des Kindes und hilft ihm, seine Selbstständigkeit und seine Autonomie zu entwickeln. Und damit hat es die beste Grundlage für ein Leben ohne brutale Destruktivität und bösartige Aggression.

Kapitel 3
Lars braucht ein Schwert
Der Horror vor dem Kriegsspielzeug

Ob Pistolen, Panzer oder Pfeil und Bogen – Kriegsspielzeug ist immer wieder Thema bei Elternabenden im Kindergarten oder in der Grundschule. Wenn ein Kind den Wunsch nach solch einem Spielzeug hat, beunruhigt es damit die Eltern und stört nicht selten den Familienfrieden.

Lars ist fünf. Er hat im Garten gespielt, jetzt läutet er an der Haustür. Die Mutter öffnet. Vor ihr steht ihr Sohn, in der Hand einen Kirschbaumast, den der Herbststurm abgebrochen hat, und erklärt ihr: »Ich bin ein Ritter!« Ein Ritter? Jawohl, ein Ritter. Und was ist ein Ritter? »Ein Ritter hat natürlich ein Schwert!« Ah ja. Frau Möbius ist leicht irritiert, denn ihr kleiner Blondschopf hat so gar nichts an sich von einem Kämpen mit Rüstung. Nun gut, sie hat schon mal »kleiner Held« zu ihm gesagt, aber wie er ihr jetzt mit vorgerecktem Kinn und ein bisschen viel Haltung erklärt, dass er mit seinem Schwert kämpfen will, da wird ihr mulmig zumute.

»Gegen wen willst du denn kämpfen?« Sie merkt sofort, dass das eine dumme Frage war, denn der Herr Ritter erklärt ihr nun mit einiger Gereiztheit, dass ein Ritter natürlich gegen Feinde kämpft. Das muss ein Ritter nämlich. Und gegen Drachen. Das mit den Drachen sieht die Mutter auch sofort ein: Das sind schließlich heldenhafte Akte der Nächstenliebe. Aber Feinde? Wo um alles in der Welt gibt es hier einen Feind? Diese Frage beunruhigt die Mutter.

Doch es kommt noch ärger: Lars wünscht sich ein *richtiges* Schwert. Frau Möbius erstarrt: »Was willst du? Ein *richtiges* Schwert?«

Lars ist ein wenig erschrocken, aber tapfer sagt er: »Ja, ein richtiges Schwert. So wie Thomas.«

»Wie Thomas? Hat der nicht so ein silbern glänzendes? So ein Plastikding?«

Plastik hin oder her – sofort kommen Frau Möbius Bedenken.

Ein Schwert ist eine Waffe. Und mit einer Waffe zu spielen ist Einübung in ihren Gebrauch. Mit Waffen wird getötet. Kann sie ihrem Kind eine Waffe schenken? Sie schaut, während ihr diese Gedanken durch den Kopf schwirren, ihren Sohn an, der mit betretener Miene vor ihr steht, und sie spürt, dass Lars' vermaledeiter Wunsch ein Herzenswunsch ist.

Ihr fällt ein, wie sie sich als kleines Mädchen sehnlich eine Barbiepuppe gewünscht hat und wie hart sie das grundsätzliche Nein ihrer Eltern seinerzeit getroffen hat. Sie merkt, wie der Schmerz von damals aufsteigt, und streichelt ihrem verwirrten Jungen übers Haar. Und dann schluckt sie ihr Nein zum Schwert, das ihr auf der Zunge liegt, herunter und vertagt die Schwertfrage auf den Abend, wenn der Vater des Helden nach Hause kommt. »Schwerter zu Pflugscharen« denkt sie noch und dass sie doch immer ihre Kinder zu friedliebenden Menschen erziehen wollte.

Abends sitzen die Eltern beieinander und besprechen den Wunsch nach einem *richtigen* Schwert. Herr Möbius sieht das nicht so eng. »Wieso eigentlich nicht?«, fragt seine Frau. »Weil Ritter was Historisches sind? Weil sie das sowieso in der Schule noch durchnehmen?« – »Nein … eigentlich nicht. Oder jedenfalls nur ein kleines bisschen deswegen … Ich denke dran, wie das bei uns früher war …« Und er erzählt seiner Frau, wie er mit seinem nur ein Jahr älteren Bruder und den Freunden auf der Straße Cowboy und Indianer gespielt hat. Immer musste einer derjenige sein, der von Feinden überfallen und überwältigt wurde. Der andere hat ihn dann befreit und sie haben gemeinsam die Feinde in die Flucht geschlagen. Ob er das heute in Ordnung finde? Aber natürlich! Das war wichtig für ihn!

Frau Möbius erschrickt wieder. Das kann doch wohl nicht wahr sein! Hat sie es hier mit einem verborgenen gewalttätigen Erbe zu tun? Sie hat ihren Mann eigentlich für normal gehalten! Sie traut sich aber nicht, ihm etwas von ihrem neuen Unbehagen zu sagen.

In dieser Nacht schläft Frau Möbius schlecht und liegt oft wach. Erinnerungen steigen in ihr auf. Als sie noch ein Kind war, gab es an der Straßenecke eine kleine Kneipe. Einmal ist sie nachts aufgeschreckt von Poltern und Schreien. Vom Fenster aus hat sie gesehen, wie sich Männer auf der Straße prügelten, und einer saß mit einer Platzwunde auf der Bordsteinkante, Blut ist ihm übers Gesicht geflossen. Dass sie aus dem Schlaf gerissen wurde, der Lärm, all das Unverständliche da draußen auf der Straße – das Erschrecken des kleinen Mädchens von damals hat sich bei ihr tief eingegraben und ihren Begriff vom Kämpfen geprägt. Und weil sie als Einzelkind sehr behütet aufwuchs, fehlen ihr Erfahrungen, wie sie sie vielleicht neben Brüdern mit ihrer raueren Gangart hätte machen können. Erfahrungen, die ihr erschreckendes Erlebnis relativiert und ein wenig ausgeglichen hätten.

Sie fasst sich ein Herz und spricht am nächsten Tag mit ihrer Freundin Angela. Die hat für die Sorgen anderer Mütter immer ein offenes Ohr und viel Verständnis – vor allem, wenn es so wichtige Fragen wie Aggression betrifft. Schließlich ist das ein Thema, das auch sie selbst als Mutter angeht, deren Kinder gelegentlich heftige Berichte vom Schulhof mit heimbringen. Dabei erfährt Frau Möbius, dass Angelas Mann, der während des Irak-Krieges viele Stunden in der Stadt bei einer Mahnwache gegen die Bomben verbracht hat, als Bub ein Luftgewehr besessen hat. Und damit hat er sogar geübt, auf Dosen zu schießen! Auf der Kirmes schießt er seiner Angela immer mal ein paar Blumen. »Das muss sein«, lacht er dann. Das beruhigt Lars' Mutter etwas. Angelas Mann ist wirklich ein friedfertiger Mensch. Und der hat ein Luftgewehr gehabt und damit geschossen.

Frau Möbius bespricht ihre Sorgen schließlich noch mit einigen erfahrenen Müttern aus dem Kindergarten, zu denen sie Vertrauen hat. »Wissen Sie«, sagt ihr eine Frau, »mir hat das bei meiner Großen furchtbar Angst gemacht, als sie eine Pistole haben wollte. Ich fand das so schrecklich, dass sie rumballern und totschießen will, dass ich ihr das einfach verboten habe.« –

»Und dann?«, fragt Frau Möbius. Sie hat nämlich wie viele Eltern, die sich wegen des Kriegsspielzeugs ihrer Kinder sorgen, auch schon an ein ganz rigoroses Waffenverbot gedacht. »Ganz einfach: Sie hat jeden Stock oder auch beim Essen ihren Löffel oder sonst was in die Hand genommen und hat damit peng-

pengpeng! in der Wohnung herumgeballert. Ich war ziemlich durch den Wind damals und hab dann mal mit einer Erzieherin gesprochen. Vor lauter Angst, dass da etwas total aus dem Ruder läuft. Und die hat mir dann erklärt, dass das völlig normal ist. Viele Kinder brauchen das. Und auch ein Mädchen muss manchmal eine Waffe haben. Gegen irgendetwas, das ihm vielleicht gerade Angst macht oder so.«

Danach ist Frau Möbius sehr erleichtert und beäugt ihre beiden Männer nicht mehr so argwöhnisch. Herr Möbius und Lars sind absolut normal. Mit dem Jungen ist alles in Ordnung. Viele kleine Buben brauchen ein Schwert (oder eine Pistole oder einen Panzer ...) – und dennoch werden aus ihnen keine Schlächter. Und die Mutter mit ihrem Pistolen-Mädchen ist eine sehr umsichtige und besonnene Frau.

An einem der nächsten Tage greift Frau Möbius das Thema noch einmal auf. »Weißt du«, sagt sie zu ihrem Mann, »das mit dem Schwert hat mir keine Ruhe gelassen. Und was du mir von früher erzählt hast, vom Cowboyspielen – das auch nicht.«

»Hast du gedacht, du bist unter die Räuber gefallen?«, lacht Herr Möbius.

»Beinahe, ja«, gibt seine Frau zu. »Mir ist das alles ein bisschen unheimlich gewesen, das mit dem Kämpfen. Vor allem mit Waffen. Aber irgendwie scheint das ja wohl normal zu sein. Ich hab nämlich mit etlichen Müttern gesprochen. Deren Kinder haben auch Pistolen und so Zeug oder hatten das mal eine Zeit lang – und die sind trotzdem alle ganz okay. Ich meine, das sind keine Prugelheinis geworden.«

»Weißt du, die Kinder können ganz gut unterscheiden, was Spiel oder Fantasie ist und was nicht«, sagt Herr Möbius.

»Da hab ich immer so meine Schwierigkeiten, das zu verstehen«, erklärt ihm seine Frau. »Aber vielleicht schaff ich's ja doch noch.«

»Das klingt ja nun fast so, als könnten wir demnächst unserem kleinen Ritter eine Waffenkammer einrichten, ohne dass du nach einem Therapeuten für ihn suchen musst«, zieht Herr Möbius seine Frau auf. Sie lacht und streckt ihm die Zunge heraus.

Magisches Denken: Warum Lars ein Schwert braucht

Wer ein Schwert sein Eigentum nennt, ist stark und überlegen. Wer ein Schwert mit sich führt, dem kann nichts mehr geschehen, er kann jeden Angriff abwehren, sogar den eines Drachen! Einer von den Großen hat mal zu Lars gesagt: »Drachen? Du hast sie ja nicht alle! Drachen gibt's doch gar nicht!« Lars hat kurz gezweifelt, ob es Drachen nun gibt oder nicht. So ein Großer auf dem Spielplatz hat ja doch ein bisschen Ahnung. Lars kennt aber ein paar klasse Geschichten von Drachen – da sind sogar Bilder dabei! Und überhaupt – Drachen sind toll, irgendwie.

Da gebe ich Lars Recht. Drachen sind toll – wie Hexen, Zauberer, Riesen und all die anderen schrecklichen Wesen, die unsere Märchen bevölkern, es sind wundervolle *Bilder*. Es sind Bilder, die aus nicht genau vorstellbaren Gefährdungen etwas *Konkretes* machen, etwas, das Lars und alle anderen Kinder im Kindergartenalter sich vorstellen und ausmalen können. Es sind Bilder für Ängste, Bedrohungen, Unsicherheiten oder Krisen. Und mit diesen Bildern kann Lars – wie alle Kinder seines Alters – die Welt bewältigen und das Leben meistern: Er ist in einem Alter, in dem das magische Denken eine große Rolle spielt, in dem das Wünschen noch hilft und in dem die Fantasie eine hässliche Realität umzuformen vermag. Es ist das Alter, in dem die Gedanken zaubern können, das Alter, in dem ein Wort des kleinen Magiers zum Instrument seiner magischen Kraft wird: »Du bist jetzt tot!«, und einen Moment darauf: »Jetzt täst du wieder leben.«

Ein Schwert, ein echtes Schwert, sei es aus Holz oder aus Plastik, ist das Werkzeug des fantasievollen kleinen Ritters, mit dem er böse Mächte vertreibt. Nachts versteckt sich manchmal ein Krokodil unter seinem Bett. Wenn das Schwert neben dem Kopfkissen liegt, wird es abhauen! Bestimmt! Oder wenn es so arg donnert – der Donner wird sicher nicht ins Zimmer kommen, wenn das Schwert griffbereit liegt und dem kleinen Ritter Gefahren vom Leibe hält.

Ein Schwert (oder eine andere Waffe) bannt Ängste. Es hilft, das Selbstvertrauen zu festigen. Und was hat ein kleiner Junge nötiger als Selbstvertrauen, wenn er alt genug ist, um die Gefahren der Welt zu erahnen, und wenn er zugleich sehr wohl um die eigene Kleinheit weiß?

Die Bemerkung, dass Kinder Fantasie und Wirklichkeit durchaus unterscheiden können, hat das allmähliche Umdenken von Frau Möbius zusätzlich angestoßen. Sie hat zwar immer noch Angst vor wüsten Kämpfen und Prügeleien, doch bestärkt von ihrem Mann und von anderen Müttern, vertraut sie darauf, dass zwischen fantasievollem Spiel und kriegerischem Ernst auch für das Kind *tatsächlich* Welten liegen. Die Eltern werden sich einig: Lars braucht ein Schwert und sie wollen es ihm bei der nächsten Gelegenheit schenken.

Die nächste Gelegenheit ist Weihnachten. Ein Schwert zu Weihnachten? Frau Möbius weiß nicht so recht, ob das passend ist. Fest der Liebe, Frieden auf Erden – und unterm Tannenbaum ein Schwert?

»Wie soll denn das gehen, wenn wir Frieden predigen und ihm zugleich ein Tötungswerkzeug in die Hand drücken?«, fragt Frau Möbius. »Frieden schaffen ohne Waffen«, fällt ihr spontan ein. Ihr Mann zuckt die Schultern und sagt: »Aber doch nicht mit aller Gewalt! Und wenn wir seinen dringenden Wunsch verstehen und dann doch nicht beachten, also, dann finde ich, ist das auch eine Art von Gewalt. Schau: Lars tötet doch nicht *wirklich* mit dem Ding. Er *spielt* damit!«

»Schon …, aber mit einem Schwert *kann* man töten. Haben sie ja auch gemacht, die Ritter!«

»Sicher«, gibt ihr Mann zu. Und Frau Möbius ergänzt noch: »Spielen ist etwas anders als Wirklichkeit – das hab ich schon verstanden. Ich hab auch eingesehen, dass es eigentlich ganz okay ist. Nur: Zu Weihnachten finde ich das echt daneben!«

»Sieh es doch mal so«, sagt ihr Mann, »das Schwert hilft ihm ein bisschen beim Großwerden. Es ist ein Stück Wachstumshilfe. Lebenshilfe für den kleinen Kerl. Und bloß weil Weihnachten ist, kann das doch wohl nicht unmoralisch sein!«

Frau Möbius fragt noch einmal ihre Freundin Angela nach

ihrer Meinung. Angela denkt sehr pragmatisch. »Ach weißt du«, sagt sie, »mein Großer hat eine Schwäche fürs Bogenschießen. Dieses Jahr kriegt er einen neuen Bogen zu Weihnachten. Er wünscht sich den schon ganz lange. Ich denke mir, er geht damit nicht Leute totschießen. Er übt seine Geschicklichkeit und seine ruhige Hand. Er macht das einfach gut, so konzentriert! Das ist doch eine Gabe, die ich fördern kann. Da hab ich kein schlechtes Gewissen. Auch nicht an Weihnachten.«

»Warum ist Elternsein so kompliziert?«, fragt sich Frau Möbius. Dann denkt sie über Herzenswünsche nach. Sie denkt an ihren unerfüllten Barbiepuppen-Wunsch. Sie denkt an Wünsche, die so dringlich sind wie bei Lars und deren Erfüllung wichtig sein kann für die Entwicklung eines Kindes.

Als Frau Möbius dann noch im Radio hört, dass die Ritterweihe beim Malteserorden verbunden ist mit der Segnung und Übergabe des Schwertes, fühlt sie sich hinlänglich moralisch aufgerüstet. Lars bekommt ein funkelnagelneues Schwert aus echtem Plastik, silberglänzend und mit goldenem Griff.

Klar, dass über die Feiertage Ritterspiele mit dem Vater auf der Tagesordnung stehen! Herr Möbius erhält den größten Kochlöffel und nun finden Turniere statt. Frau Möbius wird, auch wenn sie sich lachend zu entziehen versucht, in die Kämpfe einbezogen, denn die Mutter muss gerettet werden vor einem riesigen, gierigen Drachen, dem Sofa nämlich, das mit fröhlichem Gebrüll niedergemacht wird. Oder der Vater ist ein Feind, der zu Lars' großer Freude durch die Wohnung verfolgt werden muss.

Diese Spiele sind nicht nur toll, weil der Vater üppig seine Zeit mit Lars teilt. Der fantasievolle Trubel, in dem Herr Möbius auch mal ein ganz Böser ist, lässt den Vater wieder tief eintauchen in die Kinderspiele vom Schaffen guter Weltordnungen. Und das gemeinsame Treiben versichert Lars auf der Ebene des Spiels seiner Kraft, seiner Stärken, seiner Ehrenhaftigkeit und seines Wertes. Zudem – und auch das ist wichtig – bestätigt es ihm, dass der Vater zu ihm hält, dass sie beide loyal zueinander stehen, auch wenn sie sich eben noch als Feinde bekriegt haben. Es zeigt ihm, dass man Feind und gleichzeitig auch Freund sein kann.

Abends vor dem Schlafengehen liest Frau Möbius ihren beiden Helden »Das tapfere Schneiderlein« vor. Lars, das Schwert neben sich, gleitet zuversichtlich in Träume mit Riesen und Wildschweinen. Auch er wird einmal ein toller König – da ist er ganz sicher. So einer wie Papa!

Die Fantasie als Wegbereiter der kindlichen Zukunft

Manche Menschen fürchten sich vor dem Fantasiespiel und sagen deshalb, es sei etwas »Kindisches« und überflüssig, aber auch gefährlich, weil es womöglich den Blick auf den »Ernst des Lebens« verstelle. Im Gegenteil. Wenn das Kind sich als allmächtiger Held fantasiert, bebildert es mit diesen Vorstellungen seine Zukunft als Erwachsener – denn Erwachsene sind in seinen Augen ja tatsächlich allmächtig. Gewiss sieht sich der kleine Allmachtsfantast nicht als zukünftigen Diktator! Das Kind, das sich allmächtig fantasiert, entwirft damit die Vorstellung von »Erwachsensein«, »wie Papa« oder »wie Mama« sein.

Die allmächtigen Erwachsenen können einfach alles! Zum Beispiel ins Bett gehen, wann sie wollen! Sie verfügen über nahezu grenzenlose Kräfte, mit denen sie etwa verklemmte Keksdosen öffnen können. Sie können schwimmen und den kleinen Helden dabei sogar auf dem Rücken tragen! Ein Erwachsener wird nicht ausgeschimpft – von Strafzetteln oder Bußgeldern hat das Kind noch wenig Ahnung. Erwachsene dürfen allein aufs Karussell oder in so riskante Sachen wie eine Geisterbahn. Nur Erwachsene können Piloten werden, einen Führerschein machen und noch vieles mehr – wie sollte ein fünfjähriges Kind da nicht allmächtig, also erwachsen sein wollen?

Das Kind träumt sich groß und fähig, sein Leben zu meistern, das aus all diesen verlockenden Dingen besteht – aber auch aus vielem mehr, das das Kind als bedenklich oder gefährlich ahnt. Deswegen braucht es die Zuversicht: »Ich schaffe das! Ich werde mit dem Leben fertig!«

Es gestaltet seine Zukunftsvision. Seine schöpferische Fantasietätigkeit hilft ihm, späteres reales Tun vorzubereiten, weil sie Mögliches vorwegnimmt und vorstellbar macht. Wer in der Fantasie zwei Riesen besiegt, ein Einhorn wegführt, ein Wildschwein fängt und am Ende König wird wie das tapfere Schneiderlein, der hat es in der Realität leichter, sich mit sich, seiner menschlichen Begrenztheit und seinen Schwächen abzufinden.

Ich habe vor einiger Zeit einen Jungen kennen gelernt, dem es genau an dieser schöpferischen Fantasietätigkeit fehlte. Das war Luca, ein Siebenjähriger, der sehr bedrückt durch sein junges Leben ging. Nein, eigentlich schlich er mehr, als dass er ging. Er fürchtete, niemals im Leben das zu können, was er meinte, können zu müssen: Er traute sich nicht zu, später einmal den kleinen Handwerksbetrieb seines Vaters zu übernehmen. Das, meinte er, könne er nie schaffen, so toll wie der Papa sei er einfach nicht. Ihm fehlte das Zutrauen zu seinen immerhin noch wachsenden Fähigkeiten. Ihm fehlte Selbstvertrauen. Ihm fehlte die Fantasie, später einmal »genauso allmächtig wie Papa« zu werden.

Man könnte sehr pointiert sagen, dass eine reiche Fantasie eine Vorbedingung für Lebenstüchtigkeit ist. Für Ritter Lars ist das Schwert ein Instrument, das ihn in seiner Traumwelt hilfreich begleitet und das seine schöpferische Fantasietätigkeit anregt.

Ritter Lars fühlt sich durch das Schwert ausgerüstet mit allen nur denkbaren Fähigkeiten und Qualitäten. Er fühlt sich tapfer und alle können es sehen: Stolz trägt er sein Schwert den ganzen Tag bei sich und nachts liegt es neben ihm. Griffbereit, falls einer kommt! Was immer an Fantasiegestalten – Drachen oder Krokodile, Riesen oder Tiger – sich aus seinen Träumen ins Zimmer verirrt und ihn im flüchtigen Erwachen bedrohen könnte: Es wird vertrieben durch die bloße Anwesenheit des Schwertes. Das Schwert, das einfach nur da liegt, lässt ihn beruhigt schlafen.

Tagsüber, im Ritterspiel, gibt es Freunde und Feinde. Es gibt ein »auf meiner Seite«, da ist das Gute, und es gibt die andere Seite: Da ist das Böse. Wie im Märchen fallen Gut und Böse scharf kontrastierend auseinander. Dadurch wird die Welt überschaubar und Lars kann seinen Begriff von Gut und Böse handelnd erkunden. Er kann das Böse, den Feind, verfolgen, vertreiben, besiegen und vernichten, ihm kann es nichts anhaben.

Natürlich ist das einseitig! Das darf es auch für einen Fünfjährigen sein, das erleichtert es ihm, die grundsätzlichen Ordnungen kennen zu lernen. Was in seiner Fantasie und in seinen Spielen geschieht, gleicht in seiner vereinfachten Weltsicht derjenigen des Märchens und ist genau deswegen die richtige Nahrung für seine heranwachsende Seele.

Das Märchen leugnet nicht die dunkle Seite des Menschen. Es suggeriert nicht, alle Menschen seien gut. Es nennt das Böse beim Namen, zeigt ganz klar Egoismus, Neid und Hass, die ganze Palette der menschlichen Schwächen, die uns allen vertraut sind – und deren Gegenteil. Dabei wird das Gute wie das Böse von verschiedenen Figuren verkörpert. Weil es *zwei* Figuren sind, kann es zum Konflikt und zum Kampf kommen. So kann das Märchen das erfolgreiche Ringen um das Gute zeigen und der Holzhackersohn besiegt am Ende den Geist im Glas. Das Kind erfährt im Märchen, dass der Kampf um Lösungen zum Leben dazugehört. Es spürt, dass man Schicksalsschläge, Unheil und Verhängnis bewältigen kann und dass man auch das Böse nicht einfach nur ergeben hinnehmen muss.

Die Mutter holt mit Lars Bücher über Ritter, über ihre Burgen und ihr Leben aus der Bücherei. Lars studiert die Bilder mit Inbrunst. Die Mutter hat es manchmal schwer, wenn er genauestens erklärt haben möchte, was da gerade geschieht: Von der Burgmauer wird flüssiger Teer auf die Feinde gekippt, brennende Geschosse fliegen, der Illustrator hat das penibel deutlich dargestellt. Lars will es genau wissen: Ist der jetzt tot? Für immer? Oder steht der gleich wieder auf? Tut dem das weh? Lange? Wird der nie wieder lebendig?

Beim Kämpfen hat er dem Vater aus Versehen aufs Handgelenk geschlagen. »Au!«, ruft dieser, »jetzt hast du mir aber wehgetan … hier …« Lars guckt erschrocken den roten Fleck an. »Ich pass jetzt auf …«, verspricht er zerknirscht. Auch für das spielerische Kämpfen gilt: Ohne Regeln geht es nicht. Und schon geht das Gemetzel weiter. Später kuscheln die beiden und bewundern ihre Kampfestaten: »Du hast einen Heldenmut«, sagt der Vater. »Wir beide haben zwei Heldenmüte«, meint Lars. »Aber meiner ist größer.« Er ist stolz und zufrieden.

Mancher mag hier fragen: Ist das, was der Vater da treibt, nicht eine Anleitung zu Destruktion? Eine Anstiftung zum Morden?

Meine eindeutige Antwort ist: nein!

Was Herr Möbius angeführt hat, ist völlig korrekt. Kinder können bei vielen Dingen bereits mit zwei Jahren ganz gut unterscheiden zwischen Spiel und Wirklichkeit, zwischen »so tun, als ob« und »in echt«: Sie *spielen* »Füttern« mit dem Teddy, aber füttern die Oma »in echt« mit einem Keks. Mit zunehmendem Alter wächst ihre Fähigkeit, zwischen Märchen und Berichten aus der Wirklichkeit zu unterscheiden. Nicht ohne Grund beginnen Märchen mit der Formel »Es war einmal …« oder »Vor langer Zeit, als das Wünschen noch geholfen hat …«. Diese Formeln helfen beim Unterscheiden, an ihnen lassen sich Geschichten als Märchen oder als Fantasieprodukte erkennen.

Die Unterscheidungsfähigkeit des Kindes wächst mit seiner Lebenserfahrung. Ein Fünfjähriger mit größeren Geschwistern und einiger Fernseherfahrung weiß, dass der totgeschossene Indianer im Film »in echt« ein Schauspieler ist, der nach der Szene wieder aufsteht, sich den Sand von der Hose klopft und einen Hamburger isst. Der Dreijährige, der bislang vielleicht nur das Sandmännchen im Fernsehen kennt, wird auf dem Gebiet des Films erst noch Erfahrungen machen müssen.

Lars' Kämpfe mit dem Vater jedenfalls sind ein spielerisches Umgehen mit dem Wunsch, groß zu sein, keine Angst haben zu müssen und etwas zu gelten auf dieser Welt. Sie sind Nahrung für die Fantasien des kleinen Jungen, der das Ritterspielen ebenso braucht wie Märchen, in denen es auch nicht eben zimperlich »zur Sache« geht. Im Märchen wie im Spiel erfährt Lars die Herausforderung durch eine äußere Gefahr oder Bedrohung. Diese Bedrohung gibt dem Helden Anlass, sich durch Fährnisse und Widrigkeiten hindurchzuarbeiten, sie zu bestehen, sei es allein oder mit der Hilfe von Feen, guten Geistern oder Tieren, um dann siegreich und gereift daraus hervorzugehen.

Märchenheldenwege sind beispielhafte Lebenswege. An den

Märchenhelden lernt Lars, dass er Herausforderungen annehmen kann, dass er sich zuversichtlich was trauen darf: Er darf sich auf seine Kräfte und seine List, auf seine Tapferkeit und auf die Hilfe der Tiere verlassen.

Die Tiere sind Bilder für seine eigenen inneren Kräfte, deren Vorhandensein er ahnt, für die er aber weder eine Erklärung hat noch eine braucht. Für ihn ist erst einmal das Vertrauen darauf wichtig. Die Botschaft des Märchens lautet: Du wirst es schaffen, auch wenn es anfangs furchtbar schlimm aussieht!

Die Wege und Irrwege eines Ritters sind ebenso beispielhafte Lebenswege, Bilder für gelingendes Wachsen. Es ist gut möglich, dass nach den Rittern auch noch Piraten, Cowboys oder Indianer in Lars' Reich der Fantasiehelden aufgenommen werden. Natürlich mit Pfeil und Bogen, Marterpfahl und Pistolen.

Behindert das nicht eine Erziehung in Richtung Frieden? Nein, im Gegenteil. Das zeigt nicht nur das Beispiel des Mannes (von Frau Möbius' Freundin), der während des Irak-Krieges so viel Zeit für Mahnwachen aufgewandt hat. Wir wissen auch Folgendes: Kinder mit einem reichen Fantasieleben sind deutlich weniger anfällig für feindselige Aggressionen.

Da kein Kind (und überhaupt kein Mensch) frei ist von zornigen, wütenden oder zerstörerischen Impulsen und Gedanken, hat es im Märchen wie im Spiel den nötigen Raum, mit diesen Fantasien zu arbeiten, ohne sie böse Realität werden zu lassen.

Die Ängste von Frau Möbius wie die vieler anderer Mütter vor dem Kriegsspielzeug sind verständlich. Aber als Frau Möbius gespürt hat, dass Lars' Wunsch nach einem Schwert ein Herzenswunsch ist, konnte sie auch lernen, ihm diesen zu gewähren. Denn:

- **Ein Schwert, Pfeil und Bogen oder eine Pistole helfen gegen Ängste und damit ein bisschen beim Großwerden,**
- **Kinder mit einem reichen Fantasieleben sind deutlich weniger anfällig für feindselige Aggressionen.**

Kapitel 4
Schimpfwörter und Stinkefinger

Manche mögen dem Thema »schlimme Wörter« kaum Interesse entgegenbringen. Das ändert sich jedoch schlagartig, wenn z. B. einmal hoher Besuch ins Haus steht.

Die Tür von Renés Zimmer fliegt auf, er stürzt auf den Flur, reißt die Tür zum Zimmer seines Bruders auf. »Bist du bescheuert! Erst klaust du mir meine CD und dann schmeißt du sie weg! Du dämliche Mistpucke!!« Im Hintergrund wird Protest laut, die Stimmen steigern sich zu einer zweistimmigen Anbrüllerei. Wutgeschrei. »Idiot!« – »Klaubock!« Schließlich ein Gepolter, Füßetrappeln und Rumsen. »Raus aus meinem Zimmer! Hau ab oder ich …« Der Rest ist deutlich drohend, aber nicht mehr verständlich. Die Zimmertür kracht ins Schloss, der rausgeworfene René grummelt vor sich hin und weil ihm kein letztes Wort einfällt, macht er ein Geräusch, als furze ein Walross. So! Damit hat er unmissverständlich seine Meinung kundgetan.

Wer mehrere Kinder hat, wird unvermeidlich irgendwann Zeuge geschwisterlicher Zwistigkeiten. Die Lautstärke im Kinderzimmer steigt und oft sind Ausdrücke zu hören, von denen wir dachten, sie seien unseren Kindern noch nie zu Ohren gekommen. Wenn wir den Tumult nicht sofort beenden, haben wir bisweilen Gelegenheit, einen Teil unseres eigenen Vokabulars wieder zu entdecken … Kinder hören uns beim Autofahren zu, sie wissen, wie wir unseren Hund nennen, nachdem er ein Schlammbad genommen hat, und sie schnappen auf, was wir leise zischen, wenn wir den Telefonhörer wütend auf die Gabel knallen. Und zudem behalten sie das meiste, das wir selbst ihnen im Zorn sagen.

»Du *bist* aber auch ein Ferkel« wird ebenso gespeichert wie die je familiär gebrauchten Kraftausdrücke. Wenn Mutter dem bellenden Hund genervt »Halt die Klappe, oller Kläffer!« zuruft und damit ihrem Ärger über den Krach oder auch nur einer allgemeinen Gereiztheit Luft macht, hat das Kind blitzschnell begriffen, dass es hier ein Hilfsmittel an die Hand (in den Mund) bekommt, mit dem es Spannung loswerden kann. Von da ist es nur ein kleiner Schritt zu der Erkenntnis, dass das Kind auch Handgreiflichkeiten akustisch unterstreichen kann.

Schimpfwörter und Kraftausdrücke sind Instrumente zur Stressbewältigung. Und: ihr Gebrauch gehört ebenfalls zum Thema Aggression, auch wenn es dabei nicht zwangsläufig zu Handgreiflichkeiten oder Tätlichkeiten kommt. Schimpfwörter und Kraftausdrücke tummeln sich in der Literatur wie in der Welt des Films und der Serien. Sie sind zu einem selbstverständlichen Bestandteil des sprachlichen Alltags geworden.

Man mag das bedauern oder begrüßen – wie auch immer. Und spätestens dann, wenn der zweijährige Paul »Ssseisse« sagt, werden seine Eltern bei aller Heiterkeit, die der Ausdruck aus Kindermund bewirkt, darüber nachdenken, wie sie es in ihrer Familie mit den Kraftausdrücken halten wollen.

Eltern sind auch hier gefordert, Grenzen abzustecken. Sie müssen klar machen, mit welchen Wörtern Dampf abgelassen werden darf, wenn es einen einmal ganz schlimm gebeutelt hat. Sie müssen auch klarlegen, welche Vokabeln in der Regel verboten sind, jedoch in Extremsituationen gerade noch toleriert werden und wo die Grenze des Erträglichen überschritten ist.

Das ist einfacher, als es sich anhört. Wir haben alle ein Gefühl dafür, was in welcher Situation an welchem Ort und in wessen Gegenwart »geht«. Das Gefühl allein reicht jedoch nicht ganz aus: Wir müssen uns auch die Frage stellen, ob wir denn die Grenzen dessen, was wir für noch erträglich halten, in der Regel selber einhalten können!

Wir vermitteln unseren Kindern unser Gefühl für das je Schickliche – z. B. durch unsere Mimik und Gestik, die wir unwillkürlich zeigen, wenn wir gerade eine Schimpferei mit anhören. Unser Mienenspiel können wir kaum so gut kontrollieren, dass unser Kind *nicht* merkt, wie wir etwas empfinden!

Durch unser Vorbild geben wir unseren *tatsächlichen* Umgang mit Schimpfwörtern weiter: wenn wir selber mit unserem

Kind schimpfen, wenn wir sauer sind, weil etwas schief gegangen ist, oder wenn wir etwa beim Autofahren über andere Verkehrsteilnehmer herziehen. Die Beschimpften können uns freilich nicht hören, aber unser Kind auf der Rückbank registriert sehr wohl, was uns im Ärger herausrutschen kann und was folglich noch als erträglich gilt.

Mit dem Stinkefinger gegen die Hausaufgaben
Die Mutter macht dem siebenjährigen Dirk energisch klar, dass nach ihrer Vereinbarung jetzt für eine Viertelstunde Hausaufgaben angesagt sind. Dirk schreit: »Nein!«, zeigt der Mutter den berühmten Mittelfinger und rennt davon.
Die Mutter ist geschockt. »Muss ich mir das bieten lassen? Hat Dirk überhaupt keinen Respekt vor mir?«

Doch, er hat Respekt vor ihr. Er liebt seine Mutter auch. Im Moment ist er jedoch stinkwütend auf sie und fühlt sich ungerecht und schlecht behandelt, weil er jetzt Hausaufgaben machen soll und absolut keine Lust dazu hat. Auch wenn ihm die Bedeutung der Geste nicht bekannt ist, so weiß er doch, dass er damit eine Grenze überschritten hat!

Die Mutter hat die Luft angehalten, dann atmet sie tief durch und ruft ihm nach. »Dirk, komm bitte zurück.«
Dirk zögert. Er weiß, dass er zu weit gegangen ist. Auf dem Hof mit den anderen Kindern ist der Stinkefinger so etwas wie ein Zeichen von Macht der kleinen Jungs. Ganz Mutige machen die Geste auch schon mal hinter dem Rücken eines Erwachsenen. Einmal hat Dirk erlebt, dass ein Großer mit Mofa sich einen aus Dirks Klasse gegriffen hat, als der ihm den Mittelfinger gezeigt hat. Der Große hat ihm eine Tracht Prügel angedroht, wenn er das noch einmal macht. Ob die Mama jetzt ausflippt? Dirk verknotet seine Finger und denkt: »Hätte ich doch bloß nicht! Omannomann!« Er setzt sich in Bewegung.
»Ja?«, sagt er so harmlos wie möglich.
»Was war das eben?«, fragt die Mutter laut. Ihr Zorn ist unüberhörbar. »Tickst du noch ganz richtig?«

Dirk fühlt, dass er rot wird. Wenn die Mama so etwas sagt, dann ist sie echt sauer. Ihm ist gar nicht wohl in seiner Haut. Ihm werden die Ohren heiß und seine Augen brennen.
»Ich wollte doch nur …«
»Was?«, fragt die Mutter. »Was wolltest du nur?«
»Weiß ich doch jetzt nicht mehr …« Dirk wäre jetzt lieber ganz weit weg.
»Ja spinnst denn du? Hast du dein Gedächtnis verloren?«
Ihm ist ganz flau und seine Unterlippe zittert. Die Mutter seufzt. Diese zitternde Unterlippe! Die pegelt jedes Mal ihren inneren Aufruhr hinunter. Aber sie will sich nicht erweichen lassen, jetzt muss sie ihm eine Grenze setzen.
»Ich helf dir mal auf die Sprünge, junger Mann«, sagt sie. Dirk schaut sie schräg von unten an. »Bevor du gerade weggerannt bist, hast du so zu mir gemacht.« Sie zeigt den Stinkefinger. Dirk schaut weg.
»Es gibt Sachen, die tun wir nicht: treten, kratzen, beißen oder so was. Das weißt du. Es gibt auch Wörter, die wir uns nicht an den Kopf werfen. Darüber haben wir gesprochen. Und dieses Handzeichen ist wie ein ganz schlimmes Schimpfwort. Niemand mag sich so schrecklich beschimpfen lassen. Ich auch nicht. Dieses Zeichen machen ist so viel wie übel beleidigen. Ich will nicht beleidigt werden – auch von dir nicht. Und auch dann nicht, wenn du sauer bist. Das kannst du mir auch anders zeigen.«
Dirk nickt. Er schämt sich.
»So«, sagt die Mutter. »Das war 'ne lange Predigt. Jetzt weißt du's. Und nun ist gut, ja?«
»Ja«, sagt Dirk.

Die Welt ist wieder leidlich in Ordnung. Sie ist wegen der nun bevorstehenden Hausaufgaben nicht vollständig entfrustet, aber Dirk fühlt sich, auch wenn er noch eine Weile vor sich hin grummelt, insgesamt ganz gut aufgehoben: Was einmal abgemacht war, gilt. Jedenfalls so lange, bis eine neue Vereinbarung nötig wird. Das hat etwas Verlässliches.

»Geschäftliche Vereinbarungen«

Herr und Frau Bögel haben drei Kinder zwischen fünf und zehn Jahren. Sie sind realistisch und wissen, dass sie Kraftausdrücke nicht aus dem Familienleben verbannen können. Da Herr Bögel jedoch öfter geschäftlichen Besuch im Haus empfängt, erwarten die Eltern einen Umgangston, bei dem keinem Gast härtere Schimpfwörter zu Ohren kommen.

Auf einer Familiensitzung erklärt Frau Bögel, warum die Kinder bestimmte Grenzen nicht überschreiten dürfen: Wenn Vaters Geschäftsbesuch »harte Sachen« hört, zweifelt er vielleicht an Vaters Kompetenz oder hat einfach ein ungutes Gefühl. Das könnte für Vaters Geschäft schlecht sein und das können die Kinder nicht wollen. Sie einigen sich u. a. darauf, dass sie nicht mehr »Scheiße« sagen, sondern »Shit«.

Nun ist der Weg vom guten Willen bis hin zum tatsächlichen Tun bzw. Unterlassen in der Regel weit. Und selbst die besten Familienkonferenzen schützen nicht zuverlässig vor Pannen.

Herr Bögel arbeitet bei der ABC-Firma in leitender Position. Söhnchen Peter, fünf Jahre alt, ist zur Freude seiner Eltern ein Vorzeigekind, von ausgesuchter Höflichkeit und gewinnendem Charme. Natürlich hält er sich mit Schimpfwörtern zurück, wenn Kollegen oder sogar der Chef des Vaters im Haus sind. Auch hat Peter schon früh gelernt, wie man sich am Telefon korrekt meldet, und er weiß, dass und wie er die Sprechmuschel zuhalten muss, wenn er dem Vater zuflüstert, wer ihn denn sprechen möchte.

An einem Sonntagmorgen – die Eltern möchten nach einem Fest gern etwas länger schlafen – läutet das Telefon. Die älteren Geschwister sitzen vor dem Fernseher. Peter nutzt die Chance, »groß« zu sein, und nimmt ab.

»Hier ist Peter Bögel. Guten Morgen«, sagt Peter.

Jemand von der ABC-Firma möchte dringend den Papa sprechen.

»Papa?«

Die Schlafzimmertür ist noch zu und die Eltern haben nichts gehört.

»Papa!«

Peter weiß, dass er jemand Fremden nicht sehr lange warten lassen soll und jemanden von ABC schon gleich gar nicht. Wenn es die Oma wäre oder Freunde von Mama oder Papa – das wäre etwas anderes.
»Papa?!«
Peter fühlt sich unbehaglich. Er spürt, dass es vielleicht nicht so gut wäre, wenn er »einem von ABC« sagte, dass die Eltern noch schlafen. So etwas hat er schon einmal gemacht und da war der Vater gar nicht erbaut. Auch kann er nicht sagen: »Papa ist nicht da!« Das darf er nämlich nur sagen, wenn Mama oder Papa tatsächlich nicht da sind. Oder wenn sie ihm sagen, dass er es jetzt sagen soll.
»Papa!! Telefon!«
Peter will nicht nachher Ärger kriegen, weil er jemanden von ABC hat warten lassen.
Aus dem Schlafzimmer kommt Vaters verschlafene Stimme: »Wer ist denn dran?«
Peter hält die Hand auf die Sprechmuschel und sagt: »Jemand von ABC.«
Herr Bögel hat nicht verstanden und fragt noch einmal.
Peter, inzwischen durch seine Verunsicherung gereizt, ruft: »Irgend so ein ABC-Arsch!«
So schnell ist Herr Bögel noch nie aufgestanden! Die Schlafzimmertür fliegt auf und er saust zum Telefon, um größeres Unheil zu verhindern – falls es überhaupt noch ein größeres Unheil gibt. Er greift zum Hörer und will sich melden. Er kommt nicht dazu. Am anderen Ende hört er die Stimme seines Chefs. Der lacht und lacht. Gott sei Dank! Der Chef hat selbst Kinder und weiß, dass die Selbstkontrolle bei ihnen noch nicht so perfekt ist – dass sie manchmal trotz aller Mühe versagt. Und er weiß auch, dass es ein Leben jenseits der Firma gibt …

Schimpfen als sportliche Disziplin

Einem anderen mit Worten »vors Schienbein treten«, ihn herunterputzen, abkanzeln oder beschämen, jemanden zur Schnecke machen, jemanden andonnern oder sacksiedegrob schmähen, verunglimpfen, bloßstellen oder schurigeln: Es gibt nicht nur zahllose Schimpfwörter, sondern das Schimpfen selbst hat enorm viele Facetten und wird mit unglaublich vielen unterschiedlichen Begriffen benannt. Vor Jahren bekam ich ein Buch in die Hand mit dem Titel ›Die hohe Kunst des Schimpfens‹. Ich habe nicht viel mehr daraus behalten als die Empfehlung, nicht einfach nur grobe Wortklötze zu benutzen, um Unbehagen auszudrücken, sondern – wenn es denn schon sein muss – ein bisschen kreativ zu sein, auf intelligente Weise zu provozieren und, wenn möglich, den Sinn für Witz nicht völlig außen vor zu lassen.

Im folgenden Beispiel ist diese Mischung geglückt.

Herr Bruhns ärgert sich über seinen zehnjährigen Sohn Hardi, der Comics über alles liebt und so gar nichts von den kulturellen Werten hält, die der Vater ihm nahe bringen möchte. Eines Tages, als beide wieder einmal heftig aneinander geraten waren, kommen die beiden an einem Bild vorbei, auf dem Christus mit der Dornenkrone dargestellt ist. Herr Bruhns, er ist Pfarrer, fragt voll Ingrimm: »Weißt du denn wenigstens, wer das ist?« Hardi zögert nicht lange mit der Antwort: »Klar. Dornröschen!«

Wie ist das mit Schimpfwörtern zwischen Kindern?

Abendbrot am Familientisch. Die Geschwister André und Simone handeln mit den Füßen Grenzen aus, jeder versucht, sein Revier zu vergrößern, den anderen ein wenig zu stören und zu provozieren.

»Ey, du hast deinen Fuß bei mir!« André rückt seinen Fuß nachdrücklich zurecht. »Guck doch mal, was du machst! Sooo weit!! Du bist ja wohl nicht ganz dicht, du Huhnbrot!«

»Oimel, du dämlicher. Guck mal, wo du bist! Ich bin nicht so weit bei dir dran wie du bei mir!«
André protestiert: »Du Määähh!«
»Heuhaufen!«
»Du Hrbl!«
»Mülleimer, dreckiger!«
»Saumiste!«
»Breitmaulfrosch! – Nimm die Latschen da weg!«
Die Mutter möchte in Ruhe essen. Wenigstens die Mahlzeiten sollten ungestört ablaufen. Der Esstisch, so hat sie es sich immer vorgestellt, sollte das Zentrum des Familienlebens sein und ruhiger Pol. Deswegen hat sie einen runden Tisch ausgesucht. Sie ärgert sich über das Spektakel. Zugleich mag sie nicht ernsthaft eingreifen: Sie kommt sich dabei immer so »widerlich autoritär« vor. Lieber beißt sie die Zähne zusammen, schluckt den Ärger hinunter und hofft, dass die beiden von selbst aufhören. Sie weiß, dass das nicht so bald geschehen wird. Auch ist ihr bei solchen Schimpf-Olympiaden unbehaglich zumute. Was wird aus Kindern, die sich derartig mit Wortdreck bewerfen? Wie sollen sie lernen, dass man seinen Ärger oder seine Rivalitätskämpfe auch anständig austragen kann? Und was, wenn ein Kind im Zorn etwa einem Lehrer gegenüber ausfällig wird, weil es gewöhnt ist, mit solchen Wörtern zu jonglieren?
Die Mutter seufzt und warnt schließlich: »Na, na!« Kurze Ruhe. Dann geht es weiter. Ein ärgerliches »Also ehrlich – bei Tisch muss das nun wirklich nicht sein!« bleibt ebenfalls wirkungslos. Zusammen mit dem vorher schon geschluckten Ärger bringt das die Mutter auf die Palme. »Verdammt noch mal, jetzt reicht's!« Sie schlägt mit der Faust auf den Tisch und weil sie noch ihr Besteck in der Hand hat, haut der Messergriff eine tüchtige Macke in die Platte. Das ist zu viel! »Raus!« Die Kinder fahren erschrocken zusammen. »Los, raus hier!« Zögernd nehmen sie Teller und Besteck, gucken unsicher zur Mutter. Die macht ein so abweisendes Gesicht, dass keiner sich traut, etwas zu sagen. Die Geschwister ziehen schweigend ab in Richtung Kinderzimmer.
Die Mutter stochert im Essen herum. Sie möchte weinen, sie schämt sich: über ihre Entgleisung. Zugleich möchte sie aus der

Haut fahren, so wütend ist sie auf die Kinder. Und nicht nur der Tisch hat eine Macke, sondern ihre Hand schmerzt außerdem noch. »Mist«, sagt sie leise. Und noch einmal, lauter: »Verdammter Mist!«

Sie geht zum Telefon und ruft ihre Freundin an. Deren Kinder sind schon etwas älter und folglich hat sie mehr Erfahrung. »Ellen? Hier ist Xenia …« Und sie erzählt die ganze Geschichte, lädt ihren Ärger und ihre Besorgnis ab.

»Warum machen die das?«, fragt Xenia. »Finden die das schön?«

»Das kenn ich noch von meinen«, sagt Ellen. »Und manchmal haben die das heute noch drauf.« Und nach einigem Zögern: »Was machst du denn, wenn du sauer bist?« Xenia schämt sich für ihren Ausraster am Tisch.

»Hab ich doch gesagt, dass ich auf den Tisch gehauen und die beiden rausgeschmissen hab.«

»Und jetzt drückt es dich«, sagt Ellen, »das ist bei den Großen wie den Kleinen dasselbe: Da wirst du provoziert und dann: Ärger, Wut, Krachbumm!«

»Mhm, ja.«

»Sagt man nicht, dass ein Gewitter die Luft reinigt?«

»Bei mir nicht«, sagt Xenia. Sie klingt immer noch ganz unglücklich.

Ellen versucht zu trösten: »Mein Großer hat mal gesagt: Ordentliche Motze ist wichtig, weil dann jeder weiß, was Sache ist.«

»Na ja – aber muss das immer so … so schlimm sein?«

»Wieee schlimm?« Ellen zieht das Wie schmerzhaft in die Länge. Xenia bedauert fast, dass sie sich von ihrer Freundin Unterstützung erhofft hat.

»Stell dir mal vor«, fährt Ellen fort, »dein André würde in so einer Situation sagen: ›Liebe Schwester, ich missbillige, was du da treibst!‹«

Xenia muss lachen. Nein, solche Kinder wollte sie auch nicht haben.

»Wenn einer sagt: „Hau ab, du Arsch«, dann ist doch ganz klar, dass es gleich Stress gibt. Dann kann der andere entweder abziehen – oder er kann dagegenhalten.«

Xenia gibt sich noch nicht geschlagen: »Ja, schon. Aber dann

geht es immer weiter: Jeder setzt immer noch eins drauf und dann wird es schlimmer und schlimmer!«
»Also hör mal, deine beiden, das war doch einfach Kräftemessen, ein Spaßkämpfchen. Sie probieren aus, wer stärker ist. Da gibt's doch keine Leichen!«
»Du meinst, das ist Spaß, wenn die sich Saumiste nennen und so was?«
»Nicht nur Spaß, aber doch auch Spaß! Auf irgendeine Weise halten sie ja Spielregeln ein, auch wenn du die nicht so ganz erkennst. Das ist egal. Wie beim Rangeln probieren sie aus, wo beim andern die Schmerzgrenze ist. Beim Kämpfen gibt's mal einen blauen Flecken oder ein aufgeschlagenes Knie – okay, das gehört dazu, das heilt wieder und die Kinder wissen, was geht und was nicht.«

Sich aufplustern und Ansehen kriegen: Immer verbotenere Schimpfwörter benutzen

Xenia ist ruhiger geworden und hört fasziniert dem immer schneller werdenden Redeschwall ihrer Freundin zu.
»Mit Schimpfwörtern«, fährt Ellen fort, »ist das genauso: Da ist mal einer ernsthaft beleidigt oder gekränkt – und der ausgeteilt hat, weiß dann, dass er zu weit gegangen ist. Wenn einer übertreibt, dann nehmen ihn die anderen Kids in die Mangel oder isolieren ihn! Das regeln die untereinander. Hast du schon mal was von sozialem Lernen gehört? Das gehört auch dazu!«
»Was ist denn das, soziales Lernen?«
»Die Kinder lernen mit den anderen und bei den anderen, wo ihr Platz in der Gruppe ist – so was Ähnliches wie die Hackordnung auf dem Hühnerhof. Außerdem lernen sie ganz von allein, wie man sich in einer Gruppe benimmt, welche Regeln es gibt, was fair ist und was unfair. Sie lernen in der Gruppe, wie's laufen muss, damit man akzeptiert wird … Sie begreifen ziemlich schnell, womit sie sich aufplustern können, was ihnen Ansehen verschafft, wann einer ehrlich gekränkt ist und wo etwas wirklich wehtut.«

»Und das läuft bei den Kindern von allein?«, fragt Xenia.
Ellen ist nicht zu bremsen: »Einmal auf dem Bolzplatz, da stand einer im Weg rum und einer von den kleinen Bolzhelden hat ihn angefahren: ›Zisch ab, du Lahmarsch.‹ Dieser Junge war neu und er hatte eine Behinderung, so dass er nicht so schnell konnte. Er hat richtig fest losgeweint. Und dann hab ich mitbekommen, wie einer dem ›Lahmarsch‹-Schimpfer gesteckt hat, was Sache ist und wie der sich dann schämte.«
Xenia hakt ein: »Nee, meine schämen sich bestimmt nicht ...«
»Xenia, ich kenn doch deine beiden. Wenn die Simone den André mit einem Ausdruck wirklich verletzt, dann schämt sie sich hinterher. Glaub's mir! Die mögen sich doch – auch wenn du das nicht so siehst.«
»Hm. Du hast eben was gesagt von Aufplustern ...«
»Ja. Die Kids gewinnen Ansehen, wenn sie immer verbotenere Schimpfwörter benützen.«
»Ist das nicht schlimm?«
»Klar. Aber es hat auch eine andere Seite. Einmal hat mein Kleiner mich ins Staunen gebracht. Da hat er gesagt: ›Mama, das hat sich jetzt ausgefuckt in der Schule. Jetzt gucken wir immer, wem noch was Besseres einfällt als Warmduscher oder so was.‹«
Xenia ist etwas erleichtert. »Vielleicht hast du Recht. Irgendwann verlieren die harten Brocken ihren Reiz, und die Kinder sehen zu, dass sie was Originelles erfinden.«
»Ja«, freut sich Ellen, »weil es so toll ist, wenn du die anderen zum Lachen bringst.«
Xenia zweifelt wieder: »Aber ich kann doch nicht alles laufen lassen und hoffen, dass meine Kinder das allein regeln!«
»Also, wenn sie unter sich sind und du nicht eingreifst, weil es dich stört, bin ich sicher, dass sie das allein hinkriegen.«
Xenia scheint überfordert zu sein: »Das allein laufen lassen, nee, das schaff ich nicht.«
Ellen räumt ein, dass es auch in ihrer Familie Regeln fürs Schimpfen gibt: »Wir haben uns außerdem überlegt, wo bei uns die Schallgrenze liegt. Es gibt nämlich Schimpfwörter, die ich nicht dulde. Einmal hörte ich: ›Verfickte Hurenscheiße!‹ Da war aber Ende der Fahnenstange! Das habe ich denen nachdrück-

lich klar gemacht! Und dann gibt es Ausdrücke, die lasse ich zur Not durchgehen. Aber wirklich nur zur Not und mit einer Bemerkung dazu. Das sind dann oft welche, die mir mal selber im Eifer des Gefechts rausgerutscht sind.«

»Jaja«, sagt Xenia und lacht. »Du hast manchmal eine große Klappe!«

Ellen lacht: »Also, das muss ich noch loswerden: Einmal hab ich mich mit Mühe in eine Parklücke gequält. Beim dritten Anlauf war ich dann endlich drin, aber schief. Ich saß noch im Wagen, hab gerade die Fenster hochgedreht. Und da hat mich so ein blöder Macker dumm angemacht. Von wegen Frauen am Steuer. Mann, war ich sauer! Da ist mir rausgerutscht: ›Fick dich ins Knie, du Penner!‹ Und mein Sohnemann saß hinten! Der hat sich schier nicht mehr eingekriegt. Tja, da musste ich ihm dann wohl sagen, dass das nicht so gut war, was ich da gerade gesagt hab.«

»Und das reicht?« Xenia ist ungläubig.

»Ich denke schon«, sagt Ellen. »Ich hab später noch ein paar Takte dazugesetzt von meiner Sauwut auf eine bestimmte Art von Kerlen, die sich gegenüber Frauen aufspielen. Jedenfalls hat er begriffen, dass es Ausnahmesituationen gibt.«

»Also – du meinst, es reicht, wenn ich den Kindern immer mal wieder am Einzelfall klar mache, was geht und was nicht?«

»Sag ich doch«, sagt Ellen. »Nur so lernen sie deinen Maßstab kennen.«

»Und immer muss ich das machen!«

»Na komm, du bist ja nicht allein auf der Welt! Da mischt dein Mann genauso mit wie deine Schwiegermutter, eure Nachbarn, die Lehrer oder ich!!«

Xenia findet diese Lektion ziemlich schwierig. Sie braucht erst mal eine Verschnaufpause. Die beiden Freundinnen vertagen sich.

- **Ungeduld und Ärger gehören zum Alltag. Deswegen brauchen Kinder wie Eltern gelegentlich ein Ventil zum Dampfablassen. Türenschlagen, ein Brüller, ein Fluch, ein Kraftausdruck – in jeder Familie gibt es bestimmte**

Äußerungsformen: erlaubte, gerade noch als Notschrei tolerierte oder absolut inakzeptable.

- **Eltern vermitteln ihren Kindern ihre Maßstäbe durch das eigene Verhalten sowie durch ihre ausgesprochene bzw. unausgesprochene Meinung, sei das nun deutliche Missbilligung oder Belustigung.**
- **Kinder erspüren sehr gut, was innerhalb der Familie »geht«, aber auch, was in einem anderen Umfeld erlaubt oder unpassend ist, also etwa bei den Großeltern, bei Nachbarn, in der Schule, auf dem Bolzplatz. Sie können sich sehr gut anpassen.**

Ellen ist noch einmal am Apparat:
»Xenia, mir ist da noch was Wichtiges eingefallen. Wenn deine beiden so eine Nummer hinlegen, dann bestimmt nicht nur, weil sie sich kabbeln.«
»Häh?«, sagt Xenia, »willst du nun wieder alles durcheinander bringen?«
»Nein, nein,« meint Ellen, »es geht doch darum, die Sache richtig zu verstehen.«
»Da bin ich mal gespannt.« Schon wieder geht die Sache an Xenias Schmerzgrenze.
»Ich glaube, die zwei halten bei allem Geschimpfe ziemlich gut zusammen und machen ein Spielchen mit dir.«
»Das ist doch kein Spiel, Ausdrücke gebrauchen!«
»Doch, irgendwie schon. Das Spiel heißt: Mutter testen. Wann geht sie auf die Palme. Sie kämpfen zwar miteinander, aber zugleich machen beide zusammen gegen dich Front. So als wollten sie es ganz genau wissen, wann du denn wohl stinkwütend wirst und ausflippst.«
»Du meinst, sie wollen mich mit Absicht wütend machen?«
»Nein, sie wollen dich nicht wütend machen. Ich glaube, die beiden versuchen rauszukriegen, wo bei dir denn tatsächlich die Schallgrenze ist.«
Xenia: »Also, dann würden sie doch darüber reden.«
Ellen lacht: »Du bist ja immer sooo geduldig, richtig heiligmäßig, als würdest du immer nur auf das Gute im Menschen war-

ten. Das Gute kommt aber nicht zum Vorschein, wenn du immer den Mund hältst. Du musst ihm eine Brücke bauen.«

»Das versteh ich nicht.«

»Du willst immer ruhig, gelassen und geduldig sein. In Wirklichkeit hast du eine Wut im Bauch und verkneifst sie dir.«

»Jetzt komm mir bloß nicht damit, ich sei aggressionsgehemmt oder wie das heißt! Schließlich hab ich mit dem Messer …«

»Okay, okay, ist ja gut: Wenn du nicht rechtzeitig sagst, dass jetzt Feierabend ist, dass es dir jetzt reicht, dann merken sie, dass du nicht aufrichtig bist. Dass du innerlich wütend bist, das spüren die kleinen Biester nämlich! Da kannst du dir so viel Mühe geben, wie du willst. Sie lesen es in deinem Gesicht, sie spüren es an deinem Atem und an der Anspannung, die dann von dir ausgeht.«

Jetzt wird Xenia wütend: »Worauf soll ich denn noch achten, um mit den beiden fertig zu werden?«

Ellen: »Du sollst auf gar nichts achten. Aber es gibt einen einfachen Wenn-dann-Satz. Und der kann dir vielleicht helfen, selbst zu entscheiden: Wenn du dich dauernd kontrollierst und deinen Unmut nicht rauslässt, dann machen sie so lange weiter, bis sie eine ehrliche Reaktion kriegen.«

Xenia findet das sehr schwierig. »Oje«, sagt sie. »Was glaubst du, wie schlecht ich mich gefühlt habe, als ich das Messer auf den Tisch geknallt habe.«

Ellen kann das gut nachfühlen. Es ist immer schlimm, wenn man die Kontrolle verliert und etwas tut, das man partout nicht tun will. Mitfühlend sagt sie: »Du hast aber den Kindern damit etwas unbezahlbar Gutes getan.«

Xenia ist froh, dass sie beide nur telefonieren und Ellen nicht sieht, wie sie zweifelt.

Ellen sagt: »Die Kinder wollten unbedingt wissen, was Sache ist. Sie wollen ihre Mutter, wie sie wirklich ist! Manchmal eben mit dem Messer auf dem Tisch.«

»Ich denke, Geduld ist die Tugend der Mütter?«

»Ja, wenn du eine Matheaufgabe erklärst. Aber du kannst nicht geduldig ausharren, wenn sie dir auf den Geist gehen! Du musst beizeiten sagen, was Sache ist. Was bei dir Sache ist.«

»Okay, das hab ich verstanden. Im Kopf jedenfalls. Aber sag mal, schaffst du das immer rechtzeitig?«
»Natürlich nicht. Bin doch nicht perfekt!«
»Und bist du denn mal so richtig schlimm stinkwütend geworden und ausgeflippt?«
»Klar. Öfter. Einmal bin ich richtig ausgerastet.«
»Erzähl mal!«
»Da hat mein Sohn Krach gehabt mit einem Nachbarsmädchen und hat es angebrüllt und eine ›dreckige Fotze‹ genannt. Da ist mir furchtbar der Kragen geplatzt. Ich hab ihn mir vorgenommen und so was von zusammengestaucht, dass er nicht mehr wusste, wo ihm der Kopf steht. Das war nicht pädagogisch wertvoll. Das war auch nicht fein! Vor lauter Sauwut hab ich selber ziemlich heftige Sachen gebrüllt. Es war bloß verdammt ehrlich so, wie mir zumute war. Und das hat er, glaub ich, begriffen.«

Woher hat das Kind bloß diese Wörter? oder Wie kommt es zu »diplomierten Schimpfwörtern«?

Verlassen wir das Gespräch zwischen Xenia und Ellen, das noch einige Fortsetzungen erfahren hat. Am Ende hat Xenia tatsächlich ein bisschen begriffen, dass ihre Kinder sie auch mit ihrem Ausflippen und dem dazugehörigen schlechten Gewissen erleben wollen und müssen. Und sie hat gelernt, öfter einmal anders hinzuhören bzw. gar nicht mehr so genau hinzuhören, wenn sie mitbekam, dass ihre beiden sich Ausdrücke an den Kopf warfen.

Immer wieder höre ich die entgeisterte Frage: »Woher hat das Kind bloß diese Wörter?« Manchmal klingt in dieser Frage die Angst der Eltern mit, die Erzieherinnen oder Lehrer könnten denken, bei ihnen daheim seien schlimme Ausdrücke an der Tagesordnung.

Ja, woher haben Kinder nun die Ausdrücke? Schimpfwörter werden gehört. Im Kindergarten. In der Schule. Im Fernsehen. Im Kino. Auf der Straße. Überall.

Wieso ist beispielsweise das Wort »Rindskarnoppel« nicht

so schlimm? Und was macht ein Wort überhaupt zu einem Schimpfwort?

Kinder benutzen die Wörter, die sie aufgeschnappt haben. Andere Kinder hören sie und reagieren darauf: indem sie lachen, sie wiederholen, vielleicht bewundern, selbst benutzen und weitertragen. Stellen Sie sich vor, Kinder auf einem Spielplatz zanken und rüpeln und ein Kind fährt ein anderes an: »Du Rindskarnoppel!« Daraufhin schaut ein Kind verdutzt, ein anderes lacht. Die Erwachsenen in der Nähe schmunzeln vielleicht oder schütteln den Kopf. Kinder registrieren diese Reaktionen und wissen: Das Wort ist ziemlich harmlos, eher komisch und bei manchen ein Überraschungserfolg. Das Wort wird zu Hause getestet (»Mama, Tobi hat heute ›Rindskarnoppel‹ zu Anja gesagt!«) und die Reaktionen der Eltern – Erstaunen, Lachen oder was auch immer – werden ohne großes Nachdenken als weitere »Einzelwertungen« nach und nach zu einer »Gesamtnote« verrechnet. Die dürfte in diesem Fall eher »harmlos« lauten.

Ertönt ein »Affenarsch!«, fährt vereinzelt ein Kopf hoch, die Nachbarin runzelt die Stirn, eine Mutter auf der Bank zieht die Brauen hoch, eine andere da drüben mit dem Kinderwagen grinst, aber der Großvater macht ein entrüstetes Gesicht, auch wenn er nichts sagt. Die Reaktionen der Umwelt und das Mienenspiel der Erwachsenen machen aus einem Wort einen harmlosen Begriff oder einen Kraftausdruck. Die hochgezogene Augenbraue, das entrüstete Einatmen oder ein Entsetzensschrei (»Mein Gott, wo hast du das denn bloß wieder her!«) verwandeln ein Wort in ein »diplomiertes Schimpfwort«.

Ich finde es immer wieder erstaunlich, wie gut Kinder abschätzen können oder auch spüren, wie weit sie gehen dürfen und wann die Schmerzgrenze beim anderen überschritten ist – jedenfalls wenn die Beziehungen im Großen und Ganzen stimmen und wenn keiner der Beteiligten unter unerträglichem Druck steht. Die Eltern brauchen sich also in der Tat keine großen Sorgen zu machen.

Kapitel 5
Balgen, kloppen, keilen oder Ohne Regeln geht es nicht

Forschen, zanken, streiten – alles Aggression. Aber interessant wird das Thema für viele erst, wenn es zu Handgreiflichkeiten kommt. Und in der Tat: Wenn wir eine Aggressionskultur entwickeln wollen, dann muss eines ihrer Hauptanliegen sein, dass körperliche Gewalt vermieden und durch erträgliche Formen der Auseinandersetzung ersetzt wird. Das ist aber nicht zu erreichen, indem körperliche Gewalt tabuisiert wird – auch wenn viele das für richtig halten. Diese Tendenz zur Tabuisierung ist verständlich. Denn wenn Kinder zuschlagen, erzeugt das bei vielen eine Flut unguter Gefühle, wie in der folgenden Geschichte.

Der kleine Chris schlägt zu
Klara, vier Jahre, ist sehr stolz, weil sie sich schon allein anziehen kann, wenn die Mama ihr alle Kleidungsstücke in der richtigen Reihenfolge auf den Boden legt. An einem Morgen kommt der zweijährige Chris dazu und bringt alle Sachen durcheinander. »Nein!«, schreit Klara. »Hau ab! Geh weg!« Da stellt sich der kleine Chris hinter seine Schwester und schlägt sie mehrmals hintereinander mit der Hand auf den Kopf, wobei er im Takt der Schläge sagt: »Sei still! Sei still! Sei still!« Klara ist verdutzt und ratlos. Als der Kleine sie noch einmal schlägt, ruft sie jammernd: »Mama, der haut mir auf den Kopf!«
Die Mutter erschrickt. »Schlägt der einfach zu – dabei ist er doch noch so klein!«, schießt es ihr durch den Kopf. Sie ist schon unterwegs, um einzugreifen und Klara zu schützen. Das schrille Pfeifen des Wasserkessels stoppt sie. Sie muss den Tee aufgießen. »Ziehe ich etwa einen Schlägertyp groß?«, denkt sie.
Körperliche Angriffe ihrer Kinder erschrecken viele Mütter. Was, wenn die Kinder größer und die Attacken gröber werden? Das weckt bei manch einem Bilder von roher Brutalität und Gräueltaten.

Der Tee dampft und aus dem Kinderzimmer ist nichts mehr zu hören. Die Mutter denkt: »Nein, Chris ist nicht bösartig. Aber Klara traut sich nicht recht, sich zu wehren aus Angst, dem Kleinen wehzutun. Soll ich Klara sagen: ›Du bist doch stärker, halt ihm die Hände fest!‹ Aber die Kinder sollen selber miteinander klarkommen!«
Wieder ertönt Klaras jammervolles »Mama!«.
Spontan ruft sie in Richtung Kinderzimmer: »Klara, du kannst dich doch allein wehren, wenn Chris dir wehtut!«
Im selben Augenblick hört sie Klara entschieden »Nein!« sagen und »Lass das!«.
Die Mutter erhascht einen Blick auf die beiden und sieht, wie Klara Chris nachdrücklich zu seinem Spielzeug schiebt. Jetzt sind die beiden wieder aus ihrem Blickfeld. Chris heult, aber die Mutter hört an seiner Stimme, dass er nur ärgerlich ist und nicht etwa misshandelt wurde.
Klaras Mutter sind in dieser kurzen Szene viele Gedanken durch den Kopf gegangen, aber zum Schluss ist sie ihrem Gefühl gefolgt. Und dieses Gefühl hat sie richtig geleitet.

Praxistipp:
Kinder regeln ihre Probleme selbst
Wichtig ist, dass Kinder ihre kleinen Probleme selbst miteinander regeln. Wenn die Mutter immer wieder eingriffe, würde sie die Zwistigkeiten anstelle der Kinder bereinigen und dann könnten Klara und Chris nicht lernen, miteinander umzugehen.

Raufereien und Rangeleien sind wichtig und notwendig.

Und warum sind sie wichtig und notwendig?
Darum:

- **Kinder erleben und erproben schubsend, knuffend und balgend ihre körperlichen Möglichkeiten.**
- **Sie lernen ihre Kräfte kennen im Vergleich zu den Kräften der anderen.**
- **Sie lernen die Grenzen ihrer Kraft kennen.**
- **Sie erfahren, wie es ist, der Überlegene zu sein.**
- **Sie erleben das stolze Gefühl, stärker zu sein.**
- **Sie erfahren, wie es sich anfühlt, der Unterlegene zu sein.**
- **Sie lernen auszuhalten, der Schwächere zu sein.**
- **Sie erleben eine etwas rauere Art von Körperkontakt. Auch Raufen ist körperliche Nähe und Zuwendung! Und das ist Kindern meist angenehm. Väter, die mit ihren Kindern balgen, wissen das.**
  Das spielerische Kämpfen und Rangeln – gerade mit dem Vater – ist eine sehr lustvolle Angelegenheit, die außerdem noch unmerklich Regeln trainiert: wie man kämpft, was erlaubt ist und was nicht. Der Begriff »Aggressionskultur« wird hier sehr anschaulich.

Praxistipp:
Ohne Regeln geht es nicht
Wichtig ist, dass Eltern mit den Kindern eine klare Vereinbarung treffen, wann Schluss ist mit dem Raufen: Jeder hat das Recht, »Stopp!«, »Halt!«, oder »Aufhören!« zu rufen, und dann muss der Kampf beendet werden – sei es auch ein noch so lustiger Spaßkampf. Sind die Kinder schon älter, können sie die Spielregeln untereinander aushandeln und sich einigen, wann Schluss sein muss.

Mütter mischen sich ein

Auch wenn grundsätzlich gilt, dass Eltern lernen sollten, sich herauszuhalten und es den Kindern zu überlassen, ihre Streitereien selbst zu regeln, gibt es doch Situationen, in denen es hilfreich ist, wenn die Eltern die Hände nicht in den Schoß legen. Von solchen Situationen handelt die folgende Geschichte.

Piet und Vinzenz werden wieder Freunde

In Kapitel 1 habe ich vom sechsjährigen Piet erzählt, der einen gezielten Fußtritt in Vinzenz' Sandburg landete. Ein alltägliches Vorkommnis, das sich sehr leicht in eine unendliche Geschichte destruktiver Aggression hätte verwandeln können. Dass es anders kam, haben die kleinen Streithähne Piets Mutter zu verdanken und ihrer beispielhaften Initiative.

Dem Tritt in Vinzenz' Sandburg war ein verkorkster Spielnachmittag vorausgegangen, den die beiden im Streit beendet hatten. Danach hatte Vinzenz Piet vor anderen Kindern »Spielverderber« genannt und lächerlich gemacht. Piet hatte sich nicht wehren wollen aus Angst, dann alle gegen sich zu haben, aber der Groll war geblieben. Als Piet den Freund dann allein auf dem Spielplatz antraf, zahlte er ihm mit dem Tritt in die Sandburg alles heim, was er an Kummer, Schmach und Wut hatte einstecken müssen und was er nicht anders hatte verarbeiten können. Er hatte damit, so kam es ihm vor, etwas ausgeglichen, eine Ordnung wiederhergestellt.

Es war aber nichts in Ordnung. Durch das kindliche Wurst-wider-Wurst, mit dem Piet seine Selbstachtung wiederherstellen wollte, wurde die Reihe der Vergeltungsakte nur verlängert: Vinzenz schlug zurück und die Feindseligkeiten gingen weiter.

Da war es für Piet und Vinzenz wirklich gut, dass Piets Mutter nachfragte und nach allerlei Herumgedruckse der beiden erfuhr, dass die Jungs derzeit schlecht aufeinander zu sprechen waren.

»Vinzenz ist blöd«, knurrte Piet. »Da darf man ja bloß so spielen, wie der will!« Und Vinzenz beklagte sich seinerseits daheim, dass dieser »unmögliche« Piet ihm »alles« kaputtmache und

überhaupt werde er dem Kerl schon noch zeigen, was eine Harke ist!
Es deutete sich an, dass diese Geschichte sich weiter hochgeschaukelt hätte nach dem Motto: »Wie du mir, so ich dir.« Aber Piets Mutter lädt beide Jungs ein paar Tage später zu Limo und Kuchen ein. Die beiden hocken eher unlustig am Tisch. Auf die Frage, ob sie nicht was spielen wollen, brummen beide nur so etwas wie »Nöh« und »Keine Lust«.
Die Mutter sagt: »Sieht aus, als seid ihr ziemlich sauer …«
Die beiden werfen sich flüchtig einen Blick zu. Brummeln.
»Was ist denn?«, fragt die Mutter.
»Der hat mir meine Sandburg zertrampelt«, schnaubt Vinzenz.
»Und du? Du hast mich ja vorher schon viel geärgert!«, setzt Piet zur Verteidigung an, »du hast mich nicht mitspielen lassen!«
»Gar nicht! Du wolltest nur nicht richtig mit mir spielen. Außerdem bist du einfach nach Hause gegangen.«
Nach dem ersten Schwall vorwurfsvollen Ärgerablassens sagt die Mutter: »Hm. Da hat ja jeder was abgekriegt. Jeder hat sich geärgert und hat dann zurückgeärgert …«
»Ist doch auch wahr …«, kommt es aus der Jungens-Richtung.
»Okay«, sagt die Mutter. »Jetzt möchte ich aber mal was wissen. Vielleicht könnt ihr beide ja eine Antwort geben. Wenn ich es doof finde, wenn zwei so eine Art Krieg haben, was könnte ich machen, dass der Krieg aufhört?«
»Hä?«, Vinzenz und Piet sind verblüfft.
Sie hatten jetzt die üblichen Fragen erwartet wie »Wer hat angefangen?« oder »Warum hast du das gemacht?«.
Piet hat als Erster einen Einfall: »Du könntest sagen: Geht endlich spielen und hört auf mit dem Scheiß!«
Die Mutter verkneift sich ein Grinsen. »Man muss nur die richtigen Leute das Richtige fragen«, denkt sie.
»Oder Sie könnten sagen: ›Noch einmal, dann gibt's Ärger!‹ Vinzenz kriegt den drohenden Unterton ganz gut hin.
»Das passt beides gut zusammen«, findet die Mutter zufrieden und die Jungen freuen sich schon, weil sie »was Vernünftiges« gesagt haben. Dies stellt sich jedoch als voreilig heraus.
Die Mutter fasst zusammen: »Ihr meint also, ich sage, was ihr

zwei tun sollt, und damit ihr es auch wirklich tut, drohe ich euch was Schlimmes an ...«
»Wie in der Schule«, sagt Piet. »Die Frau Schreiber sagt auch immer: ›Wenn du deine Hausaufgaben vergisst, musst du das nächste Mal mehr machen.‹«
Die Mutter nagt an der Unterlippe. »Du hast Recht. Sie droht – und ich soll auch drohen.« Sie guckt aber immer noch ratlos, so dass es Piet ganz anders wird.
Schließlich fährt sie fort: »Ich seh da noch was anderes. An die Hausaufgaben zu denken, das kann man wirklich schaffen. Aber könnt ihr es schaffen, einfach mal keinen Ärger zu machen?«
»Versteh ich nicht«, sagt Vinzenz. »Natürlich kann ich es schaffen, zu spielen, ohne den Piet zu ärgern.«
Piets Mutter zieht geduldig die Luft ein. »Klar, dass du das kannst. Aber kannst du dich einfach nicht ärgern, wenn der Piet was macht, das dir nicht passt?«
»Nee«, platzt Vinzenz raus. »Wenn der einen Scheiß macht, bin ich sauer. Und dann kann ich das nicht wegmachen. Ich mein, da kann ich nicht einfach nicht sauer sein!«
Piet stimmt zu: »Und wenn der Vinzenz etwas macht, das mir nicht passt, dann bin ich stinkig, auch wenn du vielleicht schimpfst oder so. Das kommt eben von alleine.«
»Ihr meint, wenn zwei spielen, da passiert es einfach, dass einer sich ärgert.«
Die Jungs nicken.
»Und es hilft auch nicht, wenn ich sage, dass sie sich nicht ärgern sollen?« Heftiges Nicken.
»Ja, und was kann ich dann machen?«
»Du kannst gar nichts machen«, sagt Piet.
»Nee, überhaupt nichts«, stimmt Vinzenz zu. »Weil das doch die beiden miteinander ausmachen müssen!«
»Wie soll das denn gehen?« Jetzt ist die Mutter gespannt, was den Buben einfällt.
»Na, die könnten sich ja erst mal sagen: ›Das mag ich nicht leiden, was du da machst‹«, fängt Piet an.
»Oder: ›Nee, das will ich aber lieber anders haben‹«, ergänzt Vinzenz.

»Also einmal hast du mit Papa so was gemacht«, meint Piet. Die Mutter horcht auf.
»Da hast du gesagt, dass du es voll Mist findest, wenn Papa den ganzen Samstag Zeitung liest, und dass das echt ätzend ist und dass du auch mal ins Kino willst.«
»Und dann?« Die Mutter ist gespannt.
»Weiß ich nicht genau. Ihr habt gestritten. Und nachher seid ihr dann ins Kino gegangen. Du hast gesagt, ihr hättet was gefunden, der Papa und du, so was Komisches …«
»Einen Kompromiss!« Die Mutter erinnert sich, dass sie Piet das Wort damals erklärt hat. »Weißt du auch noch, wie man den findet?«
»Nöö, nicht mehr richtig.« Vinzenz weiß es auch nicht.
Die Mutter denkt kurz nach. Dann fragt sie: »Soll ich euch nachher zum Abenteuerspielplatz bringen oder wollt ihr fernsehen?«
»Fernsehen«, sagt Vinzenz.
»Mann, bist du blöd«, entfährt es Piet. »Abenteuerspielplatz ist doch viel besser!«
»Aber gar nicht!«
»Aber wohl! Mit dir kann man echt gar nichts machen«, fasst Piet zusammen. »Du bist voll blöde!«
»Selber!«
»Und jetzt?«, fragt die Mutter. »Soll ich jetzt sagen, ihr dürft euch nicht gegenseitig ärgern, sonst knallt's?«
»Meinetwegen«, sagt Piet. »Hauptsache, du fährst mich zum Abenteuerspielplatz!«
»Ach ja? Und Vinzenz geht nach Hause, ärgert sich und schubst dich morgen vom Klettergerüst?«
»Ach, Mama!«
»Wie wär's, wenn ihr beide verhandelt?«
»Verhandeln?« Die beiden gucken sie ratlos an.
»Na ja, wenn jeder von euch sagt, warum er Spielplatz oder fernsehen lieber möchte? Und warum gerade jetzt?«
Die Mutter gibt die Regel vor: Keine Beleidigung, kein »Du bist blöd!« oder »Du bist lahm!« oder etwas Ähnliches. Mit leiser Hilfe kommen die Verhandlungen dann tatsächlich zu einem

Ende. Vinzenz weiß, das es heute im Kinderkanal die Maus gibt, das überzeugt auch Piet. Da fällt es Vinzenz nicht schwer zuzustimmen, dass sie übermorgen zum Abenteuerspielplatz gehen. Morgen geht nicht, da haben beide etwas anderes vor. Jeder für sich.
Die Mutter ist am Ende ziemlich geschafft, aber zufrieden denkt sie: »Wenn das kein Kompromiss ist!«

Kinder sind daran interessiert, ihre Dinge selbst zu regeln. Sie nehmen allerdings Hilfen an, wenn sie merken, dass die Erwachsenen ihnen ihre Lösungen nicht überstülpen, sondern ihnen helfen wollen, sich selbst zu helfen. Sie begreifen sehr wohl, dass Regeln dabei hilfreich sind und auch ein Schiedsrichter, der die Einhaltung der Regeln überwacht. Das kennen sie ja vom Sport.

Balgen, Scham, soziales Lernen, Frieden oder Pack schlägt sich, Pack verträgt sich

Es geht bei Balgereien nicht nur um Körperkontakt, sondern *auch* um soziales Lernen. Die Kinder lernen z. B. das Gefühl der Scham kennen, wenn sie zu weit gegangen sind, wenn sie versehentlich einem anderen wehgetan oder ihn verletzt haben. Vielleicht lernen sie auch das herbe Gefühl kennen, für eine Weile von der Gruppe ausgegrenzt zu werden, weil sie gegen die ungeschriebenen Regeln der Gemeinschaft verstoßen haben.

Nicht zuletzt lernen sie, wie man sich wieder verträgt, wie man Frieden schließt, wie man wieder neu anfängt »nach einer Schlacht« – wie in der folgenden Geschichte zu sehen ist.

Ein schmerzhafter blauer Finger und eine schlitzohrige Versöhnung
Die Geschwister André und Simone, neun und elf Jahre alt, die im vorigen Kapitel in eine Schimpf-Olympiade verstrickt waren, geraten gelegentlich auch etwas heftiger körperlich aneinander als bei den Schubsereien unter dem Tisch.

Eines Tages hatte sich André, ohne zu fragen, eine CD der Schwester ausgeliehen. Simone stürzt in sein Zimmer, schnappt nach dem CD-Player, aus dem »ihre« Musik kommt, und in dem anschließenden Geraufe tut sie ihrem Bruder empfindlich weh. Er bricht nicht in sein übliches Wutgeheule aus, sondern weint ernsthaft vor Schmerz. Gewiss könnte die Mutter nun einschreiten. Ja, als ihr Sohn vor Schmerz zu weinen beginnt, verspürt sie sogar den dringenden Impuls, rettend einzugreifen. Sie möchte darauf bestehen, dass Simone sich »ordentlich« entschuldigt, und zwar »ein bisschen plötzlich«.
Sie steht schon in der Tür, da hört sie: »Mann, hab dich nicht so!« Sie stutzt. Das ist zwar ein ruppiger Ton, aber nicht dramatisch. Sie dreht um und macht (mit gespitzten Ohren!) ihre Arbeit in der Küche weiter.
»Zeig mal … Da, tut das weh?« Sie kann heraushören, dass Simone ehrlich besorgt ist. Interessiert lauscht sie weiter: Wehklagen mit einem mitleidheischenden Unterton.
»Hättst mir ja nicht die CD zu klauen brauchen …«
»Und du brauchst ja nicht gleich so rumzuprügeln!«
»Jetzt mach mal halblang. Ich wollte mir bloß mein Eigentum zurückholen.«
»Jaja – aber wie! Blödes Prügelweib. Guck mal, mein Finger! Ganz blau!!«
»Hab ich doch nicht mit Absicht gemacht, Mensch! Tut mir leid …«
»Kann ja jeder sagen. Geh mal runter von meinem Sofa …, du Monster.«
»Ey, du wirst ja schon wieder frech!«
»Na und? Soll'n wir mal fragen, ob wir'n Eis kriegen?«
»Au ja, aber du fragst. Du hast den blauen Finger!«
Die mütterliche Zurückhaltung war also hilfreich, denn erzwungene Versöhnungen sind ja keine Versöhnungen und ihnen kann kein haltbarer Frieden folgen. Die mütterliche Zurückhaltung ist außerdem hilfreich dafür, dass die Kinder sich selbst einzuschätzen lernen und es so schaffen, ihre Angelegenheiten auf ihre Art zu regeln. Und in diesem Fall haben beide Kinder aus der brisanten Situation auch noch ein Eis herausgeholt.

Haben Sie gerade gefragt: »Geht das nicht zu weit?« Ich sehe das lockerer. Die Mutter spitzt die Ohren, weil sie ein berechtigtes Interesse daran hat, zu erfahren, wie die beiden Kinder miteinander klarkommen. Und sie freut sich darüber, wie es ihnen gelingt. So fällt es ihr leicht, die Absprache mit dem Eis nicht gehört zu haben.
Der blaue Finger des Sohnes hat ja tatsächlich Trost verdient. Und der Schrecken, den sie aus der Stimme ihrer schlagkräftigen Tochter herausgehört hat, ebenfalls. Und sie selbst hat auch ein Eis verdient. Oder einen kleinen Anis. Aber wie so oft vergisst sie wieder, sich zu belohnen. Als sie es sich eine halbe Stunde später gerade vor dem Fernseher bequem machen will und aus Richtung Kinderzimmer einen Moment lang wieder Gequäke zu hören ist, fällt ihr das ein. Sie steht auf, geht zum Kühlschrank, schenkt sich ein, nimmt das Glas mit zurück ins Wohnzimmer und prostet sich zu: »Haste gut gemacht …«

Die Angst, die so hinderlich ist

In der Tat, das hat sie gut gemacht. Sie hat es geschafft, ihre Angst, ihr Sich-verantwortlich-Fühlen beiseite zu schieben, und sie hat es geschafft, zuzulassen und auszuhalten, dass ihre Kinder die Angelegenheit selbst regeln.

Sie lässt die Angst nochmals in ihr Bewusstsein. Wie so viele Eltern bedrücken sie die Bilder von Brutalität, Zerstörungswut und Gewaltkriminalität. Entschlossen steht sie auf und schaltet den Fernseher ab, aus dem diese inneren Bilder gleich wieder Nachschub erhalten werden. Sie ist froh, dass sie ihre Kinder hat machen lassen und dass es wie in den allermeisten Fällen, wenn die beiden sich streiten, auch diesmal nur eine Art Wettkampf war.

Oft geht es auch um sehr impulsiv ausgelebte Neugier oder um ein gegenseitiges »Erziehen« der Kinder: Sie sammeln ihre Erfahrungen. Und wenn sie sich im Großen und Ganzen mögen und achten, dann ist besonnene Zurückhaltung der Eltern das Beste.

Eltern müssen eingreifen, wenn es gefährlich wird, *wirklich* gefährlich.

Nein, ein Patentrezept gibt es nicht.

Warum es so schwer ist, sich rauszuhalten

Das spontane Bedürfnis der Eltern einzugreifen entspringt dem Bedürfnis (und der Notwendigkeit!) dem Nachwuchs zu helfen, ihn aus Gefahr zu retten und ihn keinesfalls preiszugeben. Deswegen ist dieser Rettungsimpuls oft so stark. Und deswegen entsteht so leicht die heftige Angst vor einem schlimmen Ausgang. Natürlich spielen auch die Medien eine Rolle, die Meldungen über Brutalität, Gewalt und Zerstörung. Die Berichte über ausufernde Aggression können es Eltern wirklich sehr schwer machen, Zutrauen zu haben zu der Fähigkeit ihrer Kinder, ihre Angelegenheiten selbst zu regeln.

Deshalb ist vielleicht auch die folgende Information wichtig: In der zweiten Hälfte der 90er Jahre des letzten Jahrhunderts ist in den USA die Zahl der Gewaltdelikte leicht zurückgegangen; die Berichterstattung darüber in den Medien hat sich aber in diesem Zeitraum verdoppelt.

Wichtig für uns Eltern bleibt, dass wir uns immer wieder bemühen, einen Ausgleich zu schaffen zwischen unserer Sorge und unserer Zukunftsangst einerseits und andererseits dem viel beschworenen Loslassen im Vertrauen darauf, dass das Kind so, wie es ist, in Ordnung ist.

Das mag manchem wenig erscheinen, aber es ist das Beste, das Eltern geben können.

Kapitel 6
Frust ist eine Sache mit zwei Gesichtern

Dass Frust Ärger oder auch Wut hervorrufen kann, ist den meisten geläufig. Deswegen wollen manche Eltern ihr Kind am liebsten vor allem Frust bewahren. Weniger bekannt ist, dass Enttäuschungen Menschen erfinderisch machen können.

Wenn aus Enttäuschung Wut entsteht

Tommy und Corinne, Teil 1
Tommy, fünf, im Zimmer seiner Schwester Corinne am Schreibtisch. Er umklammert einen dicken Filzstift, schaut sich um – und macht einen kräftigen Strich in die Hausaufgaben der Siebenjährigen. In seinem Gesicht spiegeln sich Zufriedenheit und Genugtuung. Bevor Sie Tommy für ein »widerliches kleines Ekel« halten – so wird Corinne ihn nennen –, lesen Sie, was vorher passiert ist.
Da saß Corinne – sie geht noch nicht lange in die Schule – missmutig über den Hausaufgaben: Sie sollte einige Reihen schwungvoller Bögen malen, Vorübungen für das Schreiben. Nur wollten ihre Händchen und Finger nicht so wie sie: Immer wieder machten sie Zacken und Krakel auf das Papier.
Die Töne, mit denen Corinne ihre Misserfolge quittierte, wurden heftiger, wütender. Als Tommy ins Zimmer spazierte und sich einen ihrer Radiergummis holen wollte, flippte sie aus. »Zisch ab, du Pampers-Pupser!«, giftete sie ihn an, haute ihm auf die nach dem Gummi ausgestreckte Hand und schubste den kleinen Kerl heftig Richtung Tür.

Ich versuche zu verstehen, was geschehen ist. Corinne hatte sich mit den geschwungenen Bögen geplagt. Zuerst hatte sie tapfer immer wieder neu begonnen, angetrieben vom Motor der konstruktiven Aggression: Sie wollte es schaffen, sie wollte das Bogenmalen beherrschen! Ihr häufiges Scheitern war frustrierend gewesen und hatte Ärger ausgelöst, sie war ungeduldig geworden, schließlich wütend. Sie litt daran, dass sie ihre Bewegungen nicht so kontrollieren konnte, wie sie das gern wollte. Sie wurde zappelig, die Kringel gerieten ihr immer weniger. Das erbitterte sie. Schließlich konnte sie ihre Hilflosigkeit nicht mehr ertragen. So viel Frust war nicht auszuhalten! Sie wurde stinkwütend und als Tommy ihr in die Quere kam, entlud sich ihre Wut im Schlag auf seine Hand. Diese feindselige Aggression war die Folge des erlittenen Frusts. Frust macht Wut. Frustrationswut.

»Frust«, den Begriff kennt jeder, ist die alltagssprachliche Verkürzung von »Frustration«. Das kommt von lateinisch »frustrare«, »täuschen« und im übertragenen Sinne »vereiteln«. Der Begriff hat seinen Platz da, wo es um Absichten, Wünsche, Ziele, Pläne oder Bedürfnisse geht. Sehr plastisch drückt das die lateinische Redewendung »clamor frustratur hiantes« aus, wörtlich übersetzt: »Es wurde dem offenen Munde versagt.« Damit ist gemeint: Jemand hält einem Hungrigen etwas Essbares hin und zieht es weg, sobald der Hungrige seinen Mund öffnet. Der Fremdwörter-Duden erklärt »Frustration« so: »Erlebnis einer wirklichen oder vermeintlichen Enttäuschung und Zurücksetzung durch erzwungenen Verzicht oder Versagung von Befriedigung.«

Zurück zu Corinne. Sie hat eine Enttäuschung erlebt, als es ihr nicht gelang, so schöne Bögen zu malen, wie sie es gern gewollt hätte. Sie ist *frustriert* und als es ihr auch nach intensivem Probieren nicht gelingt, ist sie wütend. Auch das Gefühl, das einen erfüllt, *nachdem* etwas gescheitert ist, nennt man »Frustration«.

Wie gesagt: Die Alltagssprache hat den psychologischen Begriff »Frustration« zu »Frust« verkürzt, und dabei hat sich die Wortbedeutung ein wenig verschoben. Während der Begriff »Frustration« in der Regel schwer wiegende Enttäuschungen oder Versagungen bezeichnet, meint Frust eher ein leichtes bis mittleres Unbehagen, etwas, das einem Menschen (sehr) unangenehm oder lästig ist: »echt ätzend«.

Menschen reagieren unterschiedlich auf Enttäuschungen

Unterschiedliche Menschen erleben dieselben Ereignisse völlig unterschiedlich. Wie ein Mensch etwas erlebt, wie er darauf reagiert, hängt u. a. von seinem Alter, seiner Reife und seiner Erfahrung ab: Wenn Corinne etwas älter geworden ist, wird sie sich nicht mehr über ein misslungenes Wortbild aufregen, weil ihr inzwischen andere Aufgaben wichtiger geworden sind. Es ist auch eine Frage der Persönlichkeit: Ein anderes Kind, dem das Bogenmalen nicht gelingt, grummelt nur ein wenig und pfeift dann womöglich auf die Hausaufgabe. Nicht alle Menschen erleben Frustration und Frust in derselben Intensität. Man sagt, dass sie eine unterschiedliche Frustrationstoleranz haben (s. S. 93).

Kinder mit einer geringen Frustrationstoleranz zerstören, wenn etwas überhaupt nicht klappen will, sogar ihre eigenen Sachen: Sie zerbrechen Bleistifte, werfen den Spitzer oder gleich das ganze Mäppchen auf den Boden. Manchmal sucht sich der innere Druck auch ein anderes Ventil: Es passieren Missgeschicke, die im Grunde gar keine sind: Dann zerreißt vielleicht das Blatt Papier »ganz aus Versehen«.

Manche Kinder lassen ihre Frustrationswut an etwas noch Näherliegendem ab, wie die vierjährige Ronja. Wenn ihr etwas nicht gelingt und sie so wütend wird, dass sie explodieren könnte, beißt sie an ihren Fingernägeln.

Das erinnert zum einen an den Begriff »Angstbeißer« für manche Hunde, die bei großer Angst zwischen Flucht und Angreifen schwanken (oder nicht fliehen können, weil sie angeleint sind) und deswegen in höchster Erregung um sich schnappen. Zum anderen erinnert es an so genannte »Übersprungbewegungen«, wie man sie bei vielen Tieren beobachten kann. Wenn etwa Vögel sowohl fliehen als auch angreifen wollen, kann es passieren, dass sie zum Schein fressen oder zum Schein nisten. Manche Affen fangen in einer solchen Stress-Situation an, sich zu kratzen, oder sie masturbieren.

Allgemein gesagt: Die Übersprungbewegungen treten auf,

wenn ein Lebewesen übermäßig angespannt ist und diesen Spannungszustand nicht durch Rauslassen der Gefühle, beispielsweise des Ärgers, lösen kann. Die seelische Anspannung zeigt sich dann im Körper: Beim Beißen werden die Kiefer angespannt und zusammengepresst. Wenn das Beißen »nach außen« nicht möglich ist, beißt einer die Zähne zusammen, er beißt sich auf die Finger, um nicht loszubrüllen, oder er beißt sich auf die Lippen, bis sie blutig sind.

Die Fingernägel sind zwar etwas Eigenes wie beispielsweise das eigene Heft oder Mäppchen, aber sie sind nichts materiell Wertvolles, für dessen Zerstörung das Kind vielleicht Schelte befürchten müsste. Ronjas Nägel sind *vorübergehend* Opfer ihrer feindseligen Aggression. Ihr Nägelkauen ist situationsgebunden, es ist ihre spontane Reaktion auf eine *momentane Krise*. Es hilft ihr, mit ihrer Wut klarzukommen, und ist so ein kleiner Schritt zur Selbstkontrolle. Dieses *gelegentliche* Nägelbeißen ist etwas ganz anderes als das *gewohnheitsmäßige* Herunterkauen der Finger- und vielleicht sogar der Fußnägel, bei dem die Eltern sich mit Recht besorgt fragen, ob ihrem Kind etwas fehlt.

In unserer Geschichte hatte Tommy das Pech, seiner Schwester Corinne in die Quere zu kommen: Ihr Frust, ihr Zorn, der sich am Scheitern ihres mühsamen Tuns entzündet hatte, entlud sich auf ihn. Tommy verzichtet zunächst auf Gegenwehr. Nicht aus Weisheit, sondern aus der Erfahrung heraus, dass er sich gegen die Schwester sowieso nicht wirkungsvoll wehren kann. Aber auch diese »vernünftige Selbstbeschränkung« erzeugt ein Maß an Kränkung und Verdruss, das nur schwer auszuhalten ist. Er erträgt seine Unbill genau so lange, bis er eine Gelegenheit findet, um sich mit feindseliger Aggression Erleichterung zu verschaffen: Er rächt sich für den erlittenen Schmerz mit dem Filzstiftstrich in Corinnes Hausaufgabe.

Es gibt eine Theorie, die Aggression als Folge von Frustration erklärt, und Tommys Geschichte scheint diese so genannte »Frustrations-Aggressions-Hypothese« zu bestätigen.

Hier muss ich jedoch auf eine kleine, aber wichtige Feinheit zu sprechen kommen. Im Verständnis der Frustrations-Aggressions-Hypothese ist Aggression ein Akt, der zum Ziel hat, zu verletzen oder zu zerstören. Frustration hat nach dieser Hypothese also immer und ausschließlich negative Folgen.

Wie Sie bestimmt schon gemerkt haben, sehe ich das anders. Ich sehe außer den negativen auch die positiven, die schöpferischen Seiten der Aggression. Mit anderen Worten: Ich fasse Aggression weiter und möchte Sie mit dieser Sichtweise vertraut machen, weil man im Grunde nur mit diesem erweiterten Blick den Kindern helfen kann zu lernen, mit Wut und Frust, Ärger und Zorn umzugehen und so eine »Aggressionskultur« zu entwickeln.

Frustration muss nicht zwangsläufig zu zerstörerischer Aggression führen wie bei Tommy, sie kann auch positive Kräfte in Gang setzen wie bei Linus (s. S. 104) und Susi (s. S. 105), oder sie kann ein Anreiz zu seelischem Wachstum sein wie bei Pia (s. S. 93).

Eltern können helfen: Zuhören und verstehen

Feindselige Aggression, die durch Frustration oder Frust entsteht, kann sich schnell ausweiten zu nicht enden wollenden Racheakten zwischen den Geschwistern (»Der hat aber zuerst …« – »Ja, aber doch bloß, weil die vorher schon …«). Wenn die Geschwister nicht allein aus dem Teufelskreis herausfinden, sind die Eltern gefordert.

Dabei ist es nicht hilfreich, wenn sie erst einmal Schuldige suchen und Detektiv spielen, um »die Wahrheit« herauszufinden. Die »kriminalistische« Suche nach den Schuldigen ist in der Regel ungeeignet, um den Teufelskreis aufzulösen. Eltern sind auch keinesfalls als Richter gefragt.

Vielmehr braucht jedes Kind die Mutter oder den Vater als Ansprechpartner, die/der nur zuhört und versteht, was denn nun gerade so quälend für das Kind war. Denn hinter jeder tatsächlich feindseligen oder feindselig erscheinenden Aggression steckt wahrscheinlich etwas wie ein *exzessives Unbehagen*.

Wie das aussehen kann, wenn Eltern sich als Ansprechpartner zur Verfügung stellen, die nur zuhören und zu verstehen suchen, sehen wir in der folgenden Geschichte, in der die Mutter von Corinne und Tommy den Streit der beiden »aufarbeitet«. Sie weiß, dass jedes Kind seine eigene Sicht der Angelegenheit hat. Und darum schafft sie eine Situation, in der jeder der beiden seine Sicht darstellen kann, ungestört durch den anderen. Sie nutzt ihre Macht, um dafür zu sorgen, dass beide Kinder zu Wort kommen.

Tommy und Corinne, Teil 2
Die Geschwister, frustriert, sauer und wütend aufeinander, streiten noch.
»Blöde Ziege!«
»Hör bloß auf, du kleiner Furz – du hast gar nichts bei mir zu suchen!«
»Du Doofe! Ich wollte doch bloß …«
»Wollte doch bloß! Ich geb dir gleich mal ›wollte doch bloß‹! Du hast mir die Hausaufgaben versaut, du oller Stinkstiefel!«
Jetzt reicht's Tommy und er schreit: »Das war doch sowieso alles bloß Hühnerkacke in deinem blöden Heft!«
Corinne macht eine drohende Bewegung auf Tommy zu, da heult er: »Mamaaa! Die will mich schon wieder hauen!!!«
Die Mutter kommt und die beiden denken, dass sie sie jetzt in ihre Zimmer schickt. Sie sagt jedoch nur: »Hauen ist nicht. Aber vielleicht mag hier jemand einen Kakao und Kekse?« Die Geschwister grummeln noch ein wenig, bevor sie sich dann doch in die Küche begeben.
»Was ist denn jetzt mit den Hausaufgaben?«, fragt die Mutter.
»Ich muss das Ganze noch mal machen! Bloß wegen dem!«
In Tommy kocht es, er würde gern kontern, aber er hat nun einmal den dicken schwarzen Strich gemacht, und das war vielleicht doch nicht so gut. »Ich hab doch wirklich bloß einen Radiergummi ausleihen wollen …«, denkt er. »Irgendjemand hat meinen verschlampt, sicher die blöde Corinne! Die nimmt sich immer meine Sachen. Immerimmer!« Schweigend steigert er sich in einen rechten Zorn auf die Schwester hinein. Es ist ein inneres Anlaufnehmen und Munitionsammeln. Eigentlich könnte er jetzt loslegen, doch die Mutter kommt ihm zuvor.

»Jetzt lasst mal die Ausdrücke weg, und jeder erzählt, was ihm heute Nachmittag passiert ist. Und der andere hört zu. Ich auch. Ohne Meckern!«
»Ganz ohne?« Tommy will restlos sicher sein.
»Versprochen!«
»Also«, beginnt Corinne, »ich hab gerade die Hausaufgaben gemacht, da kommt dieser ...«
»Keine Ausdrücke!« Die Mutter hebt die Augenbrauen. »Was war das für eine Aufgabe?«
»So blöde Bögen ..., die ganze Seite voll ..., der Mist-Stift!« Corinne schnaubt.
»Das war wohl nicht so doll, was?«, fragt die Mutter.
»Nee, also wirklich. Das war so schwer. Und immer ist der Sch..., also der Stift, der ist weggerutscht und hat gekrikelt ...«
»Das war also alles ganz schwierig. Und dann?«
»Ja. Und dann kommt auch noch der da und will meinen Radiergummi. Dabei hat er doch selber einen! Muss mich doch nicht immer belämmern!«
Tommy würde am liebsten etwas Boshaftes sagen, er setzt schon an, aber die Mutter legt den Finger auf die Lippen und sagt: »Psst, du bist gleich dran mit deiner Geschichte und dann muss Corinne zuhören.« Tommy schweigt.
»Also, Corinne. Du warst ganz fertig von den Bögen. Und dann kam Tommy und wollte was.«
»Ja ... der A...«
»Nein, bitte: keine Ausdrücke! Du warst sauer, weil er dich gestört hat.«
»Na klar ... kommt da einfach rein ... und da hab ich gesagt, er soll abhauen.«
»Rausgeschmissen hat die mich!«
»Okay, ich wollte ihn rausschmeißen. Aber ich hab nicht gehauen!«
»Wohl!«
»Nein!«
»Doch!«
»Passt auf: Jeder erzählt seine Geschichte. Und bei Corinne kommt eben keine Haue vor. Tommy, du hast deine Geschich-

te, und die erzählst du gleich. – Also, Corinne, du wolltest nicht gestört werden und deswegen sollte Tommy raus.«
»Ja. Ich hatte die Nase voll. Das war alles so mistig und so viel und überhaupt: Ich will nicht mehr in die Schule!«
»Hmm. Gar nicht mehr?«
»Nein.«
»Wegen der Hausaufgaben?«
»Ja. Wenn die nie klappen!«
»Und die Frau Grüber? Willst du die auch nicht mehr sehen?«
»Nee. Die ist auch doof.«
»Weil sie dir so mistige Aufgaben aufgibt?«
»Ja. Und ich kann das alles nicht.«
»Heute war dir alles zu viel. Vielleicht auch, weil es nicht so toll geworden ist …«
»Ja, dann meckert die Grüber nachher!«
»Hat sie denn mit dir schon mal gemeckert?«
»Nee, mit mir noch nicht so richtig. Aber mit anderen, da meckert die ganz schön rum.«
»Und da denkst du, sie könnte auch mit dir …?«
»Ja!«
»Und das wär ganz schlimm. Da strengst du dich lieber an.«
»Na klar!«
»Du gibst dir so viel Mühe und es wird trotzdem nicht recht. Und dann bist du ganz stinkig.«
Corinne schweigt.
Die Mutter: »Wenn bei mir mal alles schief geht – so wie gestern: Die Milch brennt an, das Fahrrad hat einen Platten und dann noch dieser Brief vom Finanzamt – dann bin ich stinkesauer. Und oft kriegt das hinterher einer ab …«
»Ja«, sagt Corinne, »wir zum Beispiel.«
»Richtig«, seufzt die Mutter, »dann kriegt ihr das schon mal ab. Das ist dann richtig eklig für euch.«
»Stimmt«, sagt Corinne und Tommy nickt.
»Vielleicht war das ja bei dir so ähnlich: Alles war zum Davonlaufen. Und der Erste, der kam, hat's abgekriegt.«
»Und das war ich!«, sagt Tommy. »Und bloß weil die auf ganz was anderes sauer war!«

»Kann doch mal passieren, ey! Hab dich doch nicht so! Das geht ja sogar Mama so«, braust Corinne auf.
»Stimmt. Ich bin auch manchmal biestig«, gibt die Mutter zu. »Bloß: Hauen ist trotzdem nicht erlaubt.«
»Hab ich doch auch gar nicht.«
»Wohl!«, fährt Tommy dazwischen.
»Okay«, sagt die Mutter. »Jetzt kommt deine Geschichte.«
Nun erzählt Tommy vom wieder einmal verlorenen Radiergummi und wie er doch nur mal eben einen bei Corinne ausleihen wollte.
»… und dann ist die so zu mir!«
»Und da warst du sauer.«
»Ja, und wie!«
»Und dann hast du dich gerächt?«
»Gar nicht!« Tommy denkt nach. »Nee, dann hat der Nächste das abgekriegt, wie bei dir.«
»Der Nächste?« Die Mutter guckt verständnislos.
»Ja«, nickt Tommy. »Das war das Heft.« Mit einem Blick zu Corinne setzt er noch hinzu: »Weil man nicht hauen darf, wenn's anders geht!«
Die Mutter muss ein bisschen in sich hineinlachen über den schlitzohrigen kleinen Kerl. Sie sagt: »Es ist auch scheußlich, wenn du bloß einen Radierer ausleihen willst und stattdessen eine Wut abkriegst. Aber du darfst trotzdem nicht an Corinnes Schulheft gehen.«
»Und was mach ich jetzt mit dem blöden Heft?«, fragt Corinne.
»Meinst du nicht«, fragt die Mutter, »dass du das so lassen kannst?«
»Meine Krakelbögen?«
»Ja, klar, die Krakelbögen. Du musst doch nicht alles so perfekt schreiben wie eine Schreibmaschine! Du bist nicht vollkommen, ich bin nicht vollkommen und Frau Grüber ist bestimmt auch nicht vollkommen …«
»Und wenn Frau Grüber fragt, was das da für ein Krakel ist?«
»Dann könntest du ihr ja vielleicht einfach erzählen, wie er in dein Heft gekommen ist. Frau Grüber kennt sich bestimmt mit kleinen Brüdern aus.«

Die Geschwister tauschen noch ein paar bärbeißige Blicke und machen hinter dem Rücken der Mutter Drohgebärden – was der Mutter natürlich nicht entgeht.

Praxistipp:
Die Sache beschäftigt die Mutter von Tommy und Corinne weiter. Sie möchte noch etwas tun, das ein bisschen nachhaltiger ist als die aktuelle Konfliktbewältigung.
Nach dem Abendbrot hat sie eine Idee. Sie holt für jedes Kind einen Bogen Papier und eine große Schachtel Wachsmalstifte an den Esstisch. »Könnt ihr aufmalen, was da heute passiert ist?« Sie ist erstaunt, dass die Kinder das Angebot gleich annehmen. Offensichtlich wirkt der Streit auch bei ihnen noch nach.
Corinne malt ein paar geschwungene Bögen, dann drückt sie immer stärker auf den lila Stift, die Bögen werden vor Anstrengung eckig und krakelig und schließlich wechselt Corinne zu Schwarz und dann zu Giftgrün über. Das Blatt ist fast voll.
»So war das nämlich«, sagt sie befriedigt. »Jedenfalls so ungefähr. Und dann«, sie setzt leuchtend rote Striche aufs Papier, die vom Rand ins Bild hinein auf die Krakel einstechen, und wendet sich an Tommy, »dann bist du gekommen. Das hat mich so genervt! Das war echt das Allerallerletzte!«
Tommy hat zuerst ein Männchen auf einer geschwungenen hellblauen Linie gemalt, die plötzlich mit rotem Gekrakel abbricht: »Da hat sie gehauen! So! Und da hat sie mich rausgeschmissen!« An die Stelle setzt er einen dicken schwarzen Brocken, aus dem schließlich ein paar knallgelbe Blitze herausfahren. Ganz unten in die Ecke malt Tommy noch einen Strich ähnlich dem, den er in das Schulheft gemalt hat.
Die Geschwister betrachten ihre Bilder. Sie kichern schon wieder ein bisschen herum.

»Und jetzt«, sagt die Mutter, »jetzt könnt ihr überlegen, was ihr mit den Bildern macht.«
»Wie? Was machen?«
»Nun ja, zerreißen, zerknüllen, aufhängen – was weiß ich.«
Schließlich hat jedes Kind einen Einfall. Corinne will ihr Blatt erst einmal an ihr Pinnbrett hängen. Tommy möchte sein Blatt morgen auf dem Kokelplatz im Garten verbrennen.
»So'n Scheißärger gehört verbrannt!«

Ein gesundes Kind hat die Fähigkeit, die Intensität der Feindseligkeit zu mildern, die normale Lebensumstände mit sich bringen. Jedes Kind kommt mit einer gewissen Frustrationstoleranz auf die Welt. Das bedeutet: Jedes Kind hat die Fähigkeit, ein bestimmtes Maß an Frust zu verarbeiten oder wegzustecken. Diese Frustrationstoleranz ist jedoch bei jedem Menschen unterschiedlich ausgeprägt. Eltern können ihrem Kind dabei helfen, mit alltäglichen Frustrationen fertig zu werden und damit seine Frustrationstoleranz zu erhöhen – wie es etwa die Mutter von Corinna und Tommy getan hat.

Trost-Inselchen oder Die Kinderstube der Frustrationstoleranz

Pia ist drei Monate alt. Ihre Mutter sitzt mit einer Freundin im Zimmer und unterhält sich, Pia liegt auf ihrer Spieldecke am Boden. Sie spielt mit ihren Händen, befingert ein paar Spielsachen, die in Reichweite liegen. Eine Weile brabbelt sie vor sich hin. Nach einiger Zeit beginnt sie zu quengeln.
Die Mutter blickt zu ihr hin, sagt freundlich: »Na, ist es grad nicht so gut?«
Pia lächelt kurz die Mutter an und beruhigt sich, schaut und spielt, aber nach einer halben Minute quengelt sie erneut, ein

wenig lauter. Danach beruhigt sie sich wieder. Nach kurzer Zeit setzt das Quengeln erneut ein, wird stärker, bis Pia schließlich schreit. Jetzt wendet sich die Mutter Pia zu. Das Schreien wird noch stärker, ein Unterton von fordernder Ungeduld und Ärger mischt sich hinein. Die Mutter entscheidet, dass Hunger die Ursache sein könnte, und als sie sich anschickt, die Flasche zu bereiten, wird das Schreien wütend. Wenn Pias Mutter an diesem Punkt nicht auf das Schreien reagiert hätte, hätte Pia eine unerträgliche Spannung, ein »exzessives Unbehagen« erlebt.

Das erspart die Mutter natürlich ihrem Baby und sich. Hätte sie vielleicht sofort, schon beim ersten Nörgeln, die Flasche zubereiten sollen? Oder sollte sie vielleicht von vornherein eine Flasche im Flaschenwärmer bereithalten? Als Pia zu quengeln begann, fühlte sie sich »ein bisschen« unwohl. In dem kleinen Moment, in dem die Mutter sich ihr zuwandte, war sie getröstet, sie konnte sich beruhigen. Auch die nächsten Male hat sie es geschafft, sich selbst zu beruhigen. Vielleicht denken Sie, dass das ja nun wirklich normal ist und alltäglich. Das stimmt. Und doch ist es etwas enorm Wichtiges! Das Baby wird mit diesen kleinen Schritten seelisch reifer – auch wenn Sie diesen Ausdruck vielleicht ein paar Nummern zu groß finden.

In einem Bild gesagt: Pia beginnt in solchen Situationen, in sich selbst kleine Trost-Inseln zu errichten – und die Mutter hilft ihr, kleine, unangenehme Momente zu überbrücken durch ihre Aufmerksamkeit, ihre Worte, durch kurzes Ablenken. Diese Inselchen spenden Trost, wenn es mal unangenehm wird. Und Pia baut sie wie alle Kinder aus und vermehrt sie. Die Inselchen helfen Pia, dass sie *nicht* verzweifelt, wenn sie später einmal beispielsweise allein in den Kindergarten gehen soll oder abends allein daheim bleiben muss, weil die Eltern ausgehen. Sie verfügt dann in unzähligen unangenehmen Situationen ihres Lebens über diese inneren Trost-Inselchen, auf die sie sich retten kann, wenn niemand da ist. Wir haben hier gewissermaßen einen Blick in die Werkstatt geworfen, in der die Frustrationstoleranz entsteht.

Was Pias Mutter, wie die meisten Mütter, intuitiv macht, hat noch eine andere Wirkung: Pia empfindet im Moment des heftigen Schreiens, dass sie jetzt großen Hunger hat. Und weil die Mutter auch sehr bald mit der Flasche zur Stelle ist, erfährt Pia, dass sie selbst in der Lage ist, sich Hilfe herbeizuschaffen, nämlich durch ihr Schreien. Sie erlebt, dass sie ein unangenehmes Körperempfinden (Hunger) hat und dass sie angemessene Hilfe bekommt.

Wenn die Mutter bereits auf das erste Nörgeln mit der vorbereiteten Flasche reagierte, würde sie die Wahrnehmung des Hungers ersticken und Pia könnte nicht lernen,

1. ihre zum Hunger gehörenden Körperempfindungen wahrzunehmen,
2. dass sie einen gewissen Spielraum hat, in dem sie sich selbst trösten kann (»ihre Spannung selbst regulieren«, wie die Wissenschaftler es ausdrücken) und
3. dass sie fähig ist, Hilfe herbeizurufen und damit erfolgreich für sich zu sorgen.

Ist eine solche Frustration wirklich *unschädlich*? Tatsächlich sind zwar viele, kurzfristig vielleicht auch angstvolle Gefühle beteiligt, aber Pia erlebt zu keiner Zeit hoffnungslose Verlassenheit oder die Angst, vor unerträglicher innerer Spannung zu »explodieren«. Pia hat stets die Gewissheit, dass die Mutter für sie da ist, sie hört ihre Stimme, die zu ihr spricht, spürt Mutters Liebe, ihren Zuspruch, ihr Mitgefühl und ihre Ermutigung. Und mit dieser Begleitung kann sie gut wachsen.

Warum Weinen so wichtig ist

Grenzen für Cornelius

Cornelius ist drei und er liebt es, in seinem Tretauto neben seiner Mutter herzufahren, wenn sie mit dem Baby im Kinderwagen zum Einkaufen eine Straße weiter geht. Heute muss die Mutter zum Rathaus, das ist zwar nicht weit, aber sie müssen an einer sehr befahrenen Straße entlanggehen, deren Gehweg außerdem ziemlich schmal ist. Die Mutter erklärt Cornelius, warum das Tretauto diesmal daheim bleiben muss.

Cornelius will aber nicht auf das geliebte Auto verzichten. Er argumentiert, dass er aufpassen wird, dass er ganz gerade fahren wird, dass er auf alle Leute Acht geben will, dass er überhaupt niemanden übersehen kann, wenn er so sehr aufpasst … Die Mutter bleibt hart: An dieser Straße kann sie nicht mit einem Kinderwagen und einem dreijährigen Tretautofahrer unterwegs sein. Punktum!
Cornelius brüllt schließlich. Die Mutter kann ihn nicht allein daheim lassen, sie kann die Besorgung auch nicht verschieben, im Gegenteil, sie muss sich jetzt zu allem Überfluss auch noch beeilen. Sie setzt den wütenden Cornelius auf den Kinderwagenaufsatz, d. h., eigentlich klemmt sie das Zornbündel eher fest. Sie sagt ihm, dass sie das nun leider nicht ändern kann, bei allem Verständnis für seinen Wunsch – nur verhilft das dem Kind zu keiner Einsicht. Im Augenblick der Wut kann Cornelius nichts einsehen. Er heult und wütet noch eine Weile. Dann schluchzt er herzergreifend, und das ist für die Mutter viel schwerer zu ertragen.

Es gibt im Alltag viele Situationen, in denen Eltern aufmüpfigen und draufgängerischen Dreijährigen angemessene Grenzen setzen müssen. Und es ist (psycho-)logisch, dass diese dann ihren Ärger über die einschränkenden Eltern deutlich machen – oft genug ausgiebiger und heftiger, als Eltern gut ertragen können. Cornelius vergießt Tränen – und bringt damit seine Mutter in Bedrängnis.

Wenn das Kind gekränkt ist, wütend auf seine Eltern und vor allem wenn es weint, bekommen Eltern leicht ein mulmiges Gefühl. Es beschleichen sie sanfte Bedenken, ob sie nicht durch ihr »Provozieren« des kindlichen Zorns und des Tränenausbruchs die Liebe ihres Kindes verscherzen. Oder sie fühlen sich sehr mies, weil sie ihr Kind unglücklich gemacht haben. Wenn sie ihr Kind zum Weinen gebracht haben, haben Eltern manchmal das beklemmende Gefühl, Rabeneltern zu sein.

Das hängt *auch* damit zusammen, dass Weinen in unserer Kultur einen schlechten Ruf hat, nicht gerne gesehen wird und deshalb versteckt, verdrängt und oft auch unterdrückt wird. Aber für die Kinder ist das Weinen wichtig und für Eltern ist es wichtig, das Weinen als einen heilsamen Prozess in schwierigen Situationen anzunehmen.

Weinen ist die einzige Möglichkeit, wie ein Baby auf ein Unbehagen aufmerksam machen kann: wenn es Hunger hat oder Bauchweh, wenn der Po wund ist und die allzu nasse Windel quält, wenn es erschrickt, Angst hat, krank ist oder sich aus irgendeinem anderen Grund schlecht fühlt. Das Weinen ist ein Appell, den jede Mutter sofort versteht; es ist ein Hilferuf, dem sie umgehend folgt. Das ist nur natürlich, denn sonst könnten Babys kaum überleben.

Cornelius hat zuerst wütend aufgeheult. Das kann die Mutter ganz gut aushalten, denn sie weiß, dass er sich damit »Luft macht«. Aber das nachfolgende Tränenvergießen und Schluchzen setzt ihr zu. Zwar ist Cornelius kein Baby mehr, doch löst sein Weinen in der Mutter noch immer einen Strudel von Gefühlen aus.

Das hängt sicher damit zusammen, dass sie wie alle Eltern »das Beste« für ihr Kind will. Sie fühlt sich schlecht, weil sie nicht umgehend den Anlass für sein Weinen wegschafft und damit sein Unwohlsein beendet – wie es ja bei einem Baby angemessen wäre. Jeder Schluchzer erhöht das Schuldgefühl der Mutter und um sich dieses unangenehmen Gefühls zu entledigen, gerät sie in Versuchung, ihrem Kind nachzugeben und ihm seinen Willen zu lassen, statt die oft lebensnotwendige Grenze aufrechtzuerhalten.

Dabei ist das Weinen so wichtig für die Kinder – wie übrigens auch für Erwachsene!

Tränen entspringen heftigem seelischem Erleben. Menschen weinen nicht nur aus Angst, Wut, Schmerz oder Trauer, sondern auch vor Glück und Freude. Das Weinen hilft, mit der Wucht eines Gefühls fertig zu werden. Manche Menschen sprechen vom »Großputz der Seele«: Die Tränen »duschen« die Seele, sie spülen ein Zuviel der Gefühle hinaus. In Therapien kann Weinen und vor allem auch das damit verbundene Schluchzen ganz alten Schmerz freisetzen, was den Menschen ermöglicht, endlich – oft nach Jahrzehnten – wieder durchzuatmen. Wenn Kinder weinen (und wir sie weinen lassen können), kann sich der gegenwärtige Schmerz nirgendwo festsetzen.

Das Weinen des Kindes ist sein Weg, sich Schlimmes von der Seele zu spülen.

Das Weinen braucht seinen Platz, und es braucht seine Zeit. Es schmerzt Eltern, wenn ihr Kind weint. Darum sollten sie wissen, dass das Weinen ihrem Kind gut tut. Vielleicht fällt es ihnen dann leichter, ihm die Zeit zu lassen, die es braucht, um wieder zu sich und ins Gleichgewicht zu kommen.

Ich kenne Menschen, die einige Jahre Therapie gebraucht haben, um die Fähigkeit zu weinen wiederzuerlangen. Sie haben diese Fähigkeit verloren, weil die Erwachsenen in ihrer Kindheit es nicht ertragen konnten, wenn sie ihrem Kummer auf diese Art Luft gemacht haben.

Die Mutter lässt Cornelius seinen Kummer hinausweinen. Weil sie jetzt sehr in Zeitnot ist, streichelt sie ihm nur kurz über den Kopf und sagt einfühlsam: »Ja, mein Schatz, da musst du jetzt wirklich weinen.« Später, als alles erledigt ist und sie wieder daheim sind, setzt sie sich mit ihm in den großen Lehnstuhl, ihren alten Stillsessel. Sie hält Cornelius im Arm und sagt: »Wenn alles nicht so klappt, wie du möchtest, und wenn du so zornig bist, dann *musst* du auch weinen.« Vielleicht ist es schöner, wenn die Mutter ihr weinendes Kind *sofort* auf den Schoß nehmen und wiegen kann, aber auch Müttern sind Grenzen gesetzt. Was zählt, ist, dass Cornelius sich geliebt und aufgehoben weiß.

Cornelius hat in der Verbotssituation nicht nur großen Kummer, er macht auch einige wichtige Erfahrungen.

- **Er lernt seine Mutter von einer ganz anderen Seite kennen. Er lernt, dass und wie sie sich energisch durchsetzt, wenn es nötig ist. Ohne es zu wissen, wird er später auf diese und ähnliche Erfahrungen zurückgreifen: Sie werden seine Väterlichkeit ebenso beeinflussen wie sein Verhalten in einer Gruppe.**
- **Er lernt, dass er über das Unvermeidliche wütend und traurig sein darf und dass Weinen ihm hilft, sich wieder**

besser zu fühlen, dass sein (vorübergehender) Zorn nicht die Beziehung zu seiner Mutter zerstört.
- **Nicht zuletzt lernt er auch, dass Eltern (wie alle anderen Menschen) ebenfalls Bedürfnisse haben und dass es Grenzen gibt, die einfach nicht überschritten werden dürfen.**

Ein anderes Mal, als Cornelius das Tretauto wieder nicht mitnehmen darf, schlägt er selbst etwas anderes vor: Er wird auf dem Kinderwagensitz sitzen und von dort aus dem Baby aus seinem neuen Bilderbuch »vorlesen«, denn: »Das Baby ist ja noch viel zu klein zum Lesen!«

Durch die erneute Einschränkung hat Cornelius noch etwas gelernt. Obwohl er sich darüber geärgert hat, hat er seinen Zorn diesmal konstruktiv genutzt, indem er sich statt des Verbotenen (Tretautofahren) etwas Erlaubtes (Vorlesen) gesucht hat. Und das bringt ihm Vorteile, denn er profiliert sich als Großer (der schon »lesen« kann) und als »freundlicher Bruder« (der nett zum Baby ist). Das sichert ihm nicht nur die Bewunderung der Mutter, sondern auch unsere.

Der siebte Sinn: Unser Einfühlungsvermögen

Eltern (und Großeltern) brauchen die Fähigkeit – und sie haben sie! –, sich für die Belange des Kindes zu öffnen, sich einzufühlen in den weiten Bereich der Gefühle und sich darauf einzulassen, vor allem auf die schmerzlichen. Es kann nicht oft genug gesagt werden: Das Mitschwingen mit dem Kind, das Sich-Einfühlen-Können sind Grundvoraussetzungen für ein reifungsförderndes Zusammenleben.

Manchmal kann das sehr schwer sein, denn auch Eltern sind zuweilen müde und erschöpft, gestresst, unwillig oder wütend und deswegen nicht immer in der Lage, sich einzufühlen. Umso wichtiger ist es dann, wenn Eltern in ihrem Umfeld Verwandte, Nachbarn und Freunde haben, die einspringen können, wenn die Mutter überfordert ist oder der Vater nicht mehr weiterweiß.

Vielleicht ist es tröstlich für Eltern zu wissen, dass sie sich, wenn sie sich in ihr Kind hineinversetzen wollen, auf ihr Gefühl verlassen können, auf eine Art siebten Sinn, von dem sie sich in der Regel leiten lassen. Nur gelegentlich wird bewusst, was sich da ereignet zwischen Kind und Eltern – und mit welchen Konsequenzen, mit welch nachhaltigen Wirkungen!

Das Miterleben und Nachspüren sind die Instrumente, mit denen Eltern die Quellen unerträglicher Unzufriedenheit erkennen können, um sie so weit zu beseitigen, wie dies nur möglich ist.

Erwachsene können sich vorwegnehmend in das Kind einfühlen, etwa vor einem ängstigenden Zahnarztbesuch. »Wie geht es *mir*, wenn ich auf dem Stuhl sitze? Wie ging es mir früher, als Kind? Was habe ich befürchtet, das passieren könnte? Welche Schauergeschichten haben wir als Kinder vom Zahnarzt erzählt? Wie alt war ich, als mein erster Weisheitszahn gezogen wurde? Wie war das, als ich meine Zahnspange kriegte? Wie alt ist mein Kind heute?« Solche Fragen sind ein probates Elternwerkzeug, um das Kind auf ein unerfreuliches Ereignis vorzubereiten. Sie können das Schlimme (den Zahnarztbesuch, den Schmerz beim Behandeln einer Wunde usw.) dadurch nicht wegnehmen. Aber Sie können es in Worte fassen und handhabbar machen, damit es nicht überwältigend wird.

Tim ist mit der Mutter zu Besuch bei einem gleichaltrigen Jungen. Der will Tim um keinen Preis mit seinem neuen Feuerwehrauto spielen lassen, ja, er darf es nicht einmal berühren. Auf dem Heimweg sagt die Mutter: »Das war schlimm, dass Bert dich nicht mit dem Auto spielen lassen wollte.«
»Bert ist blöd. Richtig blöd!«
»Hm. Er hat das Auto gerade erst von seinem Papa geschenkt bekommen. Vielleicht lässt er dich damit spielen, wenn du das nächste Mal fragst.«

Die Mutter lässt Tim seinen Ärger, sein »Bert-ist-blöd« aussprechen, denn sie kann nachempfinden, *wie* blöd die Situation war. Sie erklärt sie kurz und der Wahrheit entsprechend, aber –

und das ist das Entscheidende – sie redet Tim nichts aus. Sein Gefühl ist eine unleugbare Realität, sein Ärger ist nun einmal vorhanden und mit ihrer Begleitung hilft die Mutter Tim, damit klarzukommen. Er wird bis zum nächsten Mal warten und sich dann vielleicht eine Weile mit Berts Polizeiauto begnügen.

Tim wird in seinem Ärger von der Mutter unterstützt, er ist also nicht allein. Das beseitigt weder den Ärger noch die Enttäuschung oder den Kummer über den unerfüllbaren Wunsch, aber es macht die Frustration aushaltbar. Solche Nähe und Unterstützung sind das Beste, das Eltern oder andere Bezugspersonen geben können.

Was können Eltern tun?

Signale erkennen, wenn's wirklich zu viel ist
Pias Mutter hat, ohne sich dessen bewusst zu sein, genau das Richtige getan, als sie zuerst einmal abgewartet hat. So konnte Pia ihre ersten Trost-Inseln bauen, sich selbst für eine Weile beruhigen und einen kleinen Aufschub ertragen. Eltern beachten die Mimik ihres Kindes und kennen seinen körpersprachlichen Ausdruck. Dadurch können sie auch bei Vier-, Sechs- oder Achtjährigen sicher sein: Jetzt ist es *wirklich* zu viel, hier ist die Grenze des Zumutbaren erreicht. Und dann *müssen* sie Abhilfe schaffen.

Die Gefühle aussprechen …
Frustsituationen lösen Gefühle aus: Enttäuschung, Ernüchterung, verlorene Hoffnung, Unbehagen, Verdrossenheit, Ärger, Wut. Sie können auftauchen, sich steigern und schließlich »ein Kuddelmuddel« anrichten, einen heftigen Wust von Gefühlen, der über Kinder hereinbricht und die Eltern genauso ergreifen kann. Wichtig ist, sich hinterher, wenn der Sturm sich gelegt hat und alle wieder ein bisschen klarer sehen können, das »Kuddelmuddel« anzuschauen. Natürlich kann niemand den ausgestandenen Frust ungeschehen machen. Aber es ist möglich, die

unterschiedlichen Gefühle zu benennen, die da beteiligt waren. Das macht den Schrecken handhabbarer, es lässt Kinder und Eltern sich selbst und einander besser verstehen. Ihre Reaktionen werden nachvollziehbar und begreiflich. Das ganze Geschehen verliert die Aura des Ominösen, das »einfach über alle hereingebrochen« ist. Alles das, was in Worte gekleidet wird, nimmt Gestalt an und wird zu etwas, das man aus verschiedenen Richtungen anschauen und begreifen kann. Dadurch verlieren spätere »Kuddelmuddel« im Leben viel von ihrem möglichen Schrecken.

… oder auf andere Weise ausdrücken

Die Gefühle in Worte zu fassen ist gut, aber manchmal kann es hilfreich sein, zusätzlich noch ein anderes Ausdrucksmittel zu wählen, etwa das Malen. Die Bilder, die Tommy und Corinne malen, spiegeln noch deutlicher, real sichtbar das, was die beiden erlebt haben. Durch das Aufbewahren oder Verbrennen wählt jedes Kind seine Möglichkeit, die erlebte und erlittene Krise auf seine Weise zu Ende zu bringen. Das Aufhängen eines Bildes stellt eine Art »Mahnmal« oder Memorial dar. Manchmal ist das einem Kind wichtig als Zeichen dafür, dass es eine Hürde überwunden und eine Krise gemeistert hat. Das Verbrennen macht für ein anderes Kind Schluss mit dem Geschehen und schafft symbolisch das Belastende aus der Welt.

Egal, welche Form der Darstellung Eltern und Kind bevorzugen: Die Kinder lernen dabei, etwas Bedrückendes, »Schlimmes« von innen nach außen zu bringen – und die Eltern üben es! Das klingt vielleicht banal und ist oft doch so schwer! Wer hat noch nie erlebt, dass jemand gekränkt, erzürnt, wütend, enttäuscht ist, also belastet von einem quälend unangenehmen Gefühl, aber schweigt, sich nicht mitteilen, nicht darüber sprechen kann. Ein solches Schweigen ist bedrückend und schmerzhaft. Wenn Eltern ihren Kindern helfen, das Bedrückende zu »verwörtern«, bereiten sie den Boden für die notwendige Konfliktfähigkeit. Kinder brauchen die Gewissheit: Man kann über alles reden, auch und gerade über »schlimme Sachen«!

Weinen zulassen
Das Weinen ist – wie wir gesehen haben – nicht nur ein Appell an die Erwachsenen, »alles wieder gut« zu machen. Das Weinen ist wichtig und es braucht seine Zeit. Wenn es Eltern bedrückt, dass ihr Kind weint, sollten sie sich in Erinnerung rufen, dass das Weinen ihrem Kind gut tut und es von Schmerzen befreit. Dann fällt es ihnen vielleicht nicht gar so schwer, ihm die Zeit zu lassen, die es braucht, um wieder zu sich und ins Gleichgewicht zu kommen. Und so lernen sie hoffentlich auch für ihr Leben als Erwachsene, Tränen und Schluchzen einfach geschehen zu lassen und die Wohltat anzunehmen, die sie sein können.

Frustrationserfahrungen ermöglichen
Eltern können schon sehr früh die Frustrationstoleranz ihrer Kinder erhöhen, indem sie alltägliche Frustsituationen nicht verhindern, sondern vielmehr zumuten. Pia ist ein Beispiel dafür. Durch solche Zumutungen erreichen Eltern, dass das Kind eine weitere Stufe der Selbstständigkeit erklimmt. Cornelius' Mutter gelingt das sehr gut, wenn auch notgedrungen, weil sie unter Sachzwängen steht: Sie kann nicht *sofort* die unangenehme Situation ihres Kindes in eine angenehme verwandeln.

Manchmal müssen Kinder ihren Frust aushalten und zugleich erfahren sie dabei, dass sie das auch können. Oder sie finden selber Auswege wie Cornelius. Dabei machen sie die Erfahrung: »Ich bin einer unangenehmen Situation nicht hilflos ausgeliefert! Ich kann eine Menge aushalten, ohne kaputtzugehen, und ich kann manchmal sogar allein etwas verändern!«

Selbstvertrauen erkennen und sich daran (mit)freuen
Wenn ein Kind Frustrationen erträgt, die seinem Alter angemessen sind, und wenn es sogar einen Ausweg aus dem Konflikt und kreativ eine Lösung findet, hat es allen Grund, stolz auf sich zu sein! Dadurch gewinnt ein Kind Selbstvertrauen. Und das wird es ihm in künftigen Stürmen erleichtern, standzuhalten und nicht vorzeitig aufzugeben. Ein guter Vorrat an Selbstvertrauen ist ein Polster, das die unvermeidlichen Stöße des Lebens mildern kann.

Gestatten Sie sich Fehler und Unvollkommenheiten!
Den meisten Eltern gelingt das »Krisenmanagement«, wenn sie nicht von dem Gedanken beherrscht werden, alles richtig machen zu *müssen*. Es gelingt ihnen meistens automatisch, ohne groß darüber nachzudenken, »aus dem Bauch heraus«. Und wenn es manchmal nicht oder nicht so gut gelingt, so ist auch das völlig in Ordnung. Ungeschicklichkeiten, Fehler gehören zum Elternsein dazu. Es ist menschlich! Kinder, die sich grundsätzlich geliebt wissen, zerbrechen nicht daran. Eltern müssen nicht vollkommen sein, es genügt, als Eltern »ausreichend gut« zu sein (s. a. das Kapitel »Wie gut müssen gute Eltern sein?«, S. 182).

Frust macht erfinderisch

Wut und feindselige Aggression sind nicht die einzigen Reaktionen auf Frust, die Eltern beobachten können. Es gibt auch andere Antworten auf unerfüllte Wünsche, auf ein Nicht-Haben, Nicht-Bekommen oder Nicht-Dürfen. Das hat Cornelius bereits gezeigt, als er beschloss, dem Baby »vorzulesen«, wenn er schon auf dem Kinderwagen sitzen muss: Not macht erfinderisch!

Linus baut eine Hockerleiter
Der dreijährige Linus braucht dringend das Müllauto, das hoch oben im Regal steht. Selbst wenn er sich noch so weit hochreckt und dabei die Zungenspitze vor Anstrengung hinausstreckt – er reicht nicht heran. Erst quengelt er nach der Mama, aber die kann ihm gerade nicht helfen. Dann hüpft er ein paar Mal mit ausgestrecktem Arm hoch, doch auch das bringt ihn nicht näher an sein Ziel. Zögernd probiert er zu klettern. Er weiß, dass er das nicht darf, und das Regal schwankt auch schon ein wenig. So belässt er es bei dem einen zaghaften Versuch. Dann aber fällt ihm ein, wie es klappen kann: Er holt zwei Hocker aus dem Kinderzimmer und stapelt sie aufeinander!
Er hat sich erfindungsreich selbst geholfen. Damit hat er ein Stück Autonomie gewonnen und wieder einmal erlebt, dass er

dem Leben und seinen Erschütterungen nicht hilflos ausgeliefert ist. Er hat erfahren, dass er positive Kräfte entwickeln kann, die ihn aus einer misslichen Lage befreien können. Der Mutter ist zwar beinahe das Herz stehen geblieben, als sie den kleinen Kerl auf den übereinander gestapelten Hockern entdeckte, aber sie konnte ihren Schrecken in Freude darüber verwandeln, dass Linus sich so gut zu helfen wusste. Und sie ist sehr erleichtert, dass er dieses Abenteuer gut überstanden hat. (Dass sie ihm später vorsichtshalber zeigt, wie er einen weniger kippeligen Turm zum Hochsteigen bauen kann, nimmt der guten Erfahrung nichts von ihrem Wert.)

Susi und die Anziehstraße

Susi ist knapp drei. Sie möchte unbedingt mit ihrer Freundin den neuen Matsche-Sandkasten auf dem Spielplatz einweihen. Ganz früh ist sie schon wach und nach dem Frühstück brennt sie darauf, endlich loszulaufen. Es kann ihr gar nicht schnell genug gehen. Doch angezogen ist sie noch nicht!

Eigentlich ist das Anziehen morgens eine hübsche Sache: Die Mama macht das so schön kuschelig und lustig. Sie schmusen noch ein bisschen dabei, es gibt kleine Krabbelgeschichten, wenn Susis Hände in die Ärmel kriechen, und eine Abschlusskitzelei beim Zuknöpfen. Angezogenwerden – dabei kann Susi handgreiflich fühlen, dass die Mama sie immer noch lieb hat, auch wenn da jetzt dieses neue Baby ist …

In den letzten Wochen hat Susi ihrer Mama gezeigt, dass sie schon ganz schön groß geworden ist. Sie hat nicht nur ihre Söckchen allein über die Füße gezogen, was wirklich eine tüchtige Fummelei ist für ihre kleinen Finger, sie hat auch geübt, allein ins Unterhöschen zu klettern. Die Mama musste es nur richtig herum auf den Boden legen. Mit dem Unterhemd gelang es ihr schon beinahe richtig. Ganz stolz war sie auf diesen Fortschritt!

An diesem Morgen ist alles ganz anders. Susi hat es eilig und ist ungeduldig, weil sie aus dem Haus will. Aber die Mama kann ihr nichts passend auf den Boden legen. Die Mama hat keine Zeit. Das Baby hat volle Windeln und Mama muss sich erst darum kümmern. Das dauert ja endlos! Susi wird noch ungedul-

diger. Sie zieht ihren Schlafanzug schon einmal aus. Sie mault, aber das ändert nichts, Mama ist mit dem Baby beschäftigt. Susi will aber jetzt endlich angezogen werden! Nein, eigentlich will sie endlich fertig angezogen sein! Wenn sie doch schon so groß wäre wie Mama oder sogar wie Papa, dann müsste sie nicht immer warten!

Schließlich hat sie eine Idee: Sie holt ihre Sachen und bittet die Mutter, ihr die richtige Reihenfolge der Kleidungsstücke zu sagen. So reiht sie alles auf dem Boden auf und kann sich allein anziehen. »Anziehstraße« nennt sie ihre Erfindung, und der Mutter gefällt die Idee gut. Vom Hemd über die Unterhose bis zu T-Shirt, Jogginghose, Socken und Schuhen liegt jetzt eine »Strecke« vor ihr. Sie kämpft sich mit einiger Mühe hindurch. Stolz richtet sie sich auf: Sie ist fertig! Und: Sie hat ein Stück Unabhängigkeit gewonnen!

Not hat Susi ebenso wie Linus erfinderisch gemacht. Der Frust hat zwar erst einmal Enttäuschung und kleineren Ärger bereitet, war jedoch erträglich. Dieses normale Unbehagen, das zwangsläufig immer wieder im Alltag auftritt, hat eine Produktivkraft hervorgerufen: Die Kinder haben Auswege gesucht und – gefunden.

Eltern lieben ihre Kinder und leiden oft mit ihnen, wenn sie Ärger, ein Problem, eben Frust haben. Daher ist es verständlich, wenn sie trösten, helfen und alles Ungemach rasch beseitigen wollen. Es ist manchmal wirklich schwer auszuhalten, wenn ein Kind sich mit einem Problem herumschlägt wie Linus, der nicht an das Müllauto herankommt. Auch ist für manche Mütter schon das erste Quengeln ihres Babys nur schwer zu ertragen. Denn: Mütter wollen ihre Sache gut machen, sie wollen sie oft genug besonders gut machen und sie fühlen sich schlecht, wenn das Kind weint oder wütend ist, weil etwas nicht klappt.

Dadurch wird die natürliche Hilfswilligkeit und elterliche Sorgebereitschaft »angeknipst«, und das gesamte »Programm Mütterlichkeit« steht zum Einsatz bereit. Das passiert einfach, es läuft automatisch ab und wird oft gar nicht recht bewusst. Im Bemühen, eine vorbildliche Mutter, ein perfekter Vater zu sein, springen die Eltern aus Liebe sofort hinzu, um rasch etwas für das Kind zu tun.

Das Kind braucht sich dann nicht mehr zu plagen. Aber: Etwas »für das Kind tun« heißt oft genug, ihm etwas »aus der Hand nehmen«. Eltern nehmen dem Kind damit nicht nur eine Last ab, sie nehmen ihm auch etwas weg: die Chance nämlich, kleine Frust-Portionen ertragen zu lernen, sich Trost-Inselchen zu bauen wie Pia, Zuversicht in die eigenen Kräfte und Selbstvertrauen zu erwerben wie Susi und Linus, und das stolze Gefühl: »Ich hab's geschafft!«

Dem Kind das Problem zu lassen bedeutet ja nicht, dass Eltern sich sadistisch aufbauen und zusehen, wie das Kind verzweifelt! Eltern können abschätzen, wann etwas zu viel ist für ihr Kind.

Man kann dieses Problem-Überlassen allerdings nicht wie ein erzieherisches Aktionsprogramm gestalten, etwa: dreimal täglich eine Portion Übungsfrust. Die Dinge ereignen sich im Alltag ganz von selbst, nebenher, wenn die Mutter »jetzt nicht kann«, weil sie telefoniert oder das Baby wickelt. Ein aufmunterndes »Probier's mal selbst, ich helf dir, wenn's gar nicht geht« kann das Kind ermutigen, nicht gleich aufzugeben.

Im Eifer des Gut-sein-Wollens merken Eltern oft nicht, wie gut es ihren Kindern täte, wenn sie manches eben *nicht* für sie erledigten!

Frust kann, das habe ich gezeigt, wütend machen und auch destruktive Folgen haben. Aber es ist mir hoffentlich auch gelungen, Ihnen die andere Seite des Frusts zu zeigen. Diese positive Seite formuliere ich zusammenfassend so: Irgendjemand hat einmal behauptet, Faulheit sei die Mutter aller Erfindungen. Ich glaube, für alle Erfindungen gibt es auch einen Vater. Und das ist – wenn ich nicht irre – der Frust!

Wenn Ihnen das im richtigen Augenblick einfällt – und ich freue mich, wenn ich dazu beitragen konnte –, dann wird es Ihnen leichter fallen, mit den negativen Folgen von Frust entspannter umzugehen. Zu Ihrem eigenen und zum Nutzen Ihrer Kinder und anderer Mitmenschen.

Kapitel 7
Wenn Gefühle wehtun

Die bisherigen Kapitel haben gezeigt, dass Wut, Ärger, Zorn und Aggression mit Enttäuschungen, Schmerzen und anderen negativen Empfindungen zu tun haben.

In diesem Kapitel erzähle ich Geschichten davon, wie Kinder mit ihren Gefühlen in Krisen geraten, wie sie darauf mit feindseliger Aggression reagieren und wie Eltern oder auch Lehrer damit umgehen können. Als Erstes steht Eifersucht im Mittelpunkt, später geht es um Scham.

Markus oder Eifersucht kann ganz schön wütend machen

Markus ist knapp drei Jahre alt. »Ich krieg eine Schwester!«, hat er wochenlang verkündet. »Und mit der kann ich dann Eisenbahn spielen!« Nun, die Schwester ist da, winzig in dem Körbchen, das Markus ihr großmütig abgetreten hat. Er braucht das doch nicht mehr, er, der Große, ist aus dem »Babykram« raus. Er ist schließlich schon fast ein Kindergartenkind!

Ein paar Tage harrt er geduldig aus, wenn Mara gestillt wird. Sie muss schließlich noch ein bisschen wachsen, bevor Markus mit ihr spielen kann. Das sieht er ein. Er schaut beim Windeln zu, hilft gelegentlich beim Baden, hebt den heruntergefallenen Waschlappen auf und seufzt: »So viel Arbeit für so ein kleines Baby!«

Als Mara zwei Wochen alt ist, ist es immer noch nichts mit Eisenbahnspielen. So ein Mist. Markus' Geduld nähert sich einer Grenze. Als die Mutter ihn bittet, eine Spuckwindel aus dem Körbchen zu holen, mosert er zum ersten Mal. Dann beschwert er sich, als die Mutter die kuschelige Vorlesestunde abbricht, weil »dieses Wurm« Schnupfen hat und brüllt. Markus hat auch schon Schnupfen gehabt und sogar Husten. Hat er gebrüllt? Natürlich nicht! Aber dieses blöde Bündel da brüllt einfach rum! In seiner Vorlesestunde! Kann sich das dumme Ding denn

nicht zusammennehmen? Schließlich nimmt er sich ja auch zusammen. Obwohl ..., er schluckt ..., eigentlich ... hätte er Grund zum Weinen!
Jetzt geht die Mutter in die Küche und macht ein Teefläschchen zurecht. Tee! Braucht er etwa Tee? Phhh! Wieder dringt ein Klagelaut aus dem Babyzimmer. Markus rutscht vom Stuhl und geht zu Maras Körbchen. Sie weint. Ihre Nase ist verrotzt. Markus nimmt die Spuckwindel und wischt dem Baby über die Nase. Der Rotz muss weg! Er wischt noch einmal, ein bisschen fester. Mara schreit lauter. »Ist die doof«, wo Markus doch so nett ihre Rotznase abgeputzt hat. »Sei still!«, sagt Markus. Mara schreit. »Halt die Klappe!« Mara schreit. »Du sollst die Klappe halten!« Jetzt schreit Markus auch und haut auf das Bündel unter der Bettdecke.
In diesem Schlag bündelt sich alle Enttäuschung über diese »unbrauchbare« Schwester, aller Schmerz über die vergebliche Hoffnung auf eine Spielkameradin und die Wut darüber, dass Mara sich nicht einmal freut, wenn er ihr die Nase putzt, obwohl das nun wirklich nicht seine Aufgabe ist! Er ist doch nicht die Mutter! Und nicht einmal die schafft es, dieses schreiende Ding abzuschalten. Sie ist sowieso nur für diesen Giftzwerg da. Wer gibt denn mal Markus eine Flasche? Und wer windelt denn ihn? In seiner Verbitterung vergisst er, dass er sich eine Windel schwer verbitten würde.
Enttäuschung und Traurigkeit über die »Untreue« der Mutter kommt dazu, und schon wird aus Zorn Wut, die sich in dem Schlag entlädt.
Die Mutter kommt ins Zimmer. »Markus, was machst du denn?« »Ich hab ihr bloß die Nase geputzt ...«, und das ist ja auch fast nicht gelogen. Irgendwie weiß er, dass da etwas falsch war. Ganz falsch und vielleicht auch ... böse. Er schaut betreten drein. Gleich muss er weinen.
Die Mutter weiß aus einem Buch, dass es für das erste Kind furchtbar schwer ist, wenn ein zweites kommt. Jetzt spürt sie, dass es ihrem Ältesten sehr schlecht geht und er deshalb beinahe etwas ganz Dummes gemacht hätte. Sie streicht ihm liebevoll über den Kopf und sagt: »Komm, wir gehen ins Wohnzim-

mer.« Sie nimmt das Baby mit und setzt sich nicht auf den Sessel, in dem sie mit diesem neuen Baby sonst immer sitzt, sondern aufs Sofa. »Komm, Markus, setz dich zu mir«, sagt sie.
Markus schiebt sich halb brummig, halb erleichtert aufs Sofa. »Komm noch ein Stückchen näher zu mir«, bittet die Mutter. Er rutscht näher an sie heran. Die Mutter legt einen Arm um ihn: »Gell, das ist blöd, dass Mara ausgerechnet jetzt einen Schnupfen hat.« Markus brummelt. »Du hast es ganz schön schwer im Moment, glaub ich …«
Als die Mutter nun ihren Großen an sich drückt, kuschelt er sich an und schluckt. »Manchmal ist das alles zum Weinen, nicht?« Markus nickt. Und dann weint er. Mara nuckelt in Mutters rechtem Arm an ihrem Tee, Markus schluchzt in Mutters Bluse: »Ich will kein Baby mehr …«
Der Satz sticht der Mutter in die Seele. Sie spürt den Vorwurf, dass sie ihrem Sohn untreu geworden ist, dass sie ihn verraten, ihn im Stich gelassen hat. Sie hat es sich so sehr gewünscht, zwei Kinder zu haben, zwei, die sich mögen und die miteinander spielen, zwei, von denen jeder einen Partner hat, einen Kumpel, einen Verbündeten.
Jetzt schlägt Markus verschiedene Methoden vor, wie sie das Baby loswerden könnten. Die Mutter nimmt so etwas wie Mordlust wahr. Sie erschrickt. Aber sie weiß – und wir wissen es auch – dass das Totwünschen und Totdenken in der Fantasie ihren Platz haben dürfen. Weil Denken und Wünschen einerseits und Tun andererseits zwei völlig verschiedene Welten sind.
»Ja, Markus. Das versteh ich gut. Mara ist viel länger klein, als du dir das gedacht hast. Das ist wirklich blöd für dich, dass du noch nicht mit ihr spielen kannst. Wo du dich doch so darauf gefreut hast! Und wenn sie krank ist, braucht sie noch mehr Hilfe – das ist eine Plage für dich. Und dann hast du das Gefühl, ich lasse dich im Stich. Wenn Mara weg wäre, dann hättest du mich wieder für dich alleine. Da musst du daran denken, wie du sie wegmachen könntest. Auch wenn wir beide wissen, dass das gar nicht geht.«

Praxistipp: Eine Trulla für Markus zum Hauen und zum Füttern

Als das Baby sich beruhigt hat und wieder im Körbchen liegt, nimmt die Mutter Markus mit in den Keller. »Ich glaub, ich hab was für dich«, sagt sie. Sie gräbt in einem alten Koffer und befördert eine Lumpenpuppe ans Licht. »Das ist meine alte Trulla«, sagt sie. »Meine Tante hat sie mir gemacht, als ich ein kleines Mädchen war. Und jetzt schenke ich sie dir. Weißt du, wenn du so richtig wütend bist auf Mara, wenn du sie hauen möchtest oder so, dann haust du lieber die Trulla. Die Trulla kann das ab.«

»Hast du früher auch die Trulla gehauen?«

»Ja«, sagt die Mutter. »Wenn ich mich über meine Schwester geärgert habe, dann habe ich die Trulla verkloppt. Einmal hab ich sie auch die Treppe runtergeschmissen.«

»Hast du deine Schwester nicht lieb gehabt?«

»Doch, schon. Nur manchmal gar nicht. Und dann durfte ich sie auch nicht hauen, weil sie noch so klein war.«

Die Mutter hilft Markus, sich selbst zu verstehen. Ein Dreijähriger braucht noch oft Unterstützung bei seinen inneren Kämpfen. Er braucht einen Begleiter durch den Dschungel der heftigen Emotionen, die da immer mal wieder freigesetzt werden.

Dass die Mutter als kleines Mädchen selbst eifersüchtig war, dass sie auch gewütet und geweint hat, entlastet Markus: Er ist nicht »verkehrt« mit seinen hässlichen Gefühlen; die Mutter hat das auch schon erlebt! Dann ist also alles in Ordnung mit ihm, und er muss nicht befürchten, ein fieses Monster zu werden.

Und noch etwas: Er weiß, dass die Trulla ein Verbindungsglied zwischen Mutter und ihm ist, ein sichtbares Zeichen dafür, dass Mutter auch ziemlich abscheuliche Sachen verstehen kann.

Manchmal füttert Markus die Trulla. Richtig liebevoll tut er das. Und dann wieder gibt es Tage, da sitzt die Trulla in der Ecke und Markus ranzt sie an: »Du kriegst heute nix, du Blöde, du!« Dann weiß die Mutter: Markus hat daran zu knacken, dass sie gerade sehr viel Zeit für Mara braucht, weil sie zum Kinderarzt muss oder weil sie ihr Schläfchen macht und Mutter jetzt nicht sofort mit Markus auf den Spielplatz gehen kann … Dafür muss Trulla büßen. So! Dazu ist sie auch da!

Die Geschwisterkrise

Alle Mütter wissen, dass ein Kind in eine Krise gerät, wenn es Bruder oder Schwester wird. Und sie erkennen die Anzeichen dieser Krise: Die zweijährige Erstgeborene wird unleidlich, quengelt viel und stellt sich quer, obwohl sie vorher leicht zu lenken war. Sie will plötzlich nicht mehr groß sein, obwohl sie doch bisher alles Große für erstrebenswert hielt. Sie will nicht mehr aus dem Becher trinken, sondern lieber wieder ihr Fläschchen, möglichst in Mutters Arm. All ihr »Will leine!« ist verstummt. Stattdessen klagt sie: »Auch!«

Viktor dreht völlig durch
Manche Mütter erleben die erste Zeit daheim mit dem Baby und dem Erstgeborenen als Qual. Birgit findet: »Es ist die Hölle!« Nach den ruhigen Tagen in der Klinik fühlte sie sich eigentlich fit für den Alltag. Nun ist sie seit knapp einer Woche zu Hause und ihr ist elend zumute.
Sie klagt einer Freundin ihr Leid: »Nichts kriege ich auf die Reihe. Nichts! Ich könnte rund um die Uhr bloß noch heulen.«
»Was ist denn los?«
»Wenn ich das so genau wüsste! Es ist einfach nur noch grässlich. Ich sollte das nicht sagen. Schließlich sind die Kinder gesund und es ist undankbar, wenn ich mich beklage, aber … ich

komm nicht klar mit den Kindern. Eins ginge ja – aber zwei? Es geht einfach nicht!«
»Was geht denn gerade ab bei euch?«
»Viktor dreht völlig durch. Wenn ich die Kleine stille, quengelt er los. Dass er trinken will. Dass er Hunger hat. Dass er raus will. Oder er schmeißt mit seinen kleinen Autos! Stell dir das vor! Wenn er das Baby trifft! Und neulich, als ich gestillt hab – er hat erst ganz ruhig auf dem Boden mit Duplos gespielt –, wollte er trinken. Ich hab ihm gesagt, dass er jetzt warten muss, ich kann jetzt nicht. Da ist er losgezogen zum Hundekorb. Der Hund hat geschlafen – und er hat ihn an den Ohren gezogen. Und hat ihn angeraunzt. Als der Hund sich getrollt hat, ist er hinterher und hat ihn am Schwanz gezogen. Er weiß, dass er das nicht darf. Er weiß, dass das gefährlich ist. Ich hab's ihm schon zigmal gesagt! Ich bin bloß froh, dass der Hund noch so geduldig ist.«
»Viktor ist ganz schön eifersüchtig, was?«
»Ich kann's ja verstehen. Aber das hilft mir nicht weiter! Ich mach doch schon alles, was sie mir in der Stillgruppe geraten haben: Er darf wieder aus dem Fläschchen trinken, wenn er will. Ich hab ihm eine kleine Babypuppe geschenkt, die darf er selber versorgen. Manchmal knallt er sie bloß auf den Boden – okay, soll er! Ist ja bloß eine Puppe. Er darf beim Baden oder Windeln mithelfen. Wenn das Baby schläft, kriegt Viktor seine Vorlesezeit oder eine Kuschelrunde oder was er gerade möchte. Und wenn er nachts weint, geh ich hin! Ich bin doch keine Rabenmutter!«
»Nee, bist du nicht. Das ist mal sicher! Also du weißt, was los ist mit ihm. Eigentlich hast du auch eine Menge Tipps gekriegt, wie du ihm die Sache mit dem Baby erleichtern kannst. Bist du nun so runter, weil Viktor nervig ist? Oder was ist zu viel?«
»Da ist vieles … Das Baby schläft noch nicht durch. Das kann ich eigentlich ab, schließlich liegt es neben mir und ich brauch's bloß herüberzunehmen. Das geht fast im Schlaf. Aber der Große, wenn der nachts losplärrt, weil er auch zu mir will – das ist schon viel. Ich möchte doch auch mal schlafen!«
»Ist es der fehlende Schlaf, der dich so schlaucht?«
»Ja, aber nicht nur. Ich fühle mich so beschissen. Weißt du, es

ist so schrecklich, dass ich dem Großen nicht wirklich helfen kann. Es macht mich völlig fertig, dass ich ihm nicht alles das geben kann, was er braucht.«
»Was er haben will – solltest du sagen. Du verlangst verdammt viel von dir!«
»Also, das Baby kriegt die Brust und ist meistens ziemlich zufrieden. Aber der Große, dem ich bisher alles gegeben habe, was er brauchte, der kommt zu kurz. Irgendwie habe ich ihm doch die ganze Sache eingebrockt! Schließlich hab ich das Baby gekriegt und ins Haus geschleppt. Ihn hat doch keiner gefragt, ob er das will oder nicht!«
»Na, weißt du, so weit kommt es noch, dass Mütter ihre Kinder um Erlaubnis fragen, ob sie bitte schön noch ein Baby kriegen dürfen!«
»Nein, ganz so ist es ja nicht!«
»Aber ein bisschen glaubst du das, oder?«
»Irgendwie schon … Ich denke immer, dass ich an seinem Unglück schuld bin.«
»Und dass du es deswegen auch wieder gutmachen musst?«
»Ja. Schließlich bin ich doch seine Mutter! Wer soll denn sonst dafür sorgen, dass er glücklich ist?«
»Siehst du das wirklich so: Du bist verantwortlich dafür, dass er sein Leben ohne Krisen leben kann?«
»Wenn du das in diesem Ton fragst, kann ich eigentlich nicht Ja sagen, obwohl ich es denke!«
»Und warum kannst du nicht Ja sagen, wenn du doch Ja fühlst? Das wär jetzt mal interessant!«
»Ach, du bist schrecklich! Ich weiß natürlich, dass es ein Leben ohne Krisen nicht geben kann. Und dass ich meinem Kind nicht alle Steine aus dem Weg räumen kann. Aber ich ertrage den Gedanken nicht, dass ich ihm einen Stein hingeschmissen habe!«
»Jetzt musst du bloß noch sagen, dass du das zu deinem eigenen egoistischen Vergnügen gemacht hast!«
Birgit beißt auf ihre Unterlippe und schweigt. Sie denkt nach. Dann sagt sie: »Ich hab immer davon geträumt, dass ich es als Mutter mal viel besser mache als meine Mutter. Weil ich doch viel mehr Sachen gelesen habe als sie. Weil ich vorbereitet bin

und mehr weiß. Glaub ich jedenfalls. Und weil ich auf jeden Fall noch weiß, wie es sich anfühlt, ein Kind zu sein. Meine Kinder sollten sich besser fühlen als ich!«
»Über deine Mutter kann ich nichts sagen, ich kenne sie zu wenig. Sie kann aber nicht schrecklich gewesen sein! Du hast doch offenbar eine Menge Gutes von ihr abgekriegt.«
»Ich wollte aber besser sein.«
»Schmink dir das mal ab! Das macht dir bloß Stress. Versuch doch einfach, gut genug zu sein. Und hängt eigentlich alles an dir? Vielleicht kannst du ja deinem Mann mal die Möglichkeit geben, Vater zu sein. Der kann vielleicht auch nachts aufstehen und ein Kind trösten. Jedenfalls manchmal. Oder er kann dich am Wochenende länger schlafen lassen. Und ehe du völlig abdrehst – hast du keine Freundin, die du bitten kannst, dass sie kommt und hilft? Dass sie mal mit Viktor spazieren geht oder irgendwas Tolles macht? Und was ist mit den beiden Omas? Ich weiß, die wohnen weit weg. Aber kann nicht eine ab und an für eine Zeit anreisen?«
Birgit schaut sie hilflos an. Die Freundin lacht: »Oder du könntest ja auch mich fragen, beispielsweise!«
»Hm …«
»Ich weiß, du hast gedacht, dass du immer alles alleine schaffst. Und du hast gedacht, wenn du um Hilfe bittest, dann denken alle, dass du unfähig bist …«
»Nein. Doch! Ach, irgendwie hast du Recht …«
»Na weißt du! Du bist ziemlich prima als Mutter. Aber du bist nicht hundertzwanzigprozentig perfekt und du bist nicht allmächtig. Ich übrigens auch nicht. Und überhaupt könntest du mir ja mal die Chance geben, dir zu helfen. Dir etwas abzunehmen. Nützlich zu sein.«
»Danke. Ich glaub, das mach ich wirklich bald! – Aber sag mir, was ich mit dem eifersüchtigen Quälgeist machen soll!«
»Was hast du denn vorher gemacht, wenn er Mist gebaut hat?«
»Dann hab ich ihm natürlich gesagt, was geht und was nicht.«
»Genau. Und warum tust du das jetzt nicht?«
»Tu ich doch! Aber er hört einfach nicht. Den interessiert das nicht! Das macht mich noch rasend!«

Die meisten Mütter kennen die hilflose Wut, die Birgit »rasend« macht. Alles, was sie sagen oder tun, scheint vom Kind abzuprallen, »als sei ich überhaupt nicht da«. Darin steckt auch etwas Wahres. Das will ich erklären. Birgit hat gesagt, dass sie »schuld« sei an Viktors Unglück. Sie fühlt sich schuldig. Und da passiert es, meist unbemerkt, dass etwas in der Stimme, etwas in Haltung und Gesichtsausdruck zeigt, dass sie ein schlechtes Gewissen hat. Selbst wenn sie das Schuldgefühl lachhaft und unbegründet findet, so macht es sie doch eine Spur unsicher und sie »wackelt inwendig«.

Bisher konnte Birgit in Viktors Augen »gemein« sein, indem sie alle Verbote aussprach, die nötig waren. Sie hatte alle nötigen Neins gesagt, und zwar meistens so, dass er begriffen hatte: Hier ist Schluss! Jetzt aber fühlt sich Birgits Nein plötzlich nicht mehr wie ein Nein an, sondern eher wie ein Nein-aber-vielleicht-doch-Ja. So als würde sie Viktor am liebsten ein Stück entgegenkommen – wenn sie schon frecherweise ein neues Kind ins Haus geholt hat … Sie will keinesfalls auch noch eine »gemeine« Mama sein, die Nein sagt.

Natürlich ist keine Mutter *wirklich* gemein – aber wenn Mütter vor Verboten, Grenzensetzen und dem Nein zurückschrecken aus Schuldgefühlen und Angst, in den Augen ihres Kindes eine Rabenmutter zu sein, so vermittelt ihr inneres Schwanken dem Kind, dass die Grenzen nicht mehr so eindeutig sind wie sonst. Das verunsichert wiederum das Kind. Und Unsicherheit kann Viktor im Moment gar nicht gut vertragen – seine Welt ist doch eh schon aus den Fugen, weil er vom Thron gestürzt ist!

»Und was kann ich jetzt machen?«

Darauf gibt es (leider) keine einfache, konkrete Antwort. Bevor Sie das Buch jetzt wütend in die Ecke werfen, lesen Sie noch ein paar Zeilen weiter.

Sie wissen so gut wie ich, dass es kein Leben ohne Krisen geben kann. Es gibt auch kein Patentrezept, wie Sie mit Krisen im Handumdrehen fertig werden. Aber es gibt ein paar Dinge, auf die Sie sich besinnen können, wenn es wieder einmal dicke kommt.

- Sie sind nicht die Einzige, die von Zweifeln geschüttelt wird: ob Sie dem Erstgeborenen wirklich eine Konkurrenz vor die Nase hätten setzen dürfen, ob Sie die Situation vernünftig in den Griff kriegen können oder was sonst an quälenden Gedanken an Ihnen nagt. Seien Sie sicher: Anderen Eltern geht es auch so oder ähnlich. Und Sie sind deswegen nicht schlechter oder ungeschickter.
- Sie sind sicher eine ausreichend gute Mutter, auch wenn Ihr Kind jetzt großen Eifersuchtskummer hat und Ihnen das Herz schwer ist.
- Und wenn Sie sich nicht immer gut zureden wollen wie einem lahmen Esel, dann seien Sie doch einfach ein bisschen geduldig mit sich. Jeder Tag verändert Sie, Ihr größeres Kind und Ihr Baby ein bisschen und damit auch die Situation.
- Wahrscheinlich scheint es Ihnen nur so, wenn Sie den Eindruck haben, dass »alle« anderen Mütter den Schritt zur Mutter-zweier-Kinder besser meistern als Sie.
- Vielleicht reden Sie bloß nicht über Ihre Probleme? Die meisten der Mütter, die mit solchen Sorgen zu mir kommen, wissen gar nicht, dass es viele andere Mütter gibt, denen es ähnlich geht. Schließlich sind alle zum ersten Mal Mutter von zwei Kindern. Und das muss man genauso lernen, wie man lernen muss, Mutter zu sein.
- Erinnern Sie sich daran, wie Ihr Großer Laufen gelernt hat? Er hat es einfach immer wieder gemacht. Nach jedem Hinplumpsen ist er aufgestanden und hat weitergemacht. Mit der Zeit ist es immer besser geworden. Machen Sie es ihm nach. Mit dem Muttersein ist es ähnlich wie mit dem Laufenlernen.

Von Scham zur Keilerei

Im Sportunterricht sollen die Jungen über den Kasten springen. Holger, neun, fürchtet sich ein bisschen vor Hindernissen, deswegen bremst er seinen Schwung ab und schafft den Sprung

nicht. Das ist nicht das erste Mal und es wird mit jedem Mal schwieriger, weil alle zugucken, weil Holger glaubt, dass alle anderen sein Scheitern bereits erwarten. Das alles ist ihm schrecklich peinlich und das wiederum erhöht seine Anspannung und prompt schafft er es wieder nicht.
Christian grinst schadenfroh und überheblich. Für ihn gibt es kein Problem im Sport. Beim Umziehen spöttelt er, nennt Holger einen »Schlaffi«, eine »Memme« und erzählt der grienenden Gruppe, dass Holger sowieso nicht richtig ticke, der habe ja eine Freundin, der sei ja selber schon ein verkleidetes Mädchen …
Holger spielt wirklich gern mit einem Mädchen aus der Nachbarschaft, das ist wahr. Aber die Behauptung, er habe eine Freundin, was so viel bedeutet wie, dass er verliebt sei – das ist zu viel! Holger wird nun auch noch rot, weil er sich schämt, dermaßen bloßgestellt zu werden! Es ist ihm peinlich, weil die anderen schon kichern. Und er fühlt sich einen Augenblick hilflos und ausgeliefert. Fast schon wollen Zorn- und Schamtränen in ihm hochsteigen. Das Weinen kann er jedoch niederkämpfen. Stattdessen tritt er erbittert nach Christian. Im Handumdrehen ist eine Keilerei im Gange.

Versuchen wir uns einmal genau einzufühlen in das, was abläuft: Christians Spott, seine Überheblichkeit und die öffentliche Bloßstellung verursachen bei Holger Schamgefühle. Sie bedrängen ihn auf peinvolle Weise. Seine Toleranzgrenze ist überschritten, eine Welle von Wut kommt in ihm hoch. Es ist, als werde ein Signal zum Gegenangriff geblasen. Im selben Augenblick gibt es einen Energiestoß, mit dem Holger seine Selbstachtung verteidigt und weitere Verunglimpfung abwehrt.

Auch Scham kann also, wie jeder andere übermäßige Schmerz und jede unerträgliche Belastung, feindselige Aggression hervorrufen. Sie richtet sich gegen den Verursacher, gegen den Angreifer. Und zwar richtet sie sich gegen den vermeintlichen Verursacher ebenso wie gegen den tatsächlichen Ausgangspunkt des Schmerzes. Diese Aggression ist eine Selbstschutzmaßnahme mit dem Ziel, einen Quälgeist »abzuschalten«. Und wenn wir es genau bedenken, ist der nahezu automatische Ablauf dieser Aggression eine sinnvolle Sache.

Wenn Sie nachts von einer Mücke belästigt werden, klatschen Sie sie vermutlich an die Wand. Auch das ist eine Selbstschutzmaßnahme, aus der Sicht der Mücke freilich destruktiv. Holger versucht mit seinem Tritt, Christian »das Maul zu stopfen«. Zumindest ist sein erster Tritt eine deutliche Warnung: »Achtung! Dies ist der Anfang. Es können jedoch noch schärfere Attacken folgen!« Allgemeiner formuliert: Die Selbstschutzmaßnahme soll die Umwelt so verändern, dass der Schmerz (die Beschämung, das Unwohlsein ...) vermindert und die Situation erträglich wird.

Holger könnte sich, so mag er es empfinden, durch eine erfolgreiche Prügelei profilieren. (»Mann, ist der stark!« – »Wow, der hat Mut!!«) Er kann dabei die erlittene Schmach ausgleichen und seinerseits Christian bloßstellen und beschämen. Damit wäre das Schamgefühl dann weg von Holger und weitergegeben an Christian.

Solche Gedanken gehen Holger nicht bewusst durch den Kopf. Das ist vielmehr eine Beschreibung der »Gedanken«, die dem Mechanismus der Abwehr und des Weitergebens von Schamgefühlen zugrunde liegen.

Wir sehen an dieser Situation, wie eine Keilerei entstehen kann. Holgers Tritt, den er zu seinem (psychischen) Selbstschutz einsetzt, bringt Christian auf die Palme: Er lässt sich doch nicht treten! Also schubst er Holger von sich weg. Holger verliert das Gleichgewicht und stolpert gegen Frank, der gerade seine Schuhe anzieht und umkippt. Frank fühlt sich »umgeschmissen« und mischt nun seinerseits mit Schubsen, Schlagen, Boxen mit. Keiner will einen Angriff auf sich sitzen lassen, er verlöre doch das Gesicht! Und diese Blöße will sich niemand geben.

An diesem Punkt zeigt die Weisheit unserer Sprache auf die Scham hin: »Sich eine Blöße geben« hat mit Körperscham zu tun, mit der Peinlichkeit, nackt gesehen zu werden, und mit der schrecklichen Verlegenheit, in die eine solche Lage einen bringt. Dass keiner sein Gesicht verlieren darf, wenn es wirklich Frieden geben soll, haben Diplomaten und Verhandlungspartner in

Friedensfragen sehr ernsthaft zu bedenken. Wer mit Kinderkeilereien zu tun hat, muss das ebenfalls berücksichtigen!

Eine abgewürgte Keilerei mit einem aufgezwungenen Frieden lebt rasch wieder auf, weil die Beschämten, die Geduckten eben nicht zufrieden und ruhig sein können. Wir können aber auch nicht abwarten, bis irgendwann ein schmerzhafter Höhepunkt erreicht ist, der die Kampfhähne zum Aufgeben und Wundenverbinden zwingt.

Holgers Lehrer hatte sich mit einem lauten Wort Gehör verschafft und eine »Konferenzrunde« einberufen. Dabei ging es nicht um Fragen wie »Wer hat angefangen?« oder »Wer ist schuld?«. Vielmehr forderte der Lehrer die Kinder auf, eine Friedenskonferenz zu spielen, in der es um ein Ende der kämpferischen Auseinandersetzung ging. »Stellt euch vor: Drei Könige haben Krieg gegeneinander geführt, aber keiner hat bisher wirklich gewonnen. Der Winter steht vor der Tür. Wenn sie weiter Krieg führen, verhungern die Menschen in ihren Ländern. Keiner will noch mehr Krieg, aber natürlich will auch keiner als Verlierer dastehen. Eure Aufgabe ist es, die drei an einen Tisch zu bringen und zu einer Einigung zu führen.«
»Da muss einer gewählt werden, der ein Gesetz erlässt, dass jetzt Frieden ist«, schlägt ein Junge vor, und ein Mädchen ergänzt: »Und wenn sie wieder anfangen, Krieg zu machen, dann … dann … also dann werden sie bestraft.«
»Nee, dann ist ja doch wieder Krieg«, wendet ein anderer ein. »Und überhaupt: Wen sollen sie denn wählen? Aus welchem Land sollte derjenige denn sein?«
»Ich weiß«, ruft ein energisches Mädchen. »Ist doch klar, das muss der Papst machen! Der kann das!«
Der Lehrer nickt bedächtig: »Dann gäbe es so eine Art Oberkönig, einen Superboss, der für alle der Bestimmer ist?«
»Ja!« Das finden die meisten gut. Doch der Lehrer möchte wissen, ob das eigentlich bei den Kindern zu Hause funktioniert, oder in der Schule, wenn ein oberster Boss »Aufhören!« sagt. Während ein paar Kinder darüber streiten, wie das denn ist, meldet sich Fips zu Wort. Fips ist der Schmächtigste in der Klas-

se. Mit dem Kräftemessen und Schlägern hat er es nicht so, aber er ist immer für eine neue Idee gut. »Ich möchte mal wissen«, beginnt er zögernd, »um was die Könige sich eigentlich gekloppt haben. Wie das angefangen hat!«
»Das ist doch blöde! Das fragt meine Mutter auch immer: Wer hat denn angefangen? Das ist doch Quark, weil das keiner mehr genau weiß.«
»Nein«, sagt Fips, »nicht: Wer hat angefangen? Sondern: Wie und um was ging's denn?«
Die streitende Fraktion wird aufmerksam. »Was soll das denn heißen?«, will einer wissen.
»Krieg ist doch teuer« sagt Fips. »Das Geld gibt man doch bloß aus, wenn man hinterher etwas kriegen kann, das einem vorher gefehlt hat … oder so.«
»Da ist was dran«, bestätigt der Lehrer den Denkansatz.
Jetzt tragen die Kinder zusammen, was den Königen gefehlt haben könnte: »Vielleicht gab's in einem Land nicht genug Getreide?« Missernten – davon haben sie schon mal im Unterricht gesprochen.
»Oder es gab nicht genug Wasser«, schlägt ein Kind vor.
»Oder zu viel, so wie das bei uns regnet! Da hatten die vielleicht dauernd Hochwasser!«
»Vielleicht hätte ein König gern ein Stück von dem Nachbarland …«, sagt Paul. Und seine Zwillingsschwester Finja fügt hinzu: »Wie bei uns. Unsere Zimmer sind fast gleich, bloß dass du eine Tür zum Balkon hast und ich nicht. Da haben wir im Sommer ganz oft Krach gekriegt …«
Der Lehrer schreibt in Großbuchstaben an die Tafel: »INTERESSEN DER KÖNIGE« und darunter alles, was den Kindern einfällt: »Getreide«, »Wasser«, »Kanäle«, »Küste«, »Hafenstadt«, »Bodenschätze«, »Erdöl«, »Gold«. Als sie eine ganze Liste von Interessen beisammen haben, fragt er, was das nun bedeutet, was sie damit anfangen können in ihrer Friedenskonferenz.
Erst sind die Kinder verblüfft. Aber dann kommen ihnen nach und nach Einfälle. Paul und Finja haben sich zum Beispiel einen Handel ausgedacht, wie sie mit der einen Balkontür für

zwei Zimmer friedlich auskommen können: Wenn Finja ihrem Bruder das Akku-Aufladegerät leiht, wenn sie es gerade nicht braucht, dann kann sie anstandslos durch sein Zimmer auf den Balkon gehen ... Und jetzt können die Friedensverhandlungen losgehen: Mit dem Tausch von Sachen, die einer hat, gegen Sachen, die ein anderer braucht.
Wenn das kein Anfang ist!
Shalom!

Das ist ein Weg, der Kindern die Verantwortung für den Frieden im Hier und Jetzt, zunächst weitab vom konkreten Schauplatz überträgt und sie nebenbei recht gut im Verhandeln schult. Sie brauchen gelegentlich vielleicht einen Hinweis, dass dieser König sich ungerecht behandelt fühlt und jener nicht das Gesicht verlieren möchte. Aber man kann darauf vertrauen, dass sie eine Friedensmöglichkeit finden. Die Kinder werden ihren Ehrgeiz dreinsetzen – und keinesfalls das Gesicht verlieren wollen!

Erst in einem nächsten Schritt gilt es dann, die in der Königskonferenz gewonnenen Strategien und Friedenspläne auf die Gruppe im Umkleideraum anzuwenden. Es gibt übrigens wirklich Erzieherinnen und Erzieher, die Alltagsszenen zwischen den Kindern aufgreifen und verfremdet durchspielen. Es sind nicht viele – aber wer einen kennt, kann unglaublich viel von ihm lernen!

Kapitel 8
Jannik oder Das große Nein

Elke sitzt verzweifelt bei ihrer Freundin Trudi. »Ich habe im Augenblick so viel Krach mit Jannik«, klagt sie. Jannik ist gut zwei Jahre alt. Sie hat ihn mitgenommen, er spielt jetzt im Kinderzimmer mit Trudis Kindern, die beide schon größer sind.

»Ich hab das Gefühl, für Jannik ist alles nur noch Nein«, sagt Elke. »Es kommt mir vor, als wolle er immer das Gegenteil von dem, was ich will. Egal, was ich sage oder möchte – er sagt Nein.«

Elke will vor Trudi nicht als »hysterisch« erscheinen und die Sache nicht dramatisieren. Aber die Freundin merkt, dass Elke unter dem entschiedenen Nein ihres Sohnes leidet.

»Das geht schon morgens los«, erzählt Elke weiter. »Ich sage, dass wir jetzt ins Bad gehen, Gesicht und Hände waschen. Stell dir vor: Da baut er sich vor mir auf und sagt NEIN und grinst mich dabei an! Ich halte das kaum aus!«

»Mhm«, sagt Trudi. »Das kenn ich. Da kommt man sich vor wie der letzte Heini. Völlig machtlos. So als wär man gar nicht richtig da. Ich weiß noch, wie das bei meinen beiden war!«

»Nein, es ist nicht so, als ob ich gar nicht da wäre. Es fühlt sich mehr so an, als wär ich ein großer Klotz, gegen den er dauernd treten muss. Als ob ich im Weg rumläge ...«

Trudi trinkt einen Schluck Kaffee und versucht sich zu erinnern, wie das bei ihren war. »Ist ja auch egal, ob Luft oder Klotz – ich glaub, man nennt das die Trotzphase.«

»Ist mir echt egal, wie man das nennt«, sagt Elke resigniert. »Wenn ich nur wüsste, was ich da tun kann.«

»Dass er dauernd gegen den Klotz treten muss, scheint ja irgendwie wichtig für Jannik zu sein«, sagt Trudi.

»Mal ehrlich: Es ist mir im Moment piepegal, ob ich ein wichtiger Klotz bin oder nicht. Ich hab's einfach satt!«

Elke schweigt. Obwohl Trudi ihre Freundin ist, fällt es ihr nicht leicht, über sich zu sprechen. Sie hat das Gefühl, als sei sie untauglich als Mutter, als sei sie gescheitert an einer Aufgabe, die

sie sich doch selbst gewünscht hat. Aber das mag sie schon gar nicht aussprechen. Schließlich sagt sie: »Das Schlimmste ist: Ich benehme mich, wie ich mich absolut nicht benehmen will … wie ich es nie, nie wollte!«
»Wie meinst du das?«
»Na ja, ich schreie ihn an. Manchmal geht es morgens schon los, dass ich rumbrülle. Ich halte das kaum aus, wie ich mich aufführe! Was soll ich bloß machen? Es ist doch sicher nicht gut, wenn ich immer Janniks Willen breche! Aber ich habe das Gefühl, ich tue das dauernd. Und weißt du, was am schlimmsten ist? Jannik macht mich nach! Er stellt sich hin, wenn ich schimpfe, und stemmt den Arm in die Seite, so wie ich das mache. Dann legt er den Kopf schräg und grinst. Und neulich hat er dabei ›Was soll das denn?!‹ gesagt!«
Trudi stellt sich die Szene vor, wie der kleine Mann sich vor seiner Mutter aufbaut, ihre Haltung nachmacht und auch noch diesen Satz von sich gibt, den die Mutter schon so oft gesagt hat. Sie kann nicht anders, sie muss darüber lachen.
Elke guckt ganz irritiert.
»Entschuldige, ich lache nicht über dich, Elke. Ich weiß natürlich, dass das für dich grässlich ist: Jannik stellt sich vor dich hin und macht sich zu deinem Spiegelbild. Da käme ich mir auch verarscht vor.«
»Ja, genau. Wie ein kleiner Spiegel. Aber ein Zerrspiegel! Ich bin doch eigentlich gar nicht so, wie er mich da imitiert! Er sorgt doch dafür, dass ich mich so bescheuert benehme!«
Trudi meint: »Das ist wirklich schwer zu ertragen. Er macht genau das nach, was du an dir überhaupt nicht leiden kannst. Wie ein Spiegel, in den du gucken musst, obwohl du gar nicht sehen willst, was du da siehst.«
Elke nickt: »Weißt du, was mir gerade einfällt? Als ich noch klein war, aber schon größer als Jannik jetzt, da hatte ich wohl auch so eine Streitzeit. Puuh, meine Mutter hat mir mal erzählt, wie schrecklich ich da war. Ich erinnere mich allerdings bloß noch daran, wie schrecklich ich sie fand. Und einmal, als ich ganz furchtbar wütend rumgebrüllt habe, da hat sie tatsächlich den Spiegel von der Wand genommen und mir vor die

Nase gehalten. Ich hab mich dann schrecklich geschämt. Aber wütend war ich trotzdem noch. Und wie!«
»Und jetzt hält dir Jannik so einen Schäm-dich-Spiegel vor? Das ist ja ein Ding! Als hätte er sich mit deiner Mutter über dich als kleines Mädchen unterhalten – das ist natürlich Quatsch.«
»Ja, das ist allerdings Quatsch! Aber es stimmt schon: Obwohl er noch so klein ist, kommt er mir manchmal wie ein erwachsener Lehrer vor oder so etwas Ähnliches ...«
»... der dich ganz brutal mit der Nase auf etwas stößt ...«
»... und mir ein schlechtes Gewissen macht.« Elke kommen fast die Tränen. »Aber warum?«
Jannik kommt aus dem Kinderzimmer, er möchte nachsehen, ob die Mama noch da ist. Bevor er wieder abzieht, verwickelt er Trudi rasch noch in ein »Gespräch«: Er schleicht auf allen vieren schnüffelnd um den Couchtisch herum.
»Bist du ein Hund?«, fragt Trudi.
»Nein!«
»Bist du eine Katze?«
»Nein!« Es ist Jannik anzusehen, dass er das Spiel genießt.
»Bist du vielleicht ein Meerschweinchen?«
»Nein!« Er strahlt übers ganze Gesicht.
»Oder bist du ein ... Kälbchen?«
»Nein!«
Das geht eine ganze Weile so. Jedes weitere Nein erfüllt Jannik mit noch größerem Entzücken.
»Bist du der Nein?«, fragt Trudi schließlich.
»Nein!« Jannik lacht laut.
»Bist du der Neinsager?«
»Nein!« Er lacht noch mehr.
»Alles ist nein?«, fragt Trudi.
»Nein!«, jubelt Jannik, »na-hein!«, bevor er wieder zu den anderen Kindern ins Kinderzimmer geht.
Trudi hat sich amüsiert bei diesem Nein-Spiel, Elke weniger: »Wenn ich bloß Nein höre, ist bei mir schon Schluss mit lustig«, sagt sie.
»Weißt du, wie mir das mit dem Nein vorkommt?«, sagt Trudi. »Er ist all das nicht, was ich ihm anbiete. Was ich ihm auch

vorschlage, er ist es nicht – kein Hund, keine Katze, nichts, was er früher immer gern gewesen ist. Er ist etwas grundsätzlich anderes als alles, was ich auf der Platte habe.«
»Genau. Und das reicht mir jetzt allmählich!«
»Kann ich verstehen. Aber guck trotzdem noch einmal hin, was er da macht. Es erscheint mir nämlich irgendwie ganz logisch: Der Kerl ist mit seinem Nein gerade auf dem Anders-Trip.«
»Was?«
»Er muss einfach anders sein. Anders als Katze und Hund. Anders als ich. Anders als sein Papa.«
»Und vor allem anders als ich!«
»Genau! Und es ist doch wichtig, dass er weiß, dass er anders ist als alle anderen. Ist dir mal passiert, dass auf einer Party eine andere Frau das gleiche Kleid anhatte wie du?«
»Gott sei Dank, nee! So was ist mir noch nie passiert.«
»Es wäre jedenfalls ziemlich scheußlich, wenn auf einer Fete jemand so rumliefe wie du. Jetzt denk mal, was Jannik macht. Er will ja vielleicht fühlen, wer er ist. Was er kann. Wie er ist und dass er anders ist als alle anderen.«
»Und dazu muss er mich zur Verzweiflung bringen?«
»Mal langsam. Vielleicht macht er das ja gar nicht …«
»Jetzt hör aber auf! Meinst du, ich mache das mit mir? Ich bin doch nicht blöd!«
»Nein, blöd bist du nicht. Aber vielleicht sind ja das Verzweifeltsein und der Ärger und all diese Dinge etwas, das gar nicht anders geht? So eine Art Preis, den Eltern bezahlen müssen? Lass uns mal weiter sehen. Als er noch in seiner Wiege lag, warst du immer gleich da, wenn er Hunger hatte. Immer hast du gewusst, was ihm fehlt, und du hast immer gewusst, was er gern mag, was er lustig findet oder gemütlich – einfach alles. Das war für ihn vielleicht so, als hättet ihr beiden immer dieselben Gefühle. Da hat er vielleicht die Vorstellung entwickelt, dass er wie Mama ist.«
»Meinst du wirklich, ein Kind denkt das?«
»Nein, nicht denken, so wie wir denken. Eher empfinden, etwas wahrnehmen … Besser kann ich es auch nicht ausdrücken.«
»Ich glaub, ich hab's verstanden. – Und wenn er jetzt dauernd

Nein sagt, dann beweist er sich, dass er was kann und dass er stark ist.«

»Auch, ja. Vor allem aber kann er spüren, dass er anders ist. Und bevor ich erkenne, wer und wie ich bin, merke ich doch erst einmal, dass ich anders bin als meine Mitmenschen.«

»Hm.«

»Vielleicht kannst du das nachvollziehen: Neulich bin ich im Garten gesessen, im Gras, mit dem Rücken an den Kirschbaum gelehnt. Ganz lange bin ich so gesessen. Und auf einmal hab ich gedacht, dass ich gar nicht mehr richtig merke, wo eigentlich mein Rücken aufhört und wo der Baum anfängt.«

»Und dann?«

»Ich hab mich erst mal gewundert über das komische Gefühl. Und dann hab ich ganz leicht den Rücken bewegt, hab die Schultern ein bisschen hochgezogen und mich am Baum geschubbert. Und dann war auf einmal klar: Hier bin ich zu Ende und da fängt der Baum an.«

»Und das Schubbern ist so etwas wie Janniks Nein?«

»Genau. So stell ich mir das vor.«

Die gewaltigen Neins, das lautstarke »Ich will!« oder »Ich-will-nicht!« sind die Anzeichen des gefürchteten Trotzalters. Ich bin mir nicht sicher, ob der Trotz wirklich an ein bestimmtes Alter gebunden ist. Er fällt vielleicht bei einem anderthalb- oder zweijährigen Kind so dramatisch aus (und deswegen auf!), weil der kleine Neinsager sprachlich noch nicht sehr weit gediehen ist. Statt mit *Wort*gewalt muss er sich mit *Stimm*gewalt behaupten oder mit dem Einsatz seines ganzen Körpers: Sich hinschmeißen, mit Armen und Beinen um sich schlagen – all das, was Mütter fürchten und was sich im schlimmsten Fall öffentlich ereignet.

Das Trotzkind »will!!« oder »will nicht!!«, es sagt oder schreit sein »Nein!« und rennt damit gegen eine Grenze, gegen ein elterliches Gebot oder Verbot. Das erleben Eltern erstmals, wenn das Kind etwa achtzehn Monate alt ist. Bei diesem schrecklichen ersten Mal bricht die kuschelige Welt der Mutter-Baby-Harmonie in Stücke. Und das beunruhigt nicht nur, nein, es bricht einem das Herz oder kann einen fuchsteufelswild werden lassen. Da ist es nur zu verständlich, dass Mütter den ultimativen Tipp suchen, wie denn dieser Trotz zu behandeln sei, damit er künftig nie wieder vorkommt – oder wenigstens nur noch ganz, ganz sachte und nicht dermaßen schmerzhaft!

Trotz – dieses Aufbegehren gegen das Gebot eines Großen, eines (All)Mächtigen – ist nicht zu verhindern. Jedenfalls sollte man es vernünftigerweise nicht tun. Trotz ist der alltägliche Sündenfall, der nötig ist, um ein Ich zu werden, ein erlebtes, gefühltes Ich, das *anders* ist, anders als Mama, anders als Papa, eben ein Ich! Trotz ist der Anfang vom Raus aus dem Paradies der Mama-Baby-Harmonie und vom Rein in die Socken des Ich-bin-ein-Individuum.

Trotz ist der Aufbruch in die Erkenntnis des Getrenntseins: »Mama ist eine Insel, ich bin eine Insel. Eigentlich sind wir einander, ich ahne es, sehr fremd. Und das tut weh!« Und muss doch sein: Trotz ist notwendiger Schmerz für beide Seiten. Wachstumsschmerz.

Kürzlich hörte ich von einer 26-jährigen Frau, die endlich von daheim auszog, um, wie man so schön sagt, »in die Gänge zu kommen« und allein ihr Leben und ihr Studium anzupacken, wenn auch noch in derselben Universitätsstadt. Sie war noch nicht lange von ihren Eltern weg, ein paar Wochen vielleicht, da rief die junge Frau morgens bei ihrer Mutter an. Sie brauche, bitte, die Hilfe der lieben Mama, weil ihr nämlich sehr schlecht sei, und ob die allerliebste Mama sie ganz schnell zur Vorlesung fahren könne? Die liebe Mama hat die junge Frau tatsächlich zur Vorlesung gefahren. Ich könnte mir vorstellen, dass in dieser Familie Trotz nicht vorkam.

Trotz können wir also vernünftigerweise nicht verhindern, sosehr Eltern sich auch wünschen mögen, immer »lieb« und »gut« zu sein. Was bleibt denn dann?

Praxistipp:
Was bleibt, ist der Mut zum Aushalten, Aussitzen und TROTZdem auf elterlichem Gebot zu beharren. Also:

- Hänschen will keine frischen Pampers? Will nicht auf den Wickeltisch? In fröhlicher Routine Hänschen schnappen, ihn mit freundlichen Worten auf den Wickeltisch bugsieren und ihm frische Pampers anziehen, wenn die alten zum Himmel stinken. »Ja, mein Schatz, du willst das nicht – und ich will keinen Stinker um mich haben. Du darfst brüllen, weil dich das ärgert, und ich ziehe dir frische Windeln an, weil die alten stinken, und das mag ich nicht.«
- Hänschen will nicht essen, presst die Lippen aufeinander, öffnet sie höchstens einen Spalt für sein entschiedenes Nein. »Okay, Schatz. Wenn du nicht willst, dann sind wir jetzt fertig. Nach dem Spielplatz gibt es wieder Essen.« Ende der Fütteraktion. Die nächste Mahlzeit ist tatsächlich nach den zwei Stunden auf dem Spielplatz.

Und wenn die Mama Angst hat, dass Hänschen verhungert? Wenn sie sich schuldig fühlt, weil sie ihrem Kind die notwendige Nahrung vorenthält? Wenn sie sich für einen Ausbund von Boshaftigkeit hält? Hänschen *wird* nicht verhungern, dazu braucht es länger, als der Spielplatzbesuch dauert.

Die Mama kann auch etwas für sich tun. Sie kann sich mit anderen Müttern austauschen über die Trotzvarianten anderer Kinder. Sie kann sich, wenn nicht getröstet, so doch wenigstens erkannt fühlen in der Not, die sie im Augenblick leidet. Und sie kann sich womöglich etwas sicherer fühlen, wenn sie weiß, dass es anderen genauso geht.

Zu wissen, dass man nicht allein ist mit diesen Kümmernissen und dass man sein Unglück nicht selbst verschuldet hat, ist schon eine ganze Menge und lässt einen ein bisschen leichter durchhalten.

Und darum geht es: durchhalten – auf eine für Mutter und Kind noch irgendwie erträgliche Weise.

Kapitel 9
Wenn die Aggression sich nach innen wendet
Selbstverletzungen und Depression

Manchmal kann sich die Lebenskraft Aggression nicht richtig entfalten. Wenn Kindern das widerfährt, reagieren sie mit Verhaltensweisen, die Eltern manchmal überfordern. Geschichten von solchen Problemen und ihrer Lösung erzähle ich in diesem Kapitel.

Carolin ist »aggressionsgehemmt«
Carolin, sieben, geht in die erste Klasse. »Sie ist schrecklich schüchtern«, sagt ihre Mutter, Frau Borkert, »das war sie schon im Kindergarten.« Allein ist Carolin nie auf den Spielplatz gegangen, immer hat sie gewartet, bis die Mutter sie begleitet hat. Aber das war der Mutter ganz recht, so konnte sie sicher sein, dass ihrem Mädchen nichts geschah.
Jetzt fällt der Lehrerin auf, dass Carolin »sehr still« ist, »in sich gekehrt«. Wenn jemand auf sie zugeht, zieht sie sich zurück. Die Sportlehrerin hat den Eindruck, Carolin könne spontan keine weit ausgreifenden Bewegungen vollziehen, als liefe sie »mit gebremstem Schaum«. Dass Carolin sich manchmal »komisch« bewegt, ist den Eltern auch schon aufgefallen. Der Kinderarzt hat sie beruhigt: »Organisch ist alles in Ordnung. Sie sagen ja selbst, dass Carolin sehr zurückhaltend ist. Das spiegelt sich auch in den Bewegungen. Die Seele und der Körper sind nun mal eins.« Er rät der Mutter, zu beobachten, ob Carolin sich wohl fühle oder ob ihr irgendetwas Sorgen mache, ob sie vielleicht bedrückt sei. Dann werde man weitersehen.
»Sorgen«, sagt Frau Borkert, als sie ihrem Mann von dem Arztbesuch erzählt. »Nein, wirklich: Carolin hat doch keine Sorgen! Woher denn auch? Sie hat alles, was ein Kind sich nur wünschen kann.« Und Herr Borkert meint: »Wahrscheinlich ver-

wächst sich das wieder.« So wurde das Thema erst einmal vergessen.
Dann fällt den Lehrern auf, dass Carolin von anderen Kindern geneckt, gehänselt und manchmal auch boshaft geärgert wird. Die Jungen in der Klasse haben schnell herausgefunden, dass Carolin hilflos ist, wenn sie ihr das Mäppchen wegnehmen und von einem zum anderen werfen. Dann wartet Carolin, dass die Lehrerin eingreift und ihr hilft. Meistens tut sie das auch, aber sie sieht nicht immer, was geschieht. Und Carolin wehrt sich nicht gegen solche Übergriffe. Sie schämt sich, wenn alle Kinder ihre Stifte auspacken sollen, sie aber ihr Mäppchen nicht hat. Sie bekommt es zwar immer wieder auf den letzten Drücker hingeschoben, aber in den Augenblicken vorher steht sie unter großem Druck: Sie hat Angst. Und sie schämt sich, weil die Jungen lachen und manche Mädchen kichern, weil sie beinahe weinen muss. »Heulsuse« haben sie auch schon zu ihr gesagt.
Tatsächlich kommt Carolin eines Tages verweint nach Hause. Schließlich bringt die Mutter heraus, dass »der blöde Torsten« Carolins Turnbeutel versteckt hatte, so dass Carolin sich nicht zum Turnen umziehen konnte.
»Scheuer dem Torsten doch mal eine!«, sagt die Oma.
»Bring dem Kind nicht solche Sachen bei«, empört sich die Mutter.
Carolins Gesicht bekommt allmählich einen Zug von Bedrücktheit und Leid. Sie ist unglücklich. Ein paar Mal hat sie morgens ganz leise gesagt, dass sie nicht in die Schule gehen möchte.
»Warum denn nur?«, fragt die Mutter erschrocken. »Willst du nicht mehr lernen?«
»Doch.«
»Hast du Ärger mit der Lehrerin?«, fragt der Vater.
»Nein.«
»Ja, was ist denn dann?«, fragt die Oma.
»Weiß nicht«, sagt Carolin und macht sich endlich doch auf den Weg.
Was ist los mit Carolin? Sie hat die Hausaufgaben jeden Tag schnell gemacht, wenn sie sich erst einmal hingesetzt hat. Meistens schafft sie alle Aufgaben allein, also ist sie nicht von den

schulischen Ansprüchen überfordert. Oder doch? Frau Borkert spricht mit der Klassenlehrerin, Frau Gellert.
Frau Gellert mag Carolin gern. »Sie ist sehr ruhig und freundlich«, beginnt sie. »Es tut gut, auch einmal ein stilleres Kind in der Klasse zu haben. Die anderen sind manchmal wie ein Sack Flöhe«, lächelt Frau Gellert. »Aber Carolins Zurückgezogenheit finde ich manchmal schon bedenklich. Sie weicht vor Kontakten aus.«
»Schüchtern war sie schon immer«, erklärt Frau Borkert.
Frau Gellert schüttelt nachdenklich den Kopf: »Das ist mit Schüchternheit allein nicht mehr zu erklären …«
»Was ist es dann?«, will Frau Borkert wissen.
Frau Gellert sucht nach einem passenden Wort. »Ich glaube, Carolin ist aggressionsgehemmt«, sagt sie schließlich zögernd. Und sie empfiehlt der Mutter, eine Beratungsstelle aufzusuchen, damit man der Sache auf den Grund gehen kann.
Frau Borkert ist so bestürzt, dass sie nichts mehr fragen kann. »Was heißt das: auf den Grund gehen? Und was für eine Sache?«, schießt es ihr auf dem Heimweg durch den Kopf. Abends berichtet sie ihrem Mann von dem Gespräch. Nun sind beide verstört.
»Versteh ich nicht«, sagt Herr Borkert. »Es war doch bisher immer alles in Ordnung! Wieso soll denn jetzt auf einmal etwas verkehrt sein an dem Kind?«
Frau Borkert ist verunsichert. Schließlich hat sie sich die meiste Zeit um Carolin gekümmert. Laut sagt sie: »Vielleicht haben wir irgendetwas falsch gemacht? Oder etwas übersehen? Vielleicht ist was schief gelaufen?« Sie nagt an ihrer Unterlippe.
Da braust ihr Mann auf: »Aggressionsgehemmt! Was soll das überhaupt heißen? Soll Carolin etwa so ein Rabauke sein wie gewisse Kinder aus dem Wohnblock? Frech? Aufsässig?!« Er ist entrüstet.
»Nein, aggressiv soll sie bestimmt nicht werden«, stimmt Frau Borkert ihrem Mann zu. Und sie überlegt: Was kann daran falsch sein, wenn ein Mädchen wohlerzogen, bescheiden und zurückhaltend ist?
Nach dem ersten Schrecken sind die Eltern gekränkt. Bera-

tungsstelle? Sie sind doch wohl allein in der Lage, ihr Kind zu erziehen! Und was geht das überhaupt die Lehrerin an?
Nach einigen Tagen jedoch lässt die Empörung nach. Vielleicht ist ja doch irgendetwas dran an dem, was die Lehrerin gesagt hat? Der Mutter geht das nicht aus dem Kopf und sie beobachtet Carolin.
Auf der Wendeplatte vor dem Wohnblock lärmen Kinder. Frau Borkert macht Carolin darauf aufmerksam: »Geh doch mal runter! Die spielen fangen!«
Carolin hat keine Lust. »Fangen ist blöd«, sagt sie.
Nach einer Weile versucht es die Mutter noch einmal: »Geh doch raus – Tina und Anke machen Gummihupf!«
»Mag nicht«, sagt Carolin. Dabei steht sie am Fenster und schaut den anderen zu.
»Sehnsüchtig«, denkt Frau Borkert. »Das soll einer verstehen!«
Bisher hatte Frau Borkert in solchen Situationen nur mit den Schultern gezuckt. »Wer nicht will, der hat gehabt«, hatte sie gedacht und Carolin gewähren lassen. Später sind sie dann meist miteinander rausgegangen, Mutter und Tochter. Zum Spielplatz. Oder sie waren im Park spazieren. Oder Eis essen.
»Das ist ja auch was Hübsches«, hatte Frau Borkert immer gedacht, »ein Kind, das nicht herumstreunt, nichts anstellt und nicht dauernd klingelt, weil es was zu trinken braucht oder aufs Klo will oder sich über ›die Doofen da draußen‹ beschwert.«
Das Theater kriegt sie manchmal bei ihrer Freundin mit. Grässlich findet sie das.
Aber heute will sie genauer hinsehen. Was die Lehrerin gesagt hat, hat sich bei ihr im Kopf festgesetzt. Nach einer Viertelstunde wird sie energisch und schiebt Carolin zur Tür: »Du gehst jetzt einfach mal eine Stunde an die frische Luft. Sonst vermoderst du noch!«
Carolin zieht ein weinerliches Gesicht, aber die Mutter lässt sich nicht beirren. »Eine Stunde«, sagt sie. »Dann kannst du ja wieder kommen.«
Das Mädchen geht los, Frau Borkert nimmt sich eine Arbeit in der Küche vor. Von da aus kann sie die Wendeplatte gut über-

blicken. Es dauert lange, bis Carolin endlich aus der Haustür tritt. Sie schiebt sich ein paar Meter zur Seite, bleibt stehen und schaut zu Anke und Tina hinüber. Sie verschnaufen gerade und sind in Heftchen vertieft, betrachten und tauschen Bilder. »Pferdebilder«, denkt Frau Borkert. »Carolin liebt die! Na, mal sehen, ob sie nicht doch zu den anderen geht.«
Und tatsächlich: Carolin setzt sich in Bewegung. »Na also«, denkt Frau Borkert. »Ist doch alles in Ordnung!«
Kurz darauf ist Carolin schon wieder oben. »Das ist langweilig«, sagt sie bedrückt und will sich ins Kinderzimmer verziehen. Frau Borkert nimmt sie an der Schulter und sagt: »Das gibt's doch nicht. Langweilig! Du kannst doch Gummihupf! Und Pferdebilder magst du auch!«
Carolin schüttelt den Kopf. Ihre Arme hängen schlaff herunter, und sie sieht aus wie ein Häufchen Elend.
»Was ist denn nur los?« Frau Borkert macht sich Sorgen. »Bist du krank? Ist dir schlecht?«
»Nööh«, haucht Carolin.
»Ja, was ist denn dann?« Der Mutter kommt es vor, als habe Carolin eine Tür zugemacht, so unzugänglich wirkt das Mädchen. Zugleich aber auch unsicher, geradezu verängstigt.
Frau Borkert zieht Carolin in die Küche und verordnet erst einmal eine heiße Schokolade. »Und dann sagst du mir, was los ist!«
Schließlich erfährt Frau Borkert die Geschichte:
Carolin hatte von der Oma einen »Zauberkugelschreiber« bekommen: dick, aus durchsichtigem Plastik, mit einer Flüssigkeit gefüllt, in der Glimmerplättchen treiben, die man durch Schütteln in Bewegung hält. Traumhaft fand Carolin das und sie schaute versunken dem Glitzertreiben zu. Jetzt war der Zauberkuli weg.
»Hast du ihn verloren?«, fragt die Mutter. Carolin schüttelt den Kopf, ihre Unterlippe zittert.
»Weißt du denn, wo er jetzt ist?« Carolin nickt.
»Und? Wo ist er?« Frau Borkert bemüht sich um Geduld, doch dann rutscht ihr heraus: »Jetzt lass dir doch nicht die Würmer einzeln aus der Nase ziehen!«
Da fängt Carolin an zu weinen und unter Schluchzen erzählt

sie, dass ihre Banknachbarin Anke den Kuli »eingetauscht« habe gegen einen Sticker. Der sah aber schon ziemlich verknittert aus und keiner sonst wollte ihn haben.
»Warum um Himmels willen hast du dich denn von Anke beschwatzen lassen?« Das kann Frau Borkert wirklich nicht begreifen. Aber alles Reden und Fragen führt nur dazu, dass Carolin immer verzweifelter schluchzt. Schließlich würgt sie heraus: »Ich wollte doch auch mitspielen!«
»Was? Was soll das denn heißen?« Die Mutter ist aufgebracht. »Was sind denn das für Zustände an der Schule?«, fragt sie sich erschrocken, und zu Carolin gewandt: »Jetzt erzähl doch der Reihe nach. Ich schimpfe auch nicht mit dir, ich hab nur einen Schrecken gekriegt, weil sich das so schlimm anhört!«
Frau Borkert wischt Carolin die Tränen ab. »Und? Haben sie dich dann mitspielen lassen?«
Carolin nickt.
»Und was war eben?«
»Tina hat gesagt, sie möchte auch so einen Kuli. Und dann kann ich mitmachen beim Gummihupf.« Carolin fängt wieder an zu weinen: »Aber ich hab doch keinen Kuli mehr!«
Frau Borkert fällt ein, was in den letzten Wochen alles verschwunden ist: ein Katzen-Radiergummi, ein Hunde-Anspitzer und ein winziger Mickymaus-Notizblock.
Die Mutter fühlt sich hilflos. Sie nimmt Carolin in den Arm, wiegt sie hin und her. »So geht das nicht«, sagt sie schließlich und denkt: »Ich glaub, wir brauchen doch Hilfe.«
Abends bespricht sie die Geschichte mit ihrem Mann.
»Das ist ja vielleicht ein raffiniertes kleines Biest, diese Anke«, sagt Herr Borkert. »Da soll doch der Deibel …«
»Hab ich auch sofort gedacht«, sagt Frau Borkert. »Aber ich weiß nicht … Die Mädchen sind doch alle bei Carolin in der Klasse! Sie haben schon im Kindergarten miteinander gespielt!« Sie zögert.
»Ja und? Auch wenn ich jemanden schon ewig kenne, kann er trotzdem irgendwann Mist bauen!« Herr Borkert weiß, wovon er spricht. Das hat er schon erlebt.
»Ich kenne doch die Mädchen, seit sie auf der Welt sind«, be-

harrt Frau Borkert. »Die sind wirklich nicht übel«, sagt sie. »Und die Mütter kenne ich auch schon ewig.«
»Das sagt gar nichts«, meint Herr Borkert entschieden.
»Ich sag ja nicht, dass die Mädchen Engel sind«, gibt Frau Borkert zu. »Ich hab bloß so ein Gefühl, dass da irgendetwas nicht stimmt.«
»So ein Gefühl!« Herr Borkert seufzt:. »Wenn ich das schon höre: Gefühle und Ahnungen! Hast du Fakten?«
»Nein, hab ich nicht«, gibt Frau Borkert zu. Damit ist für ihren Mann die Sache erledigt.
Frau Borkert fragt die Lehrerin, was sie von der Kulitausch-Geschichte hält.
»Erpressung?« Frau Gellert hat Zweifel. Das kann sie sich nicht vorstellen. Sie verspricht, mit Anke und Tina zu reden. Die Mädchen sagen, dass Carolin ihnen Bleistiftspitzer, Radierer und Notizblock geschenkt habe. So ganz stimmt das nicht, denkt Frau Gellert und nimmt sich noch Carolin vor. Danach reimt sie sich die Geschichte so zusammen: Carolin will gern mit den anderen spielen. Und weil sie vor Schüchternheit nicht einfach hingehen und mitmachen kann, hat sie den Kindern immer mal wieder etwas als Geschenk angeboten, manchmal Süßigkeiten, manchmal einen Aufkleber und zuletzt die »verschwundenen« Gegenstände aus ihrer Schultasche. Als wolle sie die Kinder freundlich stimmen, damit sie Carolin nicht fortschicken.
Das hatten die Mädchen gar nicht vorgehabt. Aber nachdem Carolin von sich aus Geschenke gebracht hatte, waren sie der Versuchung erlegen, heiß erwünschte Gegenstände zu erbitten mit dem Zusatz: »Dann darfst du auch mitmachen!«
Das war natürlich nicht in Ordnung. Anke und Tina wussten das sehr gut. Aber Carolin hatte es ihnen leicht gemacht. Ihnen war nicht wirklich bewusst, wie sehr sie Carolin unter Druck setzten.
»Aber wieso lässt Carolin sich zu einem so dummen Tausch bequatschen?«, fragt Frau Borkert. »Wieso sagt sie nicht einfach Nein!?« Die Mutter versteht es nicht und weiß auch nicht, wie sie ihrem Kind helfen könnte. Als Frau Gellert diesmal die Beratungsstelle erwähnt, erschrickt Frau Borkert nicht mehr. So

viel hat sie verstanden: Es reicht nicht, Anke und Tina ins Gewissen zu reden, wenn sich nicht gleichzeitig bei Carolin etwas ändert.
»Dass diese leidige Angelegenheit schon wieder aufs Tapet kommt!« Der Vater ist nicht begeistert. Er ist immer für »kurzen Prozess« und dafür, dass Störfälle rasch beseitigt werden.
»Das ist aber kein Störfall«, wendet Frau Borkert ein. »Vielleicht hat Carolin ja wirklich ein Problem.« Langsam ärgert sie sich. »Wenn was an deinem Auto ist und du nicht gleich weißt, was es ist, fragst du doch auch deinen Spezi!« Sie denkt, dass er jetzt kontert: Kinder sind ja wohl keine Autos!
Stattdessen meint er nachdenklich, sie solle sich erst einmal erkundigen, welche Möglichkeiten es gebe, wenn Eltern sich Sorgen um ihr Kind machen.
Frau Gellert hatte ganz allgemein von Beratungsstellen gesprochen, nun bietet sie an, einen Kontakt zum Schulpsychologen herzustellen. Eine Freundin von Frau Borkert weiß von einer »Beratungsstelle für Erziehungs- und Lebensfragen«. Eine andere Mutter hat mit einer Psychotherapeutin Erfahrungen, die auf Kinder und Jugendliche spezialisiert ist.
Die Eltern entscheiden, bei einer Beratungsstelle in ihrer Nähe nachzufragen.

Eine handfeste Depression

Carolin ist tatsächlich aggressionsgehemmt. Die angeborene Fähigkeit zur Aggression, die konstruktive Aggression, ist bei Carolin verkümmert. Sie ist nicht in der Lage, auf neue Situationen, neue Erfahrungsmöglichkeiten und neue Menschen interessiert zuzugehen. Sie hat keine Freude an all dem, was andere Kinder freut: neugierig sein, Dinge untersuchen, die eigenen Kräfte ausprobieren, sich mit anderen messen. Im Gegenteil: So etwas versetzt Carolin in Angst und Schrecken. Diese Hemmungen, sich etwas anzueignen, sich gegen Unbequemlichkeiten, Neckereien oder Kränkungen zu wehren, führen schließlich dazu, dass Carolin sich überhaupt nicht mehr traut, etwas für sich zu beanspruchen, ja dass sie andere Kinder sogar dafür »entschädigt« oder »bezahlt«, wenn sie mitspielen möchte.

Weil ihre Fähigkeit, auf andere zuzugehen, verkümmert ist, hat Carolin das Gespür dafür verloren, dass andere Kinder sie nett finden und durchaus mit ihr spielen würden. Carolins Selbstwertgefühl ist so gering, dass sie glaubt, sie müsse erst einmal etwas verschenken, damit die anderen sie wertvoll oder liebenswert finden.

Diese Hemmung sieht man auch an ihrem Laufen, das verhalten und zögerlich wirkt – als dürfe sie keinen Raum für sich beanspruchen. Beim Werfen und Fangen ist sie ungeschickt – etwas in ihrem Innern scheint sie zu bremsen. Die Aggressionshemmung hat sich ausgedehnt, sie umfasst nun weite Bereiche.

Carolin ist, daran hat die Dame in der Erziehungsberatungsstelle keinen Zweifel, deutlich depressiv.

»Kinder können doch nicht depressiv sein!«, meint Frau Borkert. Und Herr Borkert sagt: »Bei uns in der Familie ist noch nie jemand depressiv gewesen!«

Die Beraterin erklärt den Eltern, dass eine Depression nicht unbedingt ererbt sein müsse. Auch seien Eltern nicht schuld, wenn ihr Kind depressiv sei. »Das Leben läuft nicht in einer geraden Linie«, sagt sie. »Die Kurven, Umwege und Unebenheiten tragen oft dazu bei, dass ein Kind nicht so heranwächst, wie es unter anderen Bedingungen hätte heranwachsen können.«

Sie schlägt vor, sich gemeinsam Carolins Weg anzuschauen. Am Ende könnten sie in etwa nachvollziehen, wie Carolin ihn verarbeitet habe. »Kein Mensch ist einfach nur Opfer seines Schicksals«, sagt die Beraterin. »Jeder Mensch beantwortet das, was ihm zustößt, auf seine eigene Weise und kann sich z. B. anpassen oder kämpfen.«

Schicksalsschläge, Trennungen: Wie Carolin depressiv werden konnte

Als Frau Borkert mit Carolin schwanger war, verstarb Herrn Borkerts Vater plötzlich, und obwohl Herr Borkert seine Ausbildung zum Versicherungskaufmann noch nicht ganz beendet hatte, entschloss er sich, das Schuhgeschäft seines Vaters weiterzuführen. Das sei er seinem Vater schuldig. Nach Carolins Geburt gab Frau Borkert ihren Beruf als Sprechstundenhilfe auf. Das erste halbe Jahr in Carolins Leben verlief also ganz gut.

Dann ging das Schuhgeschäft schlechter und um eine Stelle einzusparen, arbeitete Frau Borkert bei ihrem Mann mit. Die Oma kümmerte sich um das Baby.

Seine Mutter sei sehr froh gewesen, mit Carolin wieder einen neuen Lebensinhalt zu haben. »Supervorsichtig« sei sie mit dem Baby umgegangen, erinnert sich Herr Borkert. Und als Carolin laufen lernte, habe die Oma sehr übertrieben ängstlich aufgepasst, dass ihrem »Goldstück« nichts passierte – sie wollte ja nicht noch so einen furchtbaren Verlust erleiden wie durch den Tod ihres Mannes.

Als Carolin anderthalb Jahre alt war, musste Herr Borkert Konkurs anmelden. Das war eine schlimme Zeit! Er versuchte, seine abgebrochene Ausbildung fortzusetzen. Frau Borkert suchte sich wieder eine Stelle als Sprechstundenhilfe und die Oma bemühte sich ebenfalls, noch einmal beruflich Fuß zu fassen. Carolins andere Großmutter erbot sich, das Kind zu hüten. Weil diese weit entfernt wohnte, wurde Carolin montags zu ihr gebracht und Freitagmittag nach Hause geholt.

Das bedeutete für Carolin Abschied von ihrer Lieblingsoma.

Wenn die Mutter Carolin bei der anderen Großmutter ablieferte, war das jedes Mal ein Drama. Carolin weinte herzzerreißend und die Mutter stieg immer ganz schnell wieder ins Auto. Wie atmete die Großmutter auf, wenn das Auto außer Sichtweite war, das Weinen des Kindes nach und nach in Schluchzen überging und Carolin langsam still wurde. Hier, weit weg von zu Hause, in der neuen Umgebung, wo sie niemand anderen kannte, war sie sehr ruhig und gut zu haben. Alle waren zufrieden, niemandem fiel etwas Besonderes auf.

Als Carolin vier Jahre alt war, holten die Eltern sie wieder ganz zu sich. Herr Borkert hatte eine gute Stelle und er und seine Frau hatten beschlossen, dass sie jetzt endlich eine »richtige« Familie sein wollten mit einem Vater, der arbeitet, und einer Mutter für das Kind.

In der Erleichterung, endlich die Geldsorgen hinter sich zu haben und bei ihrem Kind bleiben zu dürfen, sah Frau Borkert manche Verhaltensweisen bei Carolin zu optimistisch als vorübergehend an. Weil sie jetzt endlich ganz für Carolin da sein konnte, übersah sie völlig, dass das Kind schlimme Trennungserlebnisse verarbeiten musste: erst die Trennung von der Mutter, als sie von der Oma gehütet wurde, dann die Trennung von der Oma, als sie zur Großmutter kam, und dazu die montäglichen Abschiede von den Eltern. Hinzu kam die übertriebene Vorsicht der Oma, die den Verlust ihres Mannes mit dem Kind zu überwinden versuchte.

All das hatte zur Folge, dass Carolin sich kaum noch getraute, »aggressiv« etwas für sich zu beanspruchen: Sie bremste ihre konstruktiven Kräfte. Ihre Aggressionshemmung war der Ausdruck ihrer Depression.

Dahinter steht ein seelischer »Mechanismus«: Carolins aggressive Kräfte hatten keinen Raum, sie konnte sie nicht ausleben, weder die positiven noch die negativen. Wenn Carolin in Ansätzen neugierig-forschend ihre kleine Welt erobern wollte, spürte sie die Ängste der Oma, die nach dem Verlust ihres Mannes im Übermaß fürchtete, dass Carolin etwas geschehen könnte. Entspannt war sie nur dann, wenn Carolin lieb und ruhig war.

Bei der Großmutter spürte Carolin Unruhe und Angst, wenn sie »zu wild«, »zu forsch«, also zu kindlich-bewegt war. Vielleicht befürchtete sie, dass es wieder eine Trennung gebe, wenn sie nicht lieb und brav sei. Sie verhielt sich so, wie sie meinte, sich verhalten zu müssen, damit die Großmutter entspannt und freundlich-zugewandt blieb. Das war ihr natürlich nicht bewusst! Das ist eine Anpassungsleistung, die Kinder unterschiedlich stark immer vollbringen!

Die negativen aggressiven Regungen verbannte Carolin: Wenn die Mutter fuhr und sie zurückließ, versteckte sie Schmerz und Wut. Sie zeigte ihre Enttäuschung nicht und auch nicht den Ärger, wenn die Großmutter ihr die Schere verbot oder das Messer, wenn sie ihre Brotscheibe selber in Stücke schneiden wollte. Oder wenn sie ihr nicht erlaubte, mit dem kleinen Fahrrad zu fahren oder einmal auf einen Baum zu klettern.

Hinter der freundlichen und stillen Fassade köchelten viele zornige und enttäuschte Gefühle, aber etwas in Carolin sorgte dafür, dass sie sie nicht mehr wahrnahm. Dieses Etwas hatte mit der Angst zu tun, dass sonst wieder eine Trennung drohte.

Als Kinder- und Jugendlichen-Psychotherapeutin weiß ich aus meiner Arbeit: Wenn Aggression nicht dahin darf, wo sie hinwill, nämlich nach außen, richtet sie sich leicht nach innen, gegen das eigene Selbst. Für Carolin hieß das: Die ungelebte Aggression richtete sich gegen sie selbst, indem sie ihren gesunden Egoismus tötete, die Lebenskräfte bremste, Freude verdarb, ein unliebenswürdiges Selbstbild förderte und Ängste schürte: »Wenn ich nicht Großmutters stiller kleiner Sonnenschein bin, will sie mich bestimmt nicht mehr haben, muss ich weg, werde ich zurückgegeben ...« – »Ich darf nur bleiben und werde nur lieb gehabt, wenn ich still und lieb bin ...« Niemals hätte Carolin sich mit einem Wort wie »Scheißmama!« Luft gemacht, wenn das Auto der Mutter losfuhr. Und niemals hätte sie ein befreiendes »Doofe Oma!« gesagt, wenn die Großmutter sie nicht toben oder etwas »Gefährliches« tun ließ.

Das übermäßige Eindämmen notwendiger aggressiver Regungen über einen längeren Zeitraum kann sich aber auch ganz anders auswirken.

Autoaggression

Britta verletzt sich selbst

Die vierjährige Britta hat auffällig oft blaue Flecken, Kratzer und Schnitte an Armen, Beinen und im Gesicht. Sie fällt häufig hin und stößt sich an Möbeln. Dabei ist sie kein ungeschicktes Kind! Die Untersuchungen beim Kinderarzt haben nicht den Schimmer eines Verdachtes ergeben, dass neurologisch etwas nicht in Ordnung wäre.

Sieht man allerdings genauer hin, fällt auf: Wenn Britta sich über ihre kleine Schwester Jule ärgert, sie auszankt und die Mutter dann deswegen mit ihr schimpft, kratzt Britta ihren Arm auf oder beißt in ihre Hand. Andere Kinder beginnen in solchen

Situationen, exzessiv an den Nägeln zu kauen oder Hautstückchen neben den Fingernägeln abzureißen, bis es blutet. Das Nägelkauen ist immer mehr als nur eine dumme Angewohnheit; deswegen ist es nötig abzuklären, was dahinter steckt, wenn es über einen längeren Zeitraum anhält. Wenn Eltern ihrem Kind diese »Unart« lediglich abgewöhnen, bleibt womöglich die innere Not des Kindes weiter bestehen, die das Nägelbeißen verursacht hat!

Britta verletzt sich selbst. Das nennen wir »Autoaggression«, d.h. eine Aggression, die sich gegen die Person selbst richtet. (Die Vorsilbe »auto« kommt aus dem Griechischen und bedeutet »selbst«.) Diese Autoaggression bedeutet nicht nur, dass Britta sich selbst verletzt, indem sie sich in die Hand beißt, sondern auch, dass sie zu kleineren Unfällen neigt: hinfallen, sich anstoßen und auf diese Weise Schmerz erleiden.

Für viele Eltern ist auf den ersten Blick nicht nachvollziehbar, dass Unfälle (ich meine damit sowohl größere, richtige Unfälle als auch Bagatellen) nicht nur »dumme Zufälle« sind, sondern absichtlich passieren können. Das klingt zunächst vielleicht befremdlich und an den Haaren herbeigezogen.

Gabriels Unfall: Eine Selbstbestrafung

Noch genau zwei Tage, dann wird Gabriel fünf. Er freut sich auf seinen Geburtstag und ist gespannt, was er wohl geschenkt bekommt. In Mamas Schrank – das hat er neulich genau gesehen – liegt ein verschnürtes Päckchen. Gabriel möchte so gern wissen, was darin ist. Nur ein ganz kleines bisschen hineinspicken!

Während die Mutter nach dem Essen ihre Ruhezeit hat, die Zeit, in der niemand sie stören darf, auch Gabriel nicht, schleicht er noch einmal zum Schrank, öffnet die Tür und fasst das Päckchen an. Das Papier knistert verheißungsvoll, doch erkennen kann er nichts. Er will nicht das ganze Geschenk sehen, o nein! Nur die Farbe des geheimnisvollen Gegenstands!

Das Verlangen treibt ihn an. Er holt Mutters Schere: nur ein ganz kleines Loch ins Papier schneiden … Er ist geübt im Um-

gang damit. Trotzdem rutscht er an irgendetwas ab und schneidet sich in den Finger. Nicht fest, aber es tut weh und blutet ein bisschen.

Was ist passiert? Gabriel hat etwas getan, von dem er weiß, dass es nicht in Ordnung ist und dass die Mutter es nicht billigen würde. Das kleine Gewissensstimmchen in seinem Innern hat sich nicht durchsetzen, hat ihn nicht vom Schnippeln abhalten können. Es hat sich jedoch auf andere Weise bemerkbar gemacht. Ohne dass es ihm bewusst geworden wäre, hat es sich eingeschaltet und hat Gabriel einen winzigen Moment zur Unaufmerksamkeit »verführt«: Da ist es passiert! Nun schnippelt er nicht mehr weiter. Und den Schmerz im Finger verbucht er unter: »Das ist die Strafe.« Das ist, so empfindet er es, die Sühne für seine Missetat.

Zurück zu Britta. Ihr autoaggressives Tun ist ihr nicht bewusst. Wer einmal versucht hat, einem Kind das Kratzen oder Ähnliches abzugewöhnen, kann bestätigen, dass es zweck-, frucht- und wirkungslos ist. Genauso wirkungslos wäre es, Britta zu verbieten, sich zu kratzen oder zu beißen. Genausogut könnte man ihr verbieten, hinzufallen oder sich zu stoßen. Wie der Kinderarzt bestätigt, ist das nicht durch neurologische Ausfälle verursacht. Schlechtes Sehen konnte er ebenfalls ausschließen.

Die Autoaggression hat für Britta einen Sinn: Sie hat keine Hilfe dabei erfahren, wie sie sich gegen ihre kleine Schwester angemessen wehren kann. Daher findet sie auch keine Möglichkeit, ihre zornigen Gefühle der Schwester gegenüber auf eine geeignete Weise auszudrücken. Da diese Gefühle aber nun einmal vorhanden sind, wendet Britta sie gegen sich selbst.

Das klingt nach einer bewussten und gezielten Aktion. Das ist es nicht. Was Britta tut, wird unbewusst gesteuert. Sie weiß nicht, warum sie es tut. Sinn und Zweck solcher Selbstverletzungen lassen sich in Psychotherapien ergründen und von daher stammt auch das Wissen um die innere Logik solcher nach außen unsinnigen Handlungen. Britta bestraft sich dafür, dass sie in Wut geraten ist; sie hält sich vielleicht insgeheim für ein verachtenswert schlechtes Mädchen und findet in diesen Selbstbestrafungen eine Möglichkeit, ihr »Sündenkonto« auszugleichen, damit sie sich wieder »lieb«, frei von Schuld und im Einklang mit der Welt fühlen kann.

Einmal hat sich ein sechsjähriges Mädchen während seiner Therapiestunde bei mir in die Hand gebissen – so fest, dass es ein wenig blutete. Das konnte ich nicht zulassen, obwohl das Mädchen selbst keinen Schmerz wahrzunehmen schien. Mir tat es allerdings weh! Ich habe die Hände des Kindes in meine Hände genommen, sie festgehalten und gesagt: »Ich will nicht, dass du dir wehtust. Und außerdem: Wenn du dich beißt, dann tut mir das auch weh. Und das will ich nicht. Wenn du dich blutig beißt, fühlen wir uns beide schlecht. Deswegen passe ich auf, dass das nicht passiert.« Das Mädchen hat mich verwundert angesehen, aber auch erleichtert. Verwundert, weil ich etwas von ihm fühlen konnte, und erleichtert, weil ich ihm versichert hatte, ich werde auf es Acht geben.

Die Mutter zeigt Brittas Zorn einen Weg
Nachdem die Mutter diese Zusammenhänge verstanden hat, gibt sie Britta die Möglichkeit, über ihren Zorn auf die kleine Schwester zu sprechen. Sie nimmt ihre Große auf den Schoß und sagt: »Ja, das ist wirklich schlimm für dich, wenn du dich über Jule so ärgern musst!« Sie erlaubt Britta, dass sie, wenn es nötig ist, mit ihrer kleinen Schwester schimpft. Sie wird nicht zulassen, dass sie Jule unzumutbar plagt. Sie wird einschreiten, wenn Britta ihren Zorn in einer Form äußert, die nicht mehr tragbar ist. Grundsätzlich aber darf Britta sich gegen Übergriffe von Jule zur Wehr setzen und ihren persönlichen Bereich verteidigen.
Manchmal könnte es Britta helfen, wenn sie eine Trulla hätte wie der dreijährige Markus (s. S. 111), eine Puppe, die heftigen Attacken standhält und sie klag- und folgenlos übersteht. Britta könnte dann ihre Wut auf die Schwester an der Trulla auslassen und sie ausdrücken: »Ich könnte dich an die Wand schmeißen!« oder: »Ich haue dich so lange, bis du mich nicht mehr ärgerst!« Wenn die Trulla die »bösen« Gefühle abkriegt, bleiben die freundlichen Regungen für die kleine Schwester ungetrübt. Denn natürlich hat Britta die Schwester auch lieb!

Happy End für Carolin

Carolin, dieses eher ruhige und in sich gekehrte Mädchen, hat die Erlebnisse in den schwierigen Jahren auf ihre Weise zu Erfahrungen verarbeitet: Die frühen Trennungen hatten in ihr den Grundstein gelegt zu der Überzeugung, dass sie wohl ein unmögliches Kind sei, das niemand längere Zeit um sich haben mochte. Also machte sie sich »unsichtbar«, indem sie nicht weiter auffiel und keinesfalls etwas tat oder sagte, von dem sie glaubte, es könne die Großmutter stören, erschrecken oder aufregen.

Auch wollte sie keinesfalls die Mutter kränken – aus Angst, sie würde sonst fortbleiben. Niemals hat ihr jemand so etwas angedroht! Der Gedanke ist in ihr entstanden, weil die vielen »kleinen« Montags-Trennungen die – bei vielen Kindern ansprungbereite – Verlassenheitsangst im Verein mit dem Gefühl, kein wirklich liebenswertes Kind zu sein, immer wieder belebt haben. So war ihr Bestreben, nur ja nichts zu tun, was ihr Missbilligung eintragen könnte.

Und das hat schließlich dazu geführt, dass Carolin alle Äußerungen, die positiven wie die negativen, nahezu einstellte: Sie protestierte nicht gegen die vielen Ortswechsel, sie traute sich nicht, zu widersprechen oder Wünsche anzumelden, sie war ein »pflegeleichtes« kleines Mädchen, das zwar öfter weinte, aber »leicht zu lenken« war.

Auch das ist autoaggressiv, denn Carolin versagt sich damit weite Bereiche kindlicher Lebendigkeit und verletzt sich dadurch – wenn auch nicht körperlich, nicht sichtbar durch Verletzungen oder Unfälle. Es ist eine unsichtbare Selbstschädigung, die allerdings, wenn sie nicht behandelt wird, dramatische Folgen haben kann.

Zum Glück konnte die Erziehungsberaterin den Eltern erklären, wie Carolin depressiv geworden war. Sie nahm ihnen auch die Angst vor einer Psychotherapie, denn wie viele Eltern fürchteten auch Herr und Frau Borkert, eine Therapeutin würde ihnen Vorwürfe machen.

»Eltern sind doch immer an allem schuld, oder?«, hatte Herr Borkert gesagt.

»Nein«, hatte die Beraterin geantwortet. »Die allermeisten Eltern geben ihren Kindern das Beste, was sie geben können. Aber erstens ist das Leben manchmal stachliger, als Eltern und Kinder es sich wünschen. Und zweitens verarbeiten Kinder die Dinge, die ihnen begegnen, ganz unterschiedlich. Schuld, nein, Schuld hat keiner von Ihnen. Kein Therapeut wird Ihnen Vorwürfe machen!«

Carolin hat eine ganze Weile gebraucht, bis sie gemerkt hat, dass die Therapie keine Strafe ist und dass sie auch nicht deswegen dorthin geht, damit die Therapeutin ein nettes oder liebenswertes Mädchen aus ihr macht. Sie hat nach einer Weile Nein sagen gelernt. Und einmal – daran erinnert sie sich noch sehr gut – einmal hat die Therapeutin ihre Stunde nicht verschoben, obwohl Carolin zu einem Geburtstag eingeladen war. Da hat sie zu ihr gesagt: »Das ist doch Hühnerkacke! Du bist eine dumme Ziege!« Sie ist selbst ein bisschen erschrocken, aber so war ihr zumute, verdammt noch mal! Die Welt ist nicht untergegangen davon, die Therapeutin hat Carolin nicht rausgeschmissen, und sie hat nicht gemeckert. Sie hat übers ganze Gesicht gegrinst und gesagt: »Wir haben's bald geschafft!«

Da ist Carolin rot geworden vor lauter Stolz.

Kapitel 10
Strafen, Grenzen, Konsequenzen

Strafen – oder was?

Wie reagieren Eltern sinnvoll, wenn Kinder nicht tun, was sie tun sollen? Wenn sie über die Stränge schlagen oder sich daneben benehmen? Dass schlagen nicht vernünftig ist, sagen die einen. »Ein Klaps hat noch keinem geschadet«, sagen die anderen. Und wieder andere lehnen Strafen grundsätzlich ab. Was aber sonst?

Ein Vater zieht die Notbremse
Ein grauer Sonntag, Regen und keine Aussicht auf ein bisschen Sonne. Die fünfjährige Helen ruft: »Mamaaaa, gehn wir jetzt raus?« – »Nein.« Das Wetter ist so schlimm, dass es keine zweckmäßige Kleidung gibt. Es stürmt und es schüttet. Und Helen quengelt. Ihre Puppen hat sie für Wochen im Voraus gefüttert, zigmal aus- und wieder angezogen.
Es ist sooo langweilig. Helen mault.
Memory und die anderen Spiele sind durchgespielt. Helen nörgelt. Mutter regt an: Lesen, Malen, Ausschneiden … Helen nörgelt. Vater und Mutter sind erschöpft. Mutter gräbt ihre letzten Lieder aus: »Grün, grün, grün sind alle meine …« Helen ärgert ihren kleinen Bruder Uli, der an einem Turm baut und protestiert. Mamas alte Pumuckl-Platten hören, au ja! Ein paar Minuten, dann quäkt Helen wie Pumuckl.
Die Mutter übt sich in Verständnis: »Ich weiß, dass es dir stinkt, Schatz, wir finden das Wetter auch Mist. Aber bitte, bitte, mir tun die Ohren weh!«
»Huiiiii!« Helen pumucklt weiter, stößt Ulis Turm um, der Kleine heult und strampelt wütend. Da legt sich Helen neben die Turmtrümmer und strampelt auch. Bausteine fliegen, Uli schreit auf, Helen kann aber lauter …
»Jetzt reicht's!« Das ist Vaters Bariton. »Helen, du gehst jetzt ins

Kinderzimmer. Du kannst wieder zu uns kommen, wenn du dich beruhigt hast und dich beherrschen kannst.«

»Strafe muss sein«, sagt der Volksmund.

War das jetzt eine Strafe, die der Vater verhängt hat?

»Natürlich war das eine Strafe«, werden viele sagen. »Sie war nötig, sie war gerecht und sie war konsequent: Wer sich nicht in die Familie einfügen kann oder will, der muss eben für eine Weile ausgeschlossen werden.«

Andere werden sagen: »Dies war keine Strafe, sondern eine nachdrückliche Mitteilung an das Kind: ›Ich, Vater, nehme nicht hin, dass du mich und die anderen mit deinem unbeherrschten Benehmen tyrannisierst.‹« Eine solche nachdrückliche Mitteilung – mag man sie nun Strafe nennen oder nicht – ist in einer solchen Situation angemessen, und sie ist auch notwendig. Sie macht Helen klar, dass es eine Grenze gibt, dass sie sie überschritten hat und dass die Eltern das nicht dulden.

Schimpfe, Schläge, Fernsehverbot:
Auf der Suche nach dem Sinn des Strafens

Während die Familie durch die Pfützen stapft und Helen mit Uli mitten hineinspringt in die Tümpelchen auf dem Weg, möchte ich den Begriff »Strafe« ein wenig abhören. Es kommt aus dem Mittelhochdeutschen und bedeutete ursprünglich »Schelte« und »Tadel«. Das stimmt noch immer: Kinder erleben Schelte und Schimpfe als Bestrafung.

Im Internet schrieb jemand: »Strafe ist etwas, das man tun muss und das man nicht mag, oder etwas, das einem angetan wird und das man nicht mag, aufgrund von etwas, das man getan hat und das andere nicht mögen« (www.assoziations-blaster.de).

Wenn man Kinder fragt, welche Strafen ihnen einfallen, so sind das vor allem:

- »Motze«, also Schelte, Schimpfe: laute, böse Worte,
- Fernseh- oder Computerverbot,
- Telefonierverbot,
- lästige Haus- oder Gartenarbeiten erledigen,

- Taschengeldkürzung,
- Haus- oder Stubenarrest
- und auch Schläge.

Manche Eltern reden eine gewisse Zeit nicht mehr mit dem Kind.

Etliche meinen: »Das Kind muss den Schaden wieder gutmachen.«

Fragt man sich, was die Eltern mit ihren Strafen – seien es nun Schläge, Fernsehverbot oder Unkrautjäten – erreichen wollen, scheint zunächst eines klar zu sein: Die Kinder sollen Regeln einhalten, die die Eltern in ihrem Familienleben für wichtig erachten. Und das sind zumeist Regeln, die für alle gelten.

Das Prinzip des Strafens und seine Elemente hängen eng mit der Kultur zusammen, in der sie sich entwickelt haben, und sind von ihr geprägt.

Wenn von Strafe die Rede ist, fällt vielen Menschen das biblische »Auge um Auge, Zahn um Zahn« ein.

Es kommt gleich dreimal in den Büchern Mose vor, nämlich da, wo dem Volk Gesetze gegeben werden. Gesetze regeln das Zusammenleben, sie stellen eine Ordnung her. Diese Ordnung sieht vor, dass eine Strafe der Wiedergutmachung des verursachten Schadens bzw. der Entschädigung dient. Mit dem »Auge um Auge« sollte den Auswüchsen von Rache und erbarmungsloser Vergeltung, wie wir sie noch heute z. B. als Blutrache kennen, Grenzen gesetzt werden.

Das Neue Testament wendet sich ausdrücklich gegen die Rache, d. h., Böses darf nicht mit Bösem vergolten werden. Dennoch scheint Vergeltung auch heute noch dem Rechtsbewusstsein vieler Menschen zu entsprechen: So wird z. B. schnell die Forderung nach der Todesstrafe laut, wenn ein besonders grausamer Mord geschehen ist.

Im Wunsch nach Vergeltung scheint etwas Archaisches ausgedrückt zu sein, das wir oft auch in uns selbst spüren können, wenn wir rachsüchtig sind. Unser grundlegender Impuls ist nicht, jemanden, der uns geschadet hat, zu bitten, den Schaden wieder gutzumachen. Das wollen wir natürlich auch, aber der Impuls aus unserem archaischen Innern ist, ihm denselben Schaden zuzufügen: »Wie du mir, so ich dir!«

Dieses archaische Denken und Fühlen ist kulturell nicht so einfach zu verändern. Es ist allgegenwärtig nicht nur am Stammtisch, sondern auch bei Kindern. So brüllt der sechsjährige Carol, dem sein Bruder beim Toben das Lieblings-T-Shirt am Halsausschnitt eingerissen hat: »Ich hol mir dein T-Shirt und das reiß ich dann auch kaputt! Dann kannste mal sehen!«

In diesem »Dann kannste mal sehen!« steckt etwas, das wir alle kennen: Wer mir wehgetan hat, der soll spüren, wie das ist, damit er sich das vorstellen kann. Im Prinzip ist das auch sinnvoll, denn schließlich brauchen wir für unser Zusammenleben ganz dringend die Fähigkeit, uns in den anderen, in unser Gegenüber einzufühlen. Es ist allerdings fraglich, ob Carol diese Fähigkeit bei seinem Bruder wirklich fördert, wenn er dessen T-Shirt einreißt! Nein, Einfühlungsvermögen und Empathie entwickeln sich nur bei Kindern, die sich geliebt fühlen und dadurch in der Lage sind, sich mit den sie liebenden Erwachsenen zu identifizieren und sich so verantwortlich zu verhalten, wie diese es tun.

Zurück zu der Frage: Was ist eine Strafe?

Eine Strafe ist die schmerzhafte Antwort auf ein unerwünschtes Verhalten. Dahinter steckt die Erfahrung, dass Bestrafte, um erneuten Schmerz zu vermeiden, das bestrafte Verhalten künftig unterlassen und sich stattdessen »richtig« verhalten. Aber das ist keineswegs immer der Fall.

»Strafe muss sein«, heißt es oft. Fragt man, warum, bekommt man häufig eine Antwort in dem Sinne: »Durch eine Missetat ist die Ordnung gestört und die Strafe bringt sie wieder ins Gleichgewicht.«

Dies ist ein eher philosophischer Gedanke, den man auch bei Juristen findet. Die sprechen dann von »Sühne«.

Die Ordnung wiederherstellen, den Übeltäter bessern. Die Strafe soll aber darüber hinaus noch etwas anderes bezwecken: Sie soll abschrecken.

Sühne, Besserung, Abschreckung: Diese drei Absichten der Strafe kennt auch der Jurist.

Was wollen Eltern eigentlich erreichen, wenn sie den Impuls spüren, dem Sohn einen Klaps auf den Po zu geben oder ihn anzubrüllen?

Eines ist klar: Dieser Impuls hat etwas mit der Gefühlsökonomie in einem selbst zu tun. Der Ärger der Mutter über das »blöde« Kind will sich in Aktion umsetzen. Schreien und Hauen sind sozusagen die nächstliegenden Aktionen, durch die die »Wutenergie« abgeführt werden kann. Erinnern wir uns daran, dass ein Ereignis, das Wut in uns erzeugt, Energie bereitstellt, die in unserer Urausstattung genau wie Angst entweder dazu dienen soll, wegzulaufen oder sich zu verteidigen.

Aber es gibt auch einen rationalen Aspekt der Angelegenheit. Er zielt darauf, dass wir um unserer selbst und um des Kindes willen daran interessiert sind, dass es die Grenzen einhält, die durch die Regeln gegeben sind, die für unser Zusammenleben notwendig sind.

»Jetzt reicht's!«, hatte Helens Vaters gesagt. »Du gehst jetzt ins Kinderzimmer. Du kannst wieder zu uns kommen, wenn du dich beruhigt hast und dich beherrschen kannst.« Diese Strafe war ganz eindeutig dafür gedacht, Helen deutlich zu machen, dass sie mit ihrer Quengelei eine Grenze überschritten hatte. Ob dies eine sinnvolle und für Helen hilfreiche Maßnahme war, werden wir später besprechen.

Was nützen Strafen?

Mit Strafen wird auch im Justizleben kaum erreicht, was mit ihnen erreicht werden soll.

Das einzige Ziel, das bei den meisten Strafen erreicht wird, ist die Sühne, also die Wiederherstellung der gestörten höheren geistigen Ordnung. Aber das interessiert meist niemand außer die Opfer einer Straftat und ihre Angehörigen, die gelegentlich protestieren, wenn ein Täter eine zu geringe Strafe bekommen hat. Die Sache mit der Sühne ist ideell und nicht überprüfbar.

Bewirken Strafen eine Besserung der Straftäter? Es ist ein Gemeinplatz, dass das Gefängnis »die Schule des Verbrechens« ist. Resozialisierung ist in der Regel nicht das Ergebnis des Einsperrens. Was sich auch aus den oft sehr langen Vorstrafenregistern der »schweren Jungs« ablesen lässt. Es gibt freilich Fälle, in denen die Resozialisierung glückt. Aber aus denen wird man kaum ableiten können, dass die heute üblichen Strafen wirklich dazu taugen.

Ganz schlecht sieht es für die Strafe aus, klopft man sie auf ihren dritten Zweck, nämlich die Abschreckung, ab. Um diesen Zweck zu erreichen, gibt es in den USA die Todesstrafe. Doch trotz der überfüllten Todestrakte in amerikanischen Gefängnissen und trotz der zahlreichen spektakulären Hinrichtungen in den USA haben die Vereinigten Staaten eine sehr viel ausgeprägtere Gewaltkriminalität als etwa die Staaten der Europäischen Union, in denen die Todesstrafe schon lange abgeschafft ist.

Psychologie der Strafe

Ganz ähnliche Probleme, wie sie die Gesellschaft mit der Strafe hat, gibt es auch beim Bestrafen von Kindern – wie vor allem die Lern- und Verhaltenspsychologen herausgefunden haben.

Als Erstes fiel diesen an Effektivität interessierten Wissenschaftlern auf, dass durch die Strafe der Blick auf das negative Verhalten gelenkt wird.

Strafe ist eine Form von Zuwendung, wenn auch eine negative Form. Wenn Kinder unter einem Mangel an Zuwendung leiden, ist es ihnen lieber, sie bekommen einen Anbrüller, als dass sich überhaupt niemand um sie kümmert. Das bedeutet: Wenn Kinder zu wenig Zuwendung bekommen, wird durch die Strafe die Wahrscheinlichkeit erhöht, dass die Kinder das Bestrafte wieder tun, um dadurch die Aufmerksamkeit der Eltern zu erregen.

Der Anbrüller oder der Klaps dienen, wie schon gesagt, der Abfuhr des Ärgers beim Erwachsenen, also seinem Energieausgleich. Im Gefühlshaushalt des Erwachsenen und im Erleben mancher Kinder wird dadurch die »Ordnung« wiederhergestellt. Das aber kann keinen ernsthaften Grund für Strafen darstellen.

Es gibt noch einen weiteren Grund gegen Strafen: Bestrafte Kinder reagieren gerade in den Situationen ängstlich oder unsicher, vor denen sie geschützt werden sollen. Beispiel: Ein Kind wurde schrecklich angebrüllt und bekam sogar Haue, als es einmal beinahe unters Auto gelaufen wäre. Als sich die Situation wiederholte, war es reaktionsunfähig und blieb wie erstarrt auf dem Zebrastreifen stehen. So kann ein dressiertes Kind zu Tode kommen. Analog zu dem Problem, dass die Gefängnisstrafe die Straftäter nicht bessert, haben wir hier das Problem der Ineffektivität von Strafen bzw. Dressur.

Ähnliches ist auch zur Abschreckung zu sagen, wie vielleicht viele Eltern bestätigen können, die sich an entsprechende Geschichten aus ihrer Kindheit erinnern.

Glücklicherweise gibt es etwas Besseres als Strafen, um Kinder zum Einhalten der Grenzen zu bringen, die in einer Familie nun einmal gesetzt werden müssen, damit das Zusammenleben einigermaßen klappt.

Dass es Besseres gibt, ist auch deswegen gut, weil viele Eltern aus ihrer eigenen Geschichte Einwände gegen Strafen und Hemmungen zu strafen haben.

Warum Strafen für Eltern schwierig ist

Wenn Kinder sich nicht so verhalten, wie sie sollen, überschwemmt Eltern leicht eine ganze Flut von Gefühlen (s. a. das Kapitel »Wie gut müssen gute Eltern sein?«, S. 182). Wie gern möchte die Mutter dem Übeltäter einen richtigen Denkzettel verpassen und ein bisschen Rache üben im Zorn, weil »das Maß voll« ist und sie außer sich gerät vor Wut oder Gereiztheit. Oder beim Vater schleichen sich Rachegelüste ins Herz, weil er an dem Tag wahrlich schon genug hat einstecken müssen. Er explodiert förmlich!

»Mir reicht's jetzt! Ich nehm dich nie wieder mit!« – »Du kannst dir das Eisessen abschminken! Wer sich so aufführt, der kriegt den ganzen Sommer keines mehr!« – »Wenn du das noch mal machst, bin ich nicht mehr deine Mama!«

Solche Reaktionen auf unerwünschtes Verhalten kommen Ihnen sicher bekannt vor. Sie zeigen, dass Eltern in solchen Situationen vor Ärger und Wut oft hilflos sind. Die Heftigkeit dieser Gefühle überfordert die meisten. Und so stoßen sie bisweilen Strafandrohungen aus, die abwegig sind und gar nicht dazu passen, dass sie ihre Kinder lieben: »Du gehst jetzt ins Auto zurück und wartest, bis wir wiederkommen!« Das Kind ist aber erst drei und die Eltern wollen eine Einkaufsrunde durch die City machen.

Das Drohen mit drastischen Strafen, das manchmal komische, ja groteske Züge annimmt, wird verständlich, wenn man sich vergegenwärtigt, dass viele Erwachsene solche Drohungen als Kinder oft selbst gehört haben. Manchmal kann man nachvollziehen, dass es zu derartig massiven Strafandrohungen kommt, wenn Eltern eigene Strafgeschichten aus ihrer Kindheit berichten.

Schlimme Erinnerungen an Strafen

Bei manchen Eltern löst das Wort »Strafe« unangenehme Erinnerungen an Herabsetzung und Demütigung aus. Bisweilen spielt eine alte Kinderangst vor der Hölle mit hinein. Strafe – das klingt für sie nach Eingeschüchtertwerden, nach dem entsetzlichen Gefühl von leidvoller Abhängigkeit und Schmerzen, die man damals für »heilsam« hielt.

Solche Erinnerungen machen es Eltern sehr schwer, auf kindliche »Vergehen« angemessen zu reagieren. Sie möchten nach einem hässlichen Zwischenfall möglichst rasch wieder zur Tagesordnung übergehen. Dahinter steht der Wunsch, das Unangenehme, die Unbotmäßigkeit des Kindes wie auch die eigene Wut und Hilflosigkeit, möglichst schnell »wegzumachen«, am liebsten so gründlich, als sei dies alles gar nicht erst geschehen. Das hängt damit zusammen, dass neben den aktuellen Ärgergefühlen über das Fehlverhalten des Kindes kaum bewusst wahrnehmbare alte Gefühle hochgeschwemmt werden, z. B. wie schrecklich der Vater sich einmal als kleiner Bub gefühlt hat. Das wird in der folgenden Geschichte deutlich.

Wie Herr Moll gedemütigt wurde

Herr Moll mochte als Kind nichts Fettes essen. Vor Saucen mit Fettschicht oder Fleisch, das reichlich mit Fett durchwachsen war, ekelte er sich. Sein Vater vertrat jedoch den Standpunkt, dass der Junge seinen Teller leer essen müsse, auch wenn er ihn sich nicht selbst gefüllt, sondern der Vater ihm eine Portion zugeteilt hatte. Eines Tages gab es Linsen mit Speck. Der Junge

bat um eine kleine Portion, aber der Vater befand, sein Sohn müsse tüchtig essen, damit aus ihm was werde, und gab ihm reichlich. Der Magen des Jungen krampfte sich zusammen, als er zu essen begann, und er schob nur sehr langsam einen Bissen nach dem anderen in den Mund.
»Iss schneller«, befahl der Vater, aber der Junge konnte nicht. Ekel würgte ihn und er war den Tränen nahe.
»Nun mach schon«, versuchte die Mutter ihn aufzumuntern. »Wenn's kalt ist, schmeckt es doch nicht.«
»Ich kann aber nicht mehr«, sagte der Junge.
Der Vater wurde sauer. »Ich glaube, mein Herr Sohn muss heute wieder mal Theater machen«, sagte er gefährlich ruhig. Und als der Junge ihn hilflos ansah, wurde er wütend: »Für wie blöde hältst du uns eigentlich, verdammt noch mal? Hier wird aufgegessen! Du bleibst jetzt da sitzen, bis der Teller leer ist!«
Der Junge saß reglos vor seinem Teller. Das Essen wurde kalt, die Fettschicht erstarrte allmählich und der Geruch verursachte dem Kind Übelkeit.
»Mir ist schlecht«, murmelte er. Für den Vater war das die nackte Provokation. Er donnerte: »Du musst nicht glauben, dass du damit durchkommst! Du bleibst da sitzen, bis du aufgegessen hast.«
Herr Moll erinnert sich, dass ihm seine Mutter irgendwann heimlich geholfen hat, den Teller zu leeren. »Na siehst du«, hat sein Vater später gesagt. »Hast ja doch noch was gelernt.«

Das hat er auch: Er hat gelernt, was eine grausame Strafe ist. Und er hat sich vorgenommen, mit seinen Kindern behutsamer umzugehen. Aber die Erinnerung an das qualvoll lange Sitzen vor dem Teller, das Gefühl, ausgestoßen und erniedrigt zu sein, färbt heute noch manchmal seinen hochkochenden Ärger mit Rachegelüsten ein, wenn sein Kind ihm ein bockiges »Neiiin!« entgegensetzt.

In den dunklen Keller gesperrt
Frau Reimers wurde einmal als Kind während eines Wutanfalls von ihren erbosten und hilflosen Eltern in den dunklen Keller

gepackt. Sie weiß noch sehr gut, wie sie bald danach aus ihrer Wut wieder aufgetaucht war und dann vor Angst und Entsetzen in der Finsternis geschrien hatte. Sie erzählt: »Ich kroch die Kellertreppe hoch. Die Tür war verschlossen. Ich lag auf dem kalten Boden und drückte mein Gesicht ganz nah an den Spalt unter der Tür – von dort kam Licht. Ich habe verzweifelt geweint. Es kam mir vor, als seien es Stunden gewesen, bis endlich die Tür wieder aufging ...«

Grausame Strafen haben Tradition

Noch in den 60er Jahren des vorigen Jahrhunderts hat ein »Moraltheologe« namens Bernhard Stoeckle geschrieben: »Ein Kind, das trotz Ermahnung seine Sachen nicht aufräumt, muss gewiss nicht gleich zum Psychologen geschickt werden: Es erhält passenderweise Spielverbot. Der herumtollende Sohn, der es immer wieder versucht, zerzaust und mit schmutzigen Fingern sich an den Tisch zu setzen, kann erwarten, dass er von der gemeinsamen Mahlzeit ausgeschlossen wird.«

Die hier durchscheinende Tradition des Strafens hat sicher sehr viel zu tun mit dem, was Eltern, Erzieher oder Pädagogen selbst als Kinder an Strafgeschichten erlebt haben und jetzt noch als Leidbündel mit sich herumschleppen. Erziehung ohne Strafe kann dann kaum einen Platz in ihrem Weltbild finden. Die festgewachsenen frühen Erlebnisse prägen das heutige Tun, und es dauert *sehr* lange, bis sie überwunden sind.

Diese alten Kränkungen können noch nach vielen Jahren in kritischen Situationen hochkommen. Weil das Gefühlsdurcheinander sehr verwirrend ist und äußerst unangenehm, soll es so schnell wie möglich vorbei sein.

»Schnell« bedeutet dann oft den Griff in die pädagogische Mottenkiste. Motze, Hausarrest, Fernsehverbot, Rasenmähen & Co sind so eine Art »Währung«, mit der für eine Missetat oder einen Regelbruch bezahlt wird. Das Bezahlen des Preises ändert jedoch nicht wirklich etwas. Es führt nur allzu leicht dazu, dass sich der Ablauf Sünde-Bezahlen-Sünde-Bezahlen endlos wiederholt.

Bevor wir uns der Frage zuwenden, wie dieser Teufelskreis

durchbrochen werden kann, versuche ich zu verdeutlichen, dass Grenzensetzen nicht nur für die Erwachsenen und die »Gemeinschaft« von Vorteil ist. Tatsache ist, dass Kinder für ihre Entwicklung und ihr Großwerden Grenzen nötig haben.

Kinder brauchen Grenzen

Wer mit Kindern zu tun hat, mit ihrem Übermut, ihrer Neugier, kurz: mit ihrer quirligen Umtriebigkeit, muss öfter Grenzen setzen. So kommt dieses Thema in vielen Geschichten dieses Buches vor, nämlich immer dann, wenn eine Mutter oder ein Vater einem Kind etwas untersagt oder ihm Einhalt gebietet.

Claudia bringt sich in Gefahr
Claudia ist drei Jahre alt. Sie geht gern spazieren und dabei ist ihr äußerst wichtig, dass niemand sie an der Hand führt. »Alleine laufen« ist ihre Devise. Das darf sie auch, als die Mutter an diesem Tag mit ihr zum Spielplatz geht, denn die Straße ist eine sehr ruhige Wohnstraße. Unterwegs treffen sie eine Bekannte, und die beiden Frauen unterhalten sich kurz.
Plötzlich springt Claudia auf die Fahrbahn. Zum Glück kommt gerade kein Auto! Die Mutter erschrickt furchtbar. »Claudia!«, ruft sie, macht einen hastigen Satz auf Claudia zu und packt sie. »Du darfst nicht vom Gehweg runter! Da kann dich ein Auto überfahren. Das tut sehr weh oder du kannst tot sein!«
Claudia ist mindestens so erschrocken wie die Mutter – auch weil die Mutter sie so heftig gepackt hat. Zugleich ist sie wütend über die Einschränkung ihres Bewegungsdrangs, wo Claudia doch gerade entdeckt hat, dass sie nicht nur allein laufen, sondern auch springen kann! Sie weint und möchte auf den Arm genommen werden. Die Mutter hebt sie hoch und wartet einen Moment, bis sie beide wieder ruhiger sind. Dann sagt sie Claudia noch einmal sehr ernst, dass sie verstehe, wenn Claudia allein laufen und springen möchte, dass sie aber nicht wolle, dass ihr etwas Schlimmes geschieht, und deswegen dürfe sie nicht vom Gehweg weg auf die Straße laufen oder springen.

Dies ist *ein* Beispiel dafür, dass es zum Schutz des Kindes vor Schmerz und Gefahr bisweilen nötig ist, ihm Grenzen zu setzen.

Grenzen tun weh: Wenn Wut und Liebe zusammenprallen

Grenzen behindern das Kind in seinem Streben nach Autonomie. Diese Behinderung erlebt das Kind als schmerzhaft. Schmerz macht wütend. Claudia ist darüber hinaus über die heftige Reaktion der Mutter erschrocken. Der Schreck ist ebenfalls ein Schmerz, der Zorn und Wut auf die Mutter hervorbringt, die das Kind doch liebt und behüten will!

Das Kind liebt die Mutter ebenfalls. Und nun ist es auf die geliebte Mutter wütend. Das ist ein schlimmer Konflikt für das Kind: Liebe *und* Wut, diese so unterschiedlichen Gefühle, richten sich auf ein und denselben Menschen! Liebe und Wut – das Kind ist hin- und hergerissen. Es ist der Mutter gegenüber »ambivalent«. Psychotherapeuten nennen diesen Konflikt darum »Ambivalenz-Konflikt«.

Dieses Liebhaben und zugleich Wütendsein erzeugt im Kind die Angst, den geliebten Menschen, den Schutz und die Zuflucht, die er bedeutet, zu verlieren. Allein kann es diesen Konflikt nicht lösen. Deswegen braucht es Hilfe. Und die besteht darin, dass die Mutter dem Kind deutlich macht: »Ich verstehe dich. Ich musste dir zwar eine Grenze setzen, aber das heißt nicht, dass ich dich nicht lieb habe.«

Wenn Eltern ihrem Kind eine Grenze setzen, bereiten sie ihm einen mehr oder weniger schlimmen »Schmerz«. Dieser Schmerz entsteht dadurch, dass die Lebenskräfte des Kindes in ihrer Entfaltung behindert werden. Seine Reaktion auf diesen Schmerz reicht je nach Stärke vom milderen Ärger über Zorn bis hin zu heftiger Wut. Der Erwachsene fühlt sich aber auch nicht wohl in seiner Haut, wenn er dem Kind Grenzen setzen muss. Die Folge: In ihm entsteht Zorn auf das »unvernünftige« Kind.

Und jetzt geht es dem Erwachsenen wie dem Kind: Auch er liebt es ja und gerät nun seinerseits in einen Ambivalenz-Konflikt. Das ist eine ausgesprochen schwierige und unangenehme Situation, denn es entstehen Schuldgefühle und Selbstzweifel im Erwachsenen und er schämt sich, weil sich neben seinen beschützenden und liebevollen Gefühlen Ärger, Wut und feindselige Gedanken zu Wort melden. Das ist das Gleiche, was das Kind empfindet.

Wegen dieser widersprüchlichen und verzwickten Gefühlslage vermeiden Eltern es manchmal, eine nötige Grenze zu setzen. Sie möchten lieber zuwarten und hoffen, dass das Kind von allein »vernünftig« wird. Das scheint für den Augenblick eine gute Lösung zu sein, ist aber keine Dauerlösung.

Warum Eltern Grenzen setzen müssen

Schauen wir noch einmal auf das, was Helens Vater in der Geschichte zu Beginn dieses Kapitels macht, als er die unerträglich pumuckelnde Helen ins Kinderzimmer schickt.

Die Stimmung an diesem trüben Tag hat sich durch den Bewegungsmangel und das enge Beieinandersein aufgeheizt. Helens Gelärme drückt genau dieses Dilemma aus! Man kann erklären, warum Helen alle anderen Familienmitglieder tyrannisiert – tolerieren kann man es nicht!

Alle sind genervt, auch der Vater ist gestresst und wütend. Aber bei klarem Kopf. Und bevor die Situation völlig eskaliert, trennt er die »Territorien«: Indem er Helen ins Kinderzimmer schickt, weist er ihr einen Raum zu, in dem sie sich »runterpegeln« und zur Ruhe kommen kann. Damit sichert er dem Rest der Familie einen halbwegs ungestörten Lebensraum: das Wohnzimmer. Dort können nun die anderen aufatmen und sich erholen. Deswegen finde ich diese Erste-Hilfe-Maßnahme sinnvoll.

Wer aufgrund seiner eigenen Erlebnisse in der Kindheit einen wütenden Rausschmiss in dieser Szene sieht, ist vielleicht empört über den Vater – und über mich. Das ist nur verständlich! Aber ich finde diese Erste-Hilfe-Maßnahme sinnvoll, weil der Vater zwar aufgebracht war, aber doch besonnen handelte.

Später, während sie durch die Pfützen stapfen, erklärt der Vater Helen noch: »Weißt du, wenn du so furchtbar pumucklig wirst, dann müssen wir alle darauf achten, dass wir uns gegenseitig nicht verrückt machen. Ich glaube, dann ist es besser, wenn du dich im Kinderzimmer abregst. Wenn du so ungebärdig bist, muss ich dich eben hinausschicken. Mama und ich bleiben aber immer in der Nähe. Wir hören dich und wir passen auf dich auf.«

Wer in punkto Weggeschicktwerden auf eigene schlimme Kindheitserfahrungen zurückblickt: Sie wären mit Sicherheit nicht so schlimm gewesen, wenn ihm jemand die Grenzen so einfühlsam vermittelt hätte.

Jetzt kann Helen verstehen, was der Vater tut und warum er es tut. Sie kennt nun die Grenze und sie kennt die Folgen, wenn sie über die Stränge schlägt.

Die Eltern wissen, dass so eine Auszeit keinesfalls Stunden dauern darf, sonst würde sich Helen ausgestoßen und elend fühlen! Wenn Helen nach ein paar Minuten hörbar ruhiger geworden ist, gehen der Vater oder die Mutter zu ihr. Sie trösten sie, wenn sie weint, und fragen schließlich, ob Helen weiß, was sie jetzt tun möchte, oder ob sie jetzt etwas miteinander machen wollen.

Eltern müssen Grenzen setzen,

- **um das Kind oder andere vor Gefahr zu schützen, wie im Beispiel von Claudia, die sich in Gefahr bringt, indem sie auf die Fahrbahn springt.**
- **um wertvolle Dinge zu schützen. Der CD-Player steht so im Regal, dass die einjährige Iris noch nicht an ihn herankommt. Jetzt ist sie drei Jahre alt und hört gern CDs, aber sie darf zunächst nur mit Hilfe des Vaters an dem Gerät hantieren.**
- **um dem Kind zu helfen, sich sozial akzeptabel zu verhalten, wie wir das bei Helen gesehen haben.**

Der Schlampersack oder Der Unterschied zwischen Strafen und Folgen

Der Anorak liegt auf dem Fußboden, statt am Haken zu hängen. »Wie oft soll ich dir noch sagen … ich kann doch nicht immer hinter dir herräumen …, du bist aber auch schlampig! Häng sofort das Ding auf, sonst kracht's!« Hänschen hängt maulend »das Ding« auf. Morgen liegt der Anorak wieder auf

dem Boden. Außer wenn es morgen warm ist. Dann liegt nämlich der Pulli da: »Mensch, ist mir vielleicht heiß!«
Dieses Schema läuft automatisch ab. Niemand denkt mehr darüber nach. Nicht die Mutter, die noch anderes im Kopf hat als herumfliegende Anoraks, und auch nicht das Kind. Das immer gleiche Schema aus Vorfall und Schelte verändert nichts am Verhalten des Kindes. Dabei möchte die Mutter diese lästige »Sachenrumschmeißerei« los sein. Und auch Hänschen findet die Meckerei und die diffuse Androhung »Sonst kracht's!« nicht schön. Aber wie könnte die Mutter die allseitige Gedankenlosigkeit durchbrechen?
Ich werde in diesem Kapitel noch näher darauf eingehen. Hören wir mal, wie die Geschichte weitergeht.
Die Mutter hat die Faxen dicke. Der Tipp einer Freundin leuchtet ihr ein. Und so verkündet sie beim gemeinsamen Mittagessen: »Es nervt mich, wenn im Flur so viel Zeug rumliegt. Eigentlich hat nämlich alles seinen Platz. Ich werde von jetzt an nicht mehr darüber meckern.« An dieser Stelle freuen sich vor allem die Kinder.
Dann fährt die Mutter fort: »Ich habe mir einen Schlampersack zugelegt. Da kommt alles rein, was rumliegt: Anoraks, Flöten, Schlüssel und –«, sie wirft ihrem Mann einen Blick zu, »Sachen wie Schraubenzieher. Eben alles, was nicht an seinem Platz ist. Abends vor dem Schlafengehen wird der Sack ausgeleert und jeder bekommt zurück, was von ihm darin gelandet ist.« Die Kinder sind empört: »Das ist ja gemein!« – »Das kannst du doch nicht machen!«
Mit ihrem Mann hatte sie die Sache schon gestern Abend besprochen. Er war zwar skeptisch, hatte aber versprochen, den Versuch zu unterstützen.
»Es gibt aber auch für dich keine Ausnahmen«, hatte sie gesagt, »kann es nicht geben. Sonst funktioniert das nicht.« – »Schon gut«, hatte er gebrummt.
Die Mutter nimmt die verschiedenen Kommentare zur Kenntnis. Dann sagt sie: »Das Projekt Schlampersack läuft ab heute 15 Uhr. Alles andere liegt bei euch.«
Geglaubt haben sie es ihr freilich nicht.

Am Nachmittag macht sich Hänschen auf zum Kicken. Kein Anorak da. Und ohne Anorak darf er bei diesem Wetter nicht auf den Bolzplatz. »Pech gehabt, junger Mann! Ich sag nur eins: Schlampersack.«
»Ich brauch ihn aber jetzt! Ich will raus!«
»Der Schlampersack ist heute Abend dran.«
»Kann ich nicht die neue Jacke –?«
»Nein. Für den Bolzplatz ist der Anorak da und nichts anderes.«
Hänschen seufzt. Was den Unterschied zwischen guten und Kickklamotten anbelangt, das weiß er, war die Mutter schon immer konsequent. Also kann er heute nicht bolzen. Mist!

Ist das nicht eine versteckte Form von Hausarrest als Strafe für Hänschen? Nein. Denn Hänschen hat ja gewusst (wenn auch nicht richtig ernst genommen), dass der nicht aufgehängte Anorak im Schlampersack landet. Die Mutter hatte die Konsequenzen vorher angekündigt, Hänschen hat sich nur nicht darum gekümmert. Vielleicht war er auch gar nicht »schlampig«, sondern wollte ausprobieren, ob die Konsequenzen tatsächlich eintreffen. Das ist gut möglich. Jetzt weiß er jedenfalls sicher, was mit herumliegenden Sachen geschieht.

Es geht um die *Folgen* seines Tuns. Gewiss fühlt sich Hänschen gestraft, weil er nicht rausgehen kann. »*Ge*straft« ist er sicher, jedoch nicht »*be*straft«!

Als die Mutter es endgültig leid war, ständig hinter allen Familienmitgliedern herzuräumen, beschloss sie, das Theater zu beenden. Sie verlangte kein Aufräumen (»Jetzt räum sofort deinen Mist aus dem Flur!«), keine Rücksichtnahme (»Mein Gott, musst du denn immer dein Zeug hinschmeißen, damit ich es wegräume!«) und keine Verhaltensänderung der anderen (»Ihr könnt doch gefälligst mal dran denken, die Klamotten aufzuhängen!«) – nichts dergleichen, denn das hatte ja vorher schon nichts gebracht.

Sie sagte stattdessen klar und deutlich, dass sie nicht mehr weitermachen werde wie bisher und was sie fortan tun werde: die Sachen einsammeln, in den Schlampersack packen und sie erst abends wieder herausgeben.

Als an diesem Abend der Schlampersack geleert wird, hat Hänschen seinen Anorak wieder. Es liegt bei ihm, ob er mit seinem Kleidungsstück fortan achtsamer umgeht.

Fragen Sie jetzt, ob die Maßnahme wirklich geklappt hat und die Familie künftig mehr Ordnung hielt im Flur? Es gab natürlich einige Male Geschrei (»Ich brauche aber dringend …«) und das setzte die Mutter einigen Anfechtungen aus. Sie blieb jedoch eisern dabei: Der Schlampersack öffnet sich erst abends. Nur einmal, wirklich nur einmal ließ sie »Gnade vor Recht« ergehen, als nämlich der Vater Unterlagen fürs Geschäft neben dem Schuhschrank hatte liegen lassen. Als er zurückgehetzt kam, fand er sie auf seinem Schreibtisch. Im Wesentlichen war jedoch Schluss mit Mutters Hinterherräumfrust.

Praxistipp:
Wenn Sie in Ihrer Familie den Schlampersack einführen wollen, dann sollten Sie sich dafür einen Zeitpunkt aussuchen, an dem Sie gut beieinander sind – so ähnlich, als wollten Sie mit dem Rauchen aufhören.
Spielen Sie vorher in Gedanken die vielen Tricks und Überredungskünste durch, mit denen Ihre Lieben versuchen werden, Ihnen Ihre Konsequenz abspenstig zu machen. Und überlegen Sie bei jedem Kniff, den sie anwenden werden, wie Sie darauf reagieren.
Wenn Sie ein bisschen unsicher sind, spielen Sie das Ganze mit einer Freundin durch.
Ganz wichtig: Besprechen Sie die Sache auch mit Ihrem Mann.

Vereinbarungen und Konsequenzen: Kinder lernen aus den Folgen

Vielleicht fragen Sie sich, wieso das geklappt hat? Wo doch alles Reden, Beschwören und Meckern vorher für die Katz war.

Eine Standpauke geht oft zum einen Ohr hinein und zum anderen hinaus. »Hab ich vergessen«, ist dann eine häufige Antwort auf Vorhaltungen oder ein schmollendes »Kann doch mal passieren!«.

Eltern können Kinder nicht zwingen, sich an Regeln zu halten, also etwa aufzuräumen und keine Sachen herumliegen zu lassen. Eltern können jedoch, wenn sie den Anblick des »Saustalls« nicht mehr ertragen, aus dem Spiel aussteigen, hinter den Kindern herzuräumen, und so eine für sie erträgliche Atmosphäre schaffen. Dann sollten Eltern ankündigen, was sie stattdessen tun werden, wenn das Kind die von ihnen gesetzte Grenze überschreitet.

Das Kind weiß nun: »Wenn ich das mache, wird unweigerlich jenes geschehen.« Es kennt nunmehr die Folgen seines Tuns und es liegt bei ihm, sie herbeizuführen – oder nicht. Die Konsequenzen sind unangenehm oder lästig und kein Kind – niemand – wird *absichtlich* etwas tun, das ihm unangenehm ist! So einfach ist das Erfolgsgeheimnis der Konsequenzen.

Eine Schwierigkeit sei aber nicht verschwiegen. Mit angekündigten Konsequenzen zu arbeiten bedeutet, dem Kind Verantwortung für sein Tun zu übertragen. Es bedeutet auch, ihm zu helfen, größer zu werden. Manchmal kann das einer Mutter auch gegen den Strich gehen. Aber da hilft nichts: Hier muss sie sich entscheiden.

Wie man Grenzen setzt

1. Eltern müssen die Grenzen klar und deutlich formulieren und sie kurz erklären.

Beispiele:

- **»Papa kann beim Telefonieren nichts verstehen, wenn die Löwin jetzt brüllt!«**
- **»Gleich möchte jemand anderes hier sitzen und der will sich nicht schmutzig machen.«**
- **»Ich kann nicht Auto fahren, wenn ihr auf dem Rücksitz tobt.«**

2. Sinnvoll ist es, mit dem Grenzensetzen eine Vereinbarung zu treffen.

Beispiel:

Der Vater möchte, als er heimkommt, im Fernsehen einen Bericht ansehen, der ihm sehr wichtig ist. Da stürzt Rocco ins Zimmer, begrüßt ihn stürmisch und will bei ihm bleiben, mit ihm gucken. Er rutscht schon aufs Sofa, will auf Vaters Schoß und versucht, ihn abzulenken. Der Vater sagt ihm, dass er jetzt eine halbe Stunde Ruhe haben wolle und dass Rocco bei ihm bleiben könne, wenn er ganz still ist. Wenn das zu schwer für ihn sei, müsse er entweder in seinem Zimmer spielen oder zur Mama gehen.

»Okay«, sagt Rocco. Er will lieber still und beim Papa sein. Aber nach ein paar Minuten hält er es nicht mehr aus. »Papa? Papa, im Kindergarten ...«

Der Vater sagt ihm ruhig, dass er sicher viel zu erzählen habe, dass er das auch nachher tun dürfe, dass er aber bis zum Ende der Sendung zur Mama gehen müsse, denn die Mama störe er jetzt nicht.

Streng genommen ist das keine richtige Vereinbarung. Denn an einer Vereinbarung im Wortsinn arbeiten beide Verhandlungspartner mit. Wenn ich von »Vereinbarung« rede, dann geht es darum, dass die Eltern dem Kind sagen, dass ein bestimmtes Verhalten bestimmte Folgen hat. Roccos Vater sagt: »Wenn du still bist, kannst du mitgucken. Wenn du das nicht schaffst, musst du gehen.«

Eine Vereinbarung schafft so etwas wie »Rechtssicherheit«: Jeder der Beteiligten weiß, woran er ist. Die Eltern haben klar gemacht, was sie möchten, und das Kind weiß, was geschehen wird, wenn es die Grenze überschreitet. Die Konsequenzen geben Sicherheit: dem Kind, denn es kennt die Folgen seines Tuns; den Eltern, denn vorher bedachte Konsequenzen sind meist sinnvoller als in der Stresssituation hastig erdachte!

3. Was Eltern tun, um Grenzen zu setzen, muss der Situation entsprechen.

- **Wenn ein siebenmonatiger Säugling der Mutter beim Stillen kurz vor dem Einschlafen in die Brust beißt, wird sie mit ihm anders umgehen als mit einem hellwachen**

Dreijährigen, der bei einem Streit entnervt seinen Spielkameraden beißt, weil er sich nicht mehr anders gegen ihn wehren kann.

Dem Säugling wird sie zwar sagen, dass er der Mama jetzt wehgetan hat; sie wird es vor Schreck vielleicht sogar lauter sagen, als sie sonst mit ihm redet, oder heftig »Aua« ausrufen. Das Baby wird spüren, dass plötzlich etwas anders ist als vorher, weil die Mama erschrickt bei dem plötzlichen Schmerz, weil sie »Aua« ruft, aufgeregt spricht und weil sie das Baby anders hält, vielleicht seinen Kopf wegdrückt. Aber das Baby kann noch nichts »einsehen« oder »verstehen«.

- **Einem Dreijährigen wird die Mutter sagen, dass er nicht beißen darf, auch wenn er wütend ist. Er darf natürlich eine Wut haben – und es geht ihm ja auch schlecht – wenn er sich gegen den Spielkameraden nicht genug wehren kann. Er darf stinkesauer sein. Er darf schimpfen und schreien, aber nicht beißen.**

Umgang mit dem eigenen Ärger

Wenn Mutter oder Vater Grenzen setzen, sind Festigkeit und Klarheit der Sprache nötig, damit das Kind sie versteht und damit es weiß: Die Eltern meinen, was sie sagen. Wenn das Kind die Grenze nicht einhält, wenn es sich dem Gebot häufiger widersetzt, werden sie ärgerlich – und diesen Ärger können sie dem Kind angemessen vermitteln. Auch der Ärger verdeutlicht dem Kind: Die Eltern meinen es ernst (s. a. das Kapitel »Wie gut müssen gute Eltern sein?«, S. 182).

Der fünfjährige Mike schreit seine Mutter an: »Du bist nicht mehr meine Mama!« Er ist wütend, weil sie ihm verboten hat, einen späten Fernsehfilm anzusehen. Spontan will Frau Heimes kontern: »Na gut, wenn du mich nicht mehr willst, dann will ich dich auch nicht mehr!« oder etwas ähnlich Zurückweisendes.

Damit hätte sie aber nur die Dauer der feindseligen Stimmung verlängert.

Solche gekränkten Gegenangriffe helfen dem Kind keineswegs dabei, Möglichkeiten zu entwickeln, mit der zerstörerischen Seite seiner Gefühle fertig zu werden. Sie geben der Eltern-Kind-Bindung eine negative Note und stören die Entwicklung einer positiven Beziehung. Deswegen war es gut, dass Frau Heimes sich gerade noch auf die Lippen beißen konnte.

Wie können Eltern sich wappnen, damit sie sich im Ernstfall nicht allzu fest auf die Lippen beißen müssen?

Manchmal hilft es, wenn man sich eine Konfliktsituation vorstellt und in Ruhe überlegt: »Wie wäre eine solche Ablehnung für mich? Was würde ich am liebsten als Antwort hinknallen? Und was könnte ich stattdessen sagen?«

Frau Heimes hatte vor längerer Zeit einmal eine Mutter sagen hören: »Okay, ich kann ja gehen. Ich brauch dich schließlich nicht.« Das hatte sogar ihr als Unbeteiligter wehgetan. Sie konnte aber auch die Kränkung der Mutter verstehen. Danach hatte sie sich Gedanken gemacht, was sie wohl ihrem Kind antworten könnte, wenn es zwischen ihnen mal krachte. Das war gar nicht so einfach! Schließlich hatte sie sich einen Satz überlegt, der ihr brauchbar erschien: »Manchmal kotzt man sich an!«

Damit ist alles zusammengefasst, was das Kind empfindet. Aber auch die Kränkung der Mutter ist darin untergebracht. Der Satz erleichtert die Anspannung durch das Aussprechen des Gefühls, und zugleich gibt er Aufschub, um nach einem Durchatmen und Besinnen je nach Alter des Kindes auf sein Unbehagen, seine Enttäuschung und Wut einzugehen. Wenn Eltern in einer kritischen Situation spontan nicht einfällt, wie sie sinnvoll reagieren können, dürfen und müssen sie sich eine Bedenkzeit nehmen. Und genau das sollten sie dem Missetäter auch sagen. Unablässige Harmonie wird es zwischen Eltern und Kindern nie geben. Es geht ja nicht nur darum, die unvermeidbaren und notwendigen Reifungskrisen unserer Kinder zu »managen«, sondern auch darum, sie mit den Kindern, für die diese Krisen genauso schwer (aber auch so fruchtbar) sind wie für die Eltern, durchzustehen. Das ist nicht immer einfach. Aber es lohnt sich!

Wiedergutmachung: Alles wieder ins Lot bringen.
Kinder brauchen die Möglichkeit, ihre unguten Gefühle, ihre Scham nach Missetaten und ihre Gewissensbisse »aufzuräumen«. Das Aufwischen einer Kleckerei, das Aufräumen einer schwungvoll fabrizierten Unordnung oder das Beseitigen von Malereien an dafür nicht vorgesehenen Flächen bringen nicht nur die Umgebung wieder in Ordnung, sondern auch das innere Gleichgewicht des Kindes. Es lernt, dass es für sich geradestehen kann. Und das ist ein wichtiger Schritt auf dem Weg zum eigenverantwortlichen Tun.

Und was ist, wenn die Mutter in der ersten Wut allzu heftig reagiert hat, wenn der Vater eine unsinnige Strafe angekündigt hat? Wenn der schlimmste Zorn verraucht ist, wenn Mutter oder Vater sich beruhigt haben, ist es gut, wenn sie noch einmal mit dem Kind sprechen: »Es hat mich maßlos geärgert, was du getan hast. Ich war saumäßig wütend vorhin, und da hab ich dich angebrüllt.«

Das bedeutet keinen Gesichtsverlust. Eltern vergeben sich nichts, wenn sie im Nachhinein zu verstehen versuchen, was da eigentlich passiert ist, und wenn sie mit dem Kind darüber sprechen. Das ist allemal besser, als stillschweigend zur Tagesordnung überzugehen, denn es hilft, das Geschehene einzuordnen. Und wenn dem Erwachsenen *wirklich* Leid tut, was er gesagt oder getan hat, dann – und nur dann! – ist eine Entschuldigung angebracht. Die Beziehung zwischen Eltern und Kind kann sich sogar festigen durch solche Erlebnisse.

Berühren, um gehört zu werden
Jo ist vier und treibt seine Mutter manchmal zur Verzweiflung: Er hat eine Schwäche für den Herd. Zu gern dreht er an den Knöpfen, und es ist auch schon mal was passiert: Auf der heiß gewordenen Platte ist eine Plastikschüssel geschmolzen und einmal ist etwas angebrannt, das nur leise köcheln sollte.
Frau Rösner hat ihm das mit den Knöpfen erklärt: dass die Platten dann heiß werden und dass das gefährlich ist. Jo sagt zwar »Ja«, aber er hört nicht. Das ist bei Vierjährigen halt so. Frau Rösner schimpft, redet ihm ins Gewissen, macht ihm Vorwürfe.

Jo hört nicht. Er kriegt einen Gesichtsausdruck zwischen schalkhaft und herausfordernd und dreht wieder an den Knöpfen, manchmal sogar, wenn die Mutter danebensteht. »Watschenbetteln« nennen manche Eltern solche Provokationen und ihre hilflose Wut nach zigmal Erklären, Zureden und Warnen entlädt sich in einem Klaps oder Schlag: »Der scheint das zu brauchen! Vorher ist keine Ruhe!«
»Ich werd so was von wütend«, sagt Frau Rösner, »das ist vielleicht eine Sauerei, wenn Plastik auf der Platte schmilzt! Ich könnt den Kerl vermöbeln. Und was das Irre dabei ist: Ich glaube, der will das sogar! Neulich hab ich ihm wirklich mal eine gescheuert. Und danach sah er ganz zufrieden aus!«
Frau Rösner spricht mit der Erzieherin im Kindergarten über den Vorfall.
»Ich will keine Prügel-Mama sein«, sagt sie ehrlich betroffen. »Aber ich hab das Gefühl, dass ich anders gar nicht zu ihm durchdringe. Ich erreiche ihn einfach nicht!«
»Das ist ein scheußliches Gefühl«, bestätigt die Erzieherin. »Zuerst kommt man sich vor, als ob man gar nicht da wäre. Und wenn man dann haut, ist das nicht nur Wut, das ist auch der dringende Wunsch: verdammt noch mal, sieh mich! Fühl mich! Nimm mich endlich wahr!«
»Das stimmt«, sagt Frau Rösner. Sie ist erleichtert, dass die Erzieherin sie versteht. »Mit einer Ohrfeige mache ich mich bemerkbar.«
»Ich glaube, bei Jo läuft etwas Ähnliches ab«, fährt die Erzieherin fort. »Wenn Jo Schläge herausfordert, holt er sich vielleicht etwas, das er ganz dringend braucht.«
»Was?!« Frau Rösner ist ratlos.
»Körperkontakt«, sagt die Erzieherin, »körperliche Nähe. Anfassen.«
Frau Rösner erschrickt, weil sich das anhört, als vernachlässige sie ihr Kind. »Aber ich schmuse doch mit ihm! Ich wiege ihn abends im Bett und ich nehme ihn auch tagsüber immer wieder in den Arm!«
»Natürlich«, sagt die Erzieherin. »Aber wenn Sie ihm etwas verbieten müssen, das er gern tut, dann ist das eine richtige Krise

für Jo. Und immer wenn's schwierig wird, dann können Sie ihm mit Körperkontakt helfen.«
Frau Rösner schaut sie fragend an.
»Anfassen statt Watschen geben«, sagt die Erzieherin und erklärt, was genau sie damit meint: »Gehen Sie in die Hocke, damit Sie beide ungefähr auf gleicher Höhe sind. Und dann fassen Sie Jo mit beiden Händen bei den Schultern. Oder Sie halten seine Hände. Sie können ihn ruhig fest anfassen, nicht grob, aber fest. Dass er die Berührung deutlich fühlt. Dann können Sie ihm sagen, was er wissen muss. Und schauen Sie ihn dabei an. Das Wichtigste ist aber die Berührung, der sichere Druck Ihrer Hände.«

Frau Rösner hatte Jo einen Schlag versetzt, mit der Hand. Die Hand ist ein enorm wichtiger Körperteil. Das drückt nicht zuletzt das Wort »handeln« aus. Die Hand ist ein Symbol für die bildende, schaffende und schöpferische Kraft. Außerdem ist sie das vorzüglichste Glied des Menschen, um einen anderen zu berühren. Schon seit Urzeiten beschäftigen sich Menschen mit der heilenden Wirkung des körperlichen Kontakts, des Handauflegens. Hände besitzen auch eine besondere Kraft zur Herstellung eines geistigen Kontakts mit einem Gegenüber. Mit dem Schlag ihrer Hand hat Frau Rösner aus dem Bauch heraus das Gefühl der Isolation durchbrechen wollen: Sie wollte Jo damit erreichen. Und das ist ihr gelungen, wenn auch auf negative Weise.
Frau Rösner geht das Hand-Auflegen nicht mehr aus dem Kopf. »Heilende Hände« fallen ihr ein: die geübten Handgriffe, die einen Knochenbruch richten oder einen verschobenen Wirbel in seine Position zurückbringen. Massagen sind ihr vertraut, bei denen sanfte oder auch fest zupackende Bewegungen Verkrampfungen lösen und für Entspannung und Schmerzfreiheit sorgen. Berührung ist die früheste und ursprünglichste Brücke zwischen zwei Menschen. Sie bildet das körperlich erfahrbare Fundament des Urvertrauens und ist deswegen unerlässlich für gesundes Aufwachsen. Die Berührung erhöht die Konzentration, und zwar sowohl die Aufmerksamkeit, die sich auf die Sache richtet, als auch die Konzentration auf das Gegenüber.

An einem der nächsten Tage steht Jo vor dem Wäschetrockner. Auch der hat Knöpfe, ähnlich wie der Herd. Bei manchen Knöpfen verändert sich das Laufgeräusch, wenn Jo sie verstellt. Das ist spannend! »Na?«, sagt Frau Rösner, als sie dazukommt. Jo dreht sich um und hat wieder sein Watschenbetteln-Gesicht. Fast wird Frau Rösner schon sauer, aber dann fällt ihr ein, dass sie Jo anfassen wollte. Sie hockt sich vor ihn hin, nimmt seine Hände und sagt: »Jo, mit den Knöpfen kann man die Temperatur verstellen, dass es heißer wird oder nicht so heiß. Manche Sachen gehen kaputt, wenn sie zu heiß getrocknet werden. Deswegen darfst du nichts an den Knöpfen verstellen. Wenn ich die nächste Ladung Wäsche reinpacke, können wir zusammen die Knöpfe so einstellen, wie sie sein müssen. Aber ohne mich darfst du nicht daran drehen.«
Jo nickt.
»Wenn du wirklich nur guckst, dann kannst du hier bei mir bleiben«, fährt die Mutter fort. »Aber wenn das zu schwer für dich ist, gehst du besser ins Kinderzimmer.«
Zuletzt drückt sie die Hände in dem Rhythmus, in dem sie spricht. Jo spürt, dass die Mutter es ernst meint, und als er nickt, weil er verstanden hat, meint er es auch so. Tatsächlich bleibt er eine ganze Weile vor dem Trockner stehen und redet mit sich und den aufregenden Knöpfen: »Nicht drehen!«, sagt er eindringlich. »Wird sonst zu heiß, ja?« Seine Hände fahren immer wieder hoch zu der Schalttafel und die Mutter sieht ihm deutlich an, dass es ihn große Mühe kostet, die Knöpfe nicht anzufassen. Sie hockt sich noch einmal zu ihm hinunter, blickt ihn an, ergreift seine Hände und sagt: »Das ist ganz toll, wie du dir Mühe gibst, nichts anzufassen, wo du doch so gern drehen möchtest. Wenn ich hier fertig bin, wollen wir dann was spielen?«
Die Erzieherin freut sich, als sie ein paar Tage später hört, dass ihr Tipp Frau Rösner weitergeholfen hat. Und dann trägt sie noch etwas sehr Wichtiges nach.
»Sie sollten Jo nur dann berühren, wenn Sie ruhig und gelassen sind.«
»Wieso das denn?«, fragt Frau Rösner erstaunt.
»Wenn man gerade richtig wütend und in Fahrt ist, besteht die

Gefahr, dass man ausrastet beim Körperkontakt. Sie kennen ja vielleicht das Gefühl, dass man den kleinen Wicht am liebsten durchwalken oder ausschütteln möchte. Wenn man das Kind in dieser explosiven Stimmung anfasst, hat man es wirklich ›in der Hand‹. Und das kann schlimmer enden als ein Klaps!«

Damit hat die Erzieherin sicher Recht. In der Wut kann einem die Kontrolle entgleiten, hat man sich nicht mehr »in der Hand« – und das Kind noch weniger. Der Körperkontakt braucht, wenn er nicht schaden soll, Gelassenheit. Weil sonst keine Konzentration möglich ist, weil die Situation schlimmstenfalls entgleisen und die vertrauensvolle Beziehung des Kindes zu seinen Eltern nachhaltig Schaden nehmen kann.

»Strafen« ist ein Thema, dem wohl kaum jemand ohne Gefühle begegnen kann. Die Tradition der »Schwarzen Pädagogik« wirkt bis heute nach und es ist schwer, sich davon zu befreien. Manchmal ist es auch schmerzhaft. Dann nämlich, wenn Eltern sich ihren eigenen Strafgeschichten zuwenden müssen, um für sich und ihre Kinder bessere Wege zu finden.

Das Setzen von Grenzen, so haben die Geschichten dieses Kapitels gezeigt, ist ein wichtiger Schritt, um Kindern zu helfen, sich in die Regeln einzufügen, die die Eltern für gültig erklären.

Eine Grenze

- **schützt das Kind vor Gefahr,**
- **schützt aber auch die Eltern vor Zumutungen und**
- **muss der Situation Rechnung tragen.**

1. Eltern müssen Grenzen klar und deutlich formulieren.
2. Sie sollten eine Vereinbarung treffen.
3. Darüber hinaus sollten sie Blick- und Körperkontakt zum Kind halten, vorausgesetzt, die Atmosphäre ist ruhig und entspannt. Wenn die Mutter sich auf Augenhöhe mit dem Kind begibt, und vor allem wenn sie den Körperkontakt während des Sprechens aufrechterhält, knüpft sie eine innige Verbindung zum Kind. Beide sind dann intensiv aufeinander bezo-

gen und können sich aufeinander konzentrieren. Worte allein sind oft zu »luftig« und flüchtig. Durch die Berührung erhalten sie Gewicht und Nachdruck. Und dem Kind gibt die Berührung Halt und Sicherheit. Das Erleben, von einem anderen Menschen gehalten zu werden, wird oft unterschätzt.

4. Eltern können den Kindern zumuten (und zutrauen!), dass sie Verantwortung übernehmen für ihr Tun und die Folgen. Das Abnehmen von Verantwortung bedeutet zugleich ein Wegnehmen von Kompetenz und ein Nichtachten der kindlichen Persönlichkeit!
5. Eltern müssen nicht perfekt sein und immer sofort wissen, was zu tun ist! Sie dürfen eine Bedenkzeit und Beruhigungspause in Anspruch nehmen. Eine unbedachte oder drastische Strafe, in der Hektik eines Schreckens oder Wutanfalls verhängt, kann ja doch nichts wieder »heil machen«! Nach einer Pause können Mutter oder Vater leichter und mit Fantasie etwas finden, das eben *keinen* Griff in die pädagogische Mottenkiste darstellt, sondern das einen Punkt zum Nachdenken setzt.

Jeder Schritt weg von der »Schwarzen Pädagogik«, von unüberlegten, drastischen oder gar grausamen Strafen ist ein Schritt in die richtige Richtung.

In diesem Kapitel habe ich einige Aspekte des Themas »Strafen« aufgezeigt. Kinder fordern Eltern nun einmal heraus und diese Herausforderungen müssen beantwortet werden.

Mit den Geschichten in diesem Kapitel habe ich Ihnen hoffentlich helfen können, mit den vielen kleinen oder großen Missgeschicken, Verfehlungen oder Untaten Ihrer Kinder gelassener und damit angemessener umzugehen. Und wenn das nicht jedes Mal auf Anhieb klappt, strafen Sie sich nicht mit Schuldgefühlen und überhöhten Ansprüchen an sich selbst! Kinder machen Fehler, natürlich, denn sie lernen ja noch. Eltern dürfen auch Fehler machen. Sie lernen doch auch noch.

Kapitel 11
Wenn es besonders schwierig wird oder Warum es manchmal wichtig ist, ein Kind festzuhalten

Oft habe ich in diesem Buch von dem Zusammenhang zwischen Schmerz, Zorn und wütendem Aufbegehren berichtet. Alle Eltern sind bemüht, ihrem Kind Schmerzen möglichst zu ersparen. Weil das aber nicht immer geht, kann es sehr hilfreich sein, wenn Mutter oder Vater das Kind festhalten. Die Geschichten in diesem Kapitel zeigen, worauf es dabei ankommt.

Meine Tochter Simone war sechs Jahre alt, als sie sich beim Spielen einen Holzsplitter unter den Daumennagel stieß. Der Arzt wollte ihr die unangenehme Betäubungsspritze ersparen und erklärte ihr, er werde den Splitter rasch ohne Spritze herausziehen. »Das tut zwar auch weh, aber nicht so lange«, sagte er mit beruhigender Stimme. Ängstlich und unter Tränen erklärte sie sich einverstanden. Ich hielt sie auf meinem Schoß fest, sie umfasste mich mit einem Arm und streckte tapfer ihre verletzte Hand aus. Was wir nicht wissen konnten: Der Splitter stammte von einem morschen Stück Holz und zerbröselte unter der Pinzette. Es dauerte und dauerte.
Bei jedem neuen Versuch des Arztes schrie Simone, ruckte und zuckte mit der verletzten Hand und wand sich. Ich konnte es kaum ertragen, das Schreien war schrecklich, ich hatte Angst. Kalter Schweiß trat mir auf die Stirn. Auf merkwürdige Weise spürte ich aber neben diesem Aufruhr eine Art Ruhe, eine Zielgerichtetheit: Da müssen wir durch, je schneller, desto besser!
Simone tobte und wütete gegen mich. Ich hielt sie voller Mitgefühl, aber auch sehr energisch im Arm und auf dem Schoß, hielt sie fest und gab ihren Ausbruchsversuchen nicht nach. Diese heftige Gegenwehr galt der entsetzlichen Mutter, die zuließ, dass ihrem Kind solch ein Schmerz angetan wurde. Ich

fühlte mich scheußlich, weil ich mich in dem Augenblick mit einem Teil meines Selbst auch als grässliche Mutter empfand. Während ich sie festhielt, sagte ich zu Simone: »Das ist schlimm, was du jetzt aushalten musst … Die Mama hält dich auch noch fest und tut nichts dagegen … Da darfst du schreien, da hast du ganz Recht … Der Doktor muss das hier machen: Und du darfst schreien, weil es wehtut, weil du Angst hast, weil du wütend bist, weil du wegwillst …«

Ich habe einen Teil der Schmerzen mitgefühlt, habe unter dem Schmerzgeschrei meines Kindes gelitten und konnte es doch nicht »ausknipsen«. Das ist auch gut so, denn das Schreien hat ja einen Sinn. Es hilft dem Kind, mit seinem Schmerz oder seiner Angst besser fertig zu werden: Das Kind drückt beim Schreien seine Gefühle aus. Es bringt seine Gefühle nach draußen und teilt sie auf die unmittelbarste Weise mit. Durch das Schreien wie auch durch Simones Gegenwehr wurden die durch den Schmerz erzeugten negativen Energien abgeführt.

Nach dem Eingriff habe ich Simone noch eine Weile gehalten und gewiegt, bis sie sich beruhigt hatte – und ich mich auch.

Dieses Vorgehen ist bei panischen Reaktionen das Beste. Es ist vor allem deswegen gut, weil die Gefühle des Kindes (Angst, Panik, Entrüstung, Wut …) benannt werden. Das ist sehr wichtig. Denn was einen Namen hat, dem ist keiner mehr völlig hilflos ausgeliefert. Etwas Benanntes ist viel weniger bedrohlich. Und: Es ist teilbar geworden durch das sprachliche »Mit-Teilen«. Das Kind hat hier und jetzt Angst (oder ist wütend) und dabei ist es völlig gleichgültig, ob der Erwachsene in dieser Situation einen ausreichenden Grund dafür sieht oder nicht. Das Kind fühlt sich weniger verlassen, wenn jemand bei ihm ist, dem es seine Gefühle zeigen darf.

Situationen wie diese beim Arzt sind für viele Mütter schwer auszuhalten, weil sie die Panik, das Entsetzen oder die Empörung des Kindes fast wie eigenes Erleben spüren – und genau das ist auch der Grund, weshalb es so verführerisch ist, Dinge zu tun und zu sagen, die dem Kind nicht helfen.

Was Sie vermeiden sollten

Vermeiden Sie, dem Kind Versprechungen zu machen, wenn es den schmerzhaften Eingriff heroisch über sich ergehen lässt, wie: »Nachher gehen wir Eis essen.« Oder: »Du kriegst nachher auch die Puppe/das Feuerwehrauto.« Oder: »Das tut gar nicht weh.« Oder: »Du musst keine Angst haben. Solche Sätze gehen am Kind und seinem Erleben vorbei.« Auch die nahe liegende Alternative, das Kind der Sprechstundenhilfe, der Krankenschwester oder einem anderen Fremden zu überlassen, ist nicht so gut, denn dabei lässt die Mutter ihr Kind allein.

Was hilfreich ist

Hilfreich ist es, mit ruhiger Stimme etwas zu sagen wie: »Ja, du hast so arg Angst, da darfst du auch weinen … Mama hält dich fest, bis es vorbei ist … Mama bleibt bei dir.« Solches Reden respektiert das Erleben des Kindes – und damit das Kind selbst. Es hilft ihm, seine Gefühle anzunehmen, und es vermittelt ihm, dass es nicht allein ist, dass die Mutter ihm einen *festen Halt* gibt, auch in diesem schlimmen Erleben, das nun einmal unabänderlich ist. Das liebevoll-unbeirrbare Festhalten bietet den Trost des Nicht-Alleingelassenseins. Und das ist letzten Endes der einzig mögliche Trost!

Das Festhalten vermittelt dem Kind, dass die Mutter zuverlässig bei ihm bleibt, dass sie sein Wüten unbeschadet übersteht und dass sie in dem Moment die Verantwortung trägt, in dem das Kind nicht selbst dazu fähig ist.

Indem sie dem Kind festen Halt gibt, verhilft sie ihm zu der wichtigen Erfahrung, dass sie sich nicht abweisen lässt durch das letztlich selbstschädigende Nein des Kindes: Sie wird diese Krise aushalten und sich nicht vertreiben lassen, auch wenn das Kind außer sich gerät; sie wird ihrem Kind den Halt geben, den es in seiner Not braucht.

Die meisten Eltern haben Erfahrung mit dem Gewähren eines solchen Halts, denn es ist etwas, das spontan »aus dem Bauch heraus« geschieht. Es ist eine selbstverständliche, meist gar nicht mehr hinterfragte Reaktion natürlicher Elterlichkeit.

Dass dieses feste Halten sich auch in völlig anderen Situationen als hilfreich erweisen kann, sollte eigentlich nicht verwundern.

Praxis des Festhaltens

Hannes ist außer sich

Hannes, drei Jahre alt, ist wieder einmal außer sich. Er schreit, wirft sich auf den Boden des Kinderzimmers und strampelt wild mit den Beinen. Er schreit und die Mutter denkt, dass die Nachbarn bestimmt gleich die Polizei rufen werden. Nein, eigentlich denkt sie überhaupt nicht, dazu ist ihre eigene innere Wirrnis zu groß. Am liebsten würde sie wegrennen. Hinausrennen aus dem Haus, fort, bloß fort und dieses entsetzliche Geschrei nicht mehr hören müssen. Ja und auch das: Dieses beängstigend unkontrollierbare Bündel Kind nicht mehr sehen müssen. Es ist kaum zu ertragen, wenn man sich derartig ohnmächtig fühlt!

Aber anstatt dass Frau Römer die Flucht ergreift, atmet sie durch, besinnt sich auf das, was sie über das Festhalten gelesen hat, und will es ausprobieren.

Die Mutter setzt sich auf den Boden und nimmt das Zornbündel Hannes auf den Schoß. Beide sitzen Bauch an Bauch. Die Mutter umschlingt ihren Sohn mit den Armen, drückt ihn an sich, wiegt ihn, spricht mit ihm. Sie drückt in Worten aus, wie wütend er ist, wie er seine Mutter verabscheut, dass er von ihr weg will.

Sie bestätigt ihm, dass es ihm schlecht geht, dass er seine Wut jetzt hinausschreien muss, dass er gar nicht anders kann, weil es ihn sonst zerreißt. Aber sie versucht auch, in Worte zu fassen, wie es ihr geht, dass sie bei ihm bleiben möchte, bis er wieder ruhiger geworden ist. Sie bemüht sich, Blickkontakt herzustellen, und auch wenn Hannes sich gegen sie wehrt, wenn er strampelt, zuschlagen und sich aus der festen Umarmung befreien will, lässt sie ihn nicht los.

Frau Römer streichelt Hannes. Sie küsst und wiegt ihn, sie gibt seiner Wut und Verzweiflung Halt. Hannes soll spüren, dass da

jemand ist, der ihn stützt, trägt und erträgt in seinem Wüstsein, in seinem Ringen mit seinen schlimmen Zwiespältigkeiten: Da sind der Jammer und die Wut auf der einen Seite und auf der anderen Seite, kaum noch sichtbar, die Sehnsucht nach Zärtlichkeit.
Hannes soll erfahren: Da ist jemand, der lässt sich nicht abweisen von seinem Wüten, der lässt sich nicht zerstören und nicht vertreiben.

»Festhalten und dabei streicheln, küssen, wiegen«: Das liest sich trocken wie eine Gebrauchsanweisung, dabei ist es doch lebendig und selbstverständlich zwischen Eltern und Kindern! Der Vater ist dabei auf keinen Fall passiver, außenstehender Zuschauer, sondern er ist in den Prozess eingeschlossen. Er kann die Mutter unterstützen, indem er sie z. B. seinerseits umarmt, mit eingebettet in die Woge aufkommender Gefühle. Vater und Mutter können sich auch in der Rolle des Festhaltenden abwechseln, und beide sollten es ertragen und miteinander durchstehen können.

Einmal kriegt Hannes am Abend seinen Koller. Herr Römer, der solche Situationen bislang nur aus den Schilderungen seiner Frau kennt, erschrickt, als er das Wüten unmittelbar miterlebt: Einen solch heftigen Gefühlssturm hat er nicht erwartet! Am liebsten möchte er weggehen, um vor den heranbrandenden Wut- und Tränenwogen zu fliehen. Aber dann bleibt er doch und lässt sich auf den Zorn, die Enttäuschung und den Schmerz seines Sohnes ein. Er setzt sich zu seiner Frau auf den Boden, legt erst einen Arm um sie, schließlich beide. Die Eltern unterstützen sich gegenseitig in ihrem Bemühen, Hannes Halt zu geben, und sie geben einander Halt. So viele widerstreitende Gefühle! So viel Nähe!

Herrn und Frau Römer geht es wie manch anderen Eltern: Sie erleben sich in einer solchen Situation erstmals gemeinsam als Eltern. Diese tief greifende Erfahrung vergrößert die Basis ihrer Ehe und erweitert die Tragfähigkeit ihrer Elternschaft.

Dennoch: Streicheln und Liebkosen in einer Situation voller Geschrei und Gegenwehr – das klingt unmöglich! Das scheint ein Widerspruch in sich zu sein.

Im Grunde ist die Situation mit Hannes sehr ähnlich der eingangs geschilderten Situation beim Arzt. Auch Hannes ist keinem vernünftigen Argument mehr zugänglich, er versucht mit aller Kraft zu entkommen. Die Mutter hält ihn weiterhin auf dem Schoß fest, voller Mitgefühl, aber energisch; sie verlässt ihn nicht in seiner Fassungslosigkeit. Hannes wird weiterhin versuchen, sich zu befreien. Sein Widerstand, seine heftige Gegenwehr und seine Erbitterung gelten der Mutter. Aber die Mutter spürt, dass Gegenwehr und Erbitterung jetzt nötig sind. Sie hält das Kind fest und gibt nicht nach, weil sie sicher ist, dass sie diese Krise durchstehen müssen. Trotz der Angst und aller Panik. Und das Beste, was eine Mutter in einer solchen Situation tun kann, ist genau dies: das Kind streicheln, an sich drücken, liebkosen und ihm sagen, dass es völlig in Ordnung ist, wenn es sich jetzt so schrecklich aufregt und nur wegwill von hier, dass es danach auch weggehen kann von der Mutter, dass sie es jetzt aber festhalten und bei ihm bleiben wird, bis es ihm wieder besser geht.

Es gibt auch Tage, an denen Frau Römer über Hannes' Tumult so aufgebracht ist, dass sie nicht die Kraft hat, das Kind in den Arm zu nehmen. Dann hockt sie sich neben den brüllenden Hannes, rückt Gegenstände, an denen er sich bei seinem Strampeln verletzen könnte, aus dem Weg. Sie sagt: »Hannes, ich weiß, dass es dir jetzt ganz schlecht geht, aber ich kann im Moment nicht bei dir bleiben. Das tut mir nicht gut. Ich gehe jetzt aus dem Zimmer – aber ich kann dich hören und ich passe auf, dass dir nichts passiert.«
Frau Römer geht später wieder ins Kinderzimmer, wenn Hannes sich beruhigt hat und wenn sie selbst auch ruhiger geworden ist und mit ihm reden kann.

In jedem Fall hat das Kind am Ende die Erfahrung gemacht, dass seine Gefühlsstürme sich nicht zerstörerisch auswirken und dass es sie ebenso überlebt, wie die Mutter sie aushalten und überleben kann.

Das Festhalten in kritischen Situationen z. B. mit einem unzugänglich wütenden oder trotzenden Kind ist kein verbissenstummer Kampf. Es geht nicht um Sieg oder Niederlage! Beide, Kind und Erwachsener, sollen am Ende »gewinnen« – nämlich eine Festigung ihrer Beziehung.

Wenn einem das Festhalten widerstrebt …

Manchen Eltern widerstrebt das Festhalten. Ihnen macht die »Gewaltanwendung« zu schaffen. Und tatsächlich ist es die körperliche Kraft des Erwachsenen, die beim Festhalten gezielt eingesetzt wird. Hinter dem Widerstreben dieser Eltern verbirgt sich zuweilen die Angst, das rechte Maß und die Kontrolle über eigene negative Gedanken und Impulse zu verlieren, also die Angst, selber zu einem »wütenden Willi« zu werden, wie wir ihn aus dem Bilderbuch (s. Anhang, S. 196) kennen, oder dass der gefürchtete eigene »innere Willi« wieder auferstehen könnte, den sie noch aus Kindertagen kennen.

Das ist okay. Festhalten kann nicht verordnet werden. Was Eltern tun, muss ihrer inneren Überzeugung entsprechen und zu ihnen passen, ein Spiegel ihrer Persönlichkeit und ihrer Einstellungen sein.

Wann Sie Hilfe suchen sollten

Manche Eltern geben den Versuch auf, dem Kind durch Festhalten Halt zu geben, weil sie sich den aufbrechenden Emotionen gegenüber hilflos fühlen. Diese Gefühle beunruhigen sie nicht nur in ihrer Heftigkeit, sondern irritieren sie auch wegen der damit verbundenen Vorstellungen und Fantasien. Für solche Eltern könnte es ratsam sein, sich an eine Beratungsstelle zu wenden oder therapeutische Hilfe zu suchen.

Beim alltäglichen, spontanen Festhalten können auch Gefühle hochkommen, die mit alten, längst vergessenen Geschichten oder Verletzungen aus der Kinderzeit zu tun haben. Auch in solchen Fällen ist unter Umständen eine therapeutische Begleitung angezeigt.

Viele Mütter halten ihr Kind in bestimmten stressigen Situationen von sich aus und spontan fest, wie ich es mit Simone beim Arzt getan habe, ohne vorher ein Buch zu lesen oder einen Kursus zu besuchen. Sie tun das mit natürlicher Selbstverständlichkeit, weil sie spüren, dass sie ihrem Kind damit angemessen begegnen. Diese Eltern sind aus dem Bauch heraus in der Lage, sich in das Kind und seine derzeitige Stimmung einzufühlen. In gewisser Hinsicht ist dieses »alltägliche« Festhalten ein Probieren, ein Sich-Herantasten an neue Möglichkeiten, mit dem Kind in einer verzweifelten Lage umzugehen.

Das Festhalten ist kein Allround-Heilmittel gegen alle Probleme von Autismus über Bockigkeit oder Konzentrationsschwierigkeiten bis hin zu Zappeligkeit oder Zornausbrüchen. Sie können es nur dann sinnvoll praktizieren, wenn Sie gelassen sind und, ganz wichtig, frei von Zorn.

Das Festhalten ist auch keine Psychotherapie, denn zur Psychotherapie gehört eine lang dauernde, intensive Beziehung der Eltern und des Kindes zu dem Therapeuten oder der Therapeutin.

Das Festhalten kann für Eltern eine Möglichkeit sein, mit ihrem Kind eine Krise zu meistern – nicht mehr, aber auch nicht weniger. Und es sind allein die Eltern, die entscheiden können, ob dieser Umgang mit dem Kind in einer konkreten Situation ihrem Empfinden entspricht oder nicht.

Kapitel 12
Wie gut müssen gute Eltern sein?

Nach einem alten Sprichwort ist der Weg zur Hölle mit guten Vorsätzen gepflastert. Gute Vorsätze – der Wunsch, eine »ideale Mutter« zu sein oder es besser zu machen als die eigenen Eltern – erweisen sich im Umgang mit den eigenen Kindern oft als Stolpersteine oder sogar Schlimmeres.

Frau Rösners Vertreibung aus dem Paradies
Frau Rösner hat vor ungefähr anderthalb Jahren Thomas geboren, ihr drittes Kind. Mit ihren beiden Großen hat sie die Stürme der ersten sechs bzw. acht Lebensjahre gemeistert. Auf den Nachzügler hat sie sich gefreut: noch einmal die Schwangerschaft intensiv erleben, spüren, wie ein Kind heranwächst, noch einmal und viel bewusster das wichtige erste Jahr, die Entwicklung eines kleinen Menschen begleiten dürfen. Sie war voller Vorfreude auf das erste Lächeln, auf das unbeholfene Patschen der winzigen Händchen, auf die zärtliche Einheit von Mutter und Kind.
Inzwischen steht Thomas auf strammen Beinchen, läuft frei und bekundet energisch seinen Willen. Regelmäßig schreibt Frau Rösner einer Freundin von sich und Thomas. An diesem Tag schreibt sie:

> *Ich weiß nicht, wann es angefangen hat und was es eigentlich ist: Etwas ist anders als früher. Du weißt: Erst war alles so, wie ich es mir erträumt hatte und wie es mit den beiden Großen auch einmal gewesen ist. Und jetzt?*
> *Es war so schön mit dem Baby Thomas: Ich spürte, was er brauchte und wie es ihm ging. Wir verstanden uns ohne Worte. Es stand nichts zwischen uns. Jetzt ist Thomas auf einmal ganz anders. Noch so klein und dennoch kriegen wir Krach miteinander. Nach allem, was bisher war, wird es dir komisch vorkommen und doch ist es so: Ich kriege Krach mit dem Kleinen!*

Dass ich mit den Großen Krach kriege – nun ja. Das ist nicht schön und ich schäme mich auch manchmal deswegen, doch das kann ich hinnehmen. Aber mit Thomas?! Warum kann es nicht so harmonisch bleiben, wie es angefangen hat? Ich möchte es ganz anders haben, möchte keinen Krach. Was habe ich bloß falsch gemacht?

Wahrscheinlich kennen die meisten Eltern das leise oder lautere Rumoren ihrer inneren Stimme, die sich von einem bestimmten Alter unserer Kinder an vernehmen lässt.

Frau Rösner hatte die besten Absichten. Sie hatte alle Liebe, der sie fähig war, auf ihren Thomas gerichtet. Sie hatte von einer guten und vertrauensvollen Beziehung zu ihrem Baby geträumt. Sie war guten Willens, alles richtig zu machen, besser als mit den Großen: geduldig zu sein, niemals ärgerlich und schon gar nicht wütend! Sie wollte keine Missbilligung und keinen Streit aufkommen lassen. Sie wollte ihrem Kind eine rundum schöne, glückliche Kindheit bereiten.

Sie hatte sehr bewusst ihre Erfahrung aus ihrer eigenen Kindheit mit eingebracht und wollte zwar nicht alles, jedoch das meiste besser (aufgeklärter, vernünftiger, schöner ...) machen als ihre Eltern. Sie hatte Bücher gelesen. Sie kannte die Bedürfnisse eines Babys. Sie hatte so lange wie möglich gestillt. Sie wusste, wie wichtig Hautkontakt ist, und hatte das Baby lange Zeit im Tragetuch an ihrem Körper getragen.

Und doch kam unaufhaltsam der Tag, an dem sie merkte: Liebe allein reicht nicht. Das so gewünschte und geliebte Kind ärgert sie. Es wird wütend auf sie. Es wird aggressiv gegen sie. Es mag sie nicht mehr – und sagt das sogar!

Frau Rösner fühlt sich aus dem Paradies vertrieben und mit Nachdruck in einen Meckerhexenalltag gesteckt, dritte Auflage.

In einem weiteren Brief an ihre Freundin äußert sie das und stellt die betrübte Frage: »Aber wo ist der Sündenfall?«

Unsere Frage ist: Gibt es einen Sündenfall?

Wenn das Kind seine Flügelchen spannt: Von Meckerhexen und Giftzwergen, Müttern und Lebensaeronauten

Frau Rösner hat im Überschwang zärtlichen Glücks mit ihrem dritten Kind übersehen, dass das Flüggewerden eines Kindes sich nicht erst mit dem Auszug aus dem »Hotel Mama« ereignet, sondern dass es bereits lange Zeit vorher beginnt. Das Kind spannt seine Flügelchen schon sehr früh und probt die Loslösung: Wenn es als Säugling die paar Minuten bis zum Gefüttertwerden mit Hilfe der mütterlichen Troststimme überbrückt (s.a. das Kapitel »Frust ist eine Sache mit zwei Gesichtern«, S. 83), so ist das bereits ein Stück gewonnener Unabhängigkeit!

Und wenn das Kind seinen Willen entdeckt und durchzusetzen versucht, so ist auch das ein wichtiges Probeflattern. Wenn Frau Rösner sich in eine Meckerhexe verwandelt fühlt, dann ist auch das ein Zeichen dafür, dass ihr Thomas, der kleine Lebensaeronaut, das Fliegen übt.

Zum Losfliegen muss das Kind den sicheren Boden verlassen. Und das macht nicht nur Freude, nein, es macht zugleich auch Angst, die tröstliche Sicherheit in Mutters Armen zu verlieren. Und wie bewältigt das Kind diesen Konflikt zwischen Aufbrechen-Müssen und Dableiben-Wollen? Ganz einfach: Wenn der Held der Geschichte durch sein Verhalten die liebste, beste Mama zu einer fiesen Meckerhexe macht, dann, ja dann kann er leichter den Schritt in die Weite tun.

Und die Mutter? Für Mütter ist es nicht einfach, den kleinen Aeronauten ziehen zu lassen. Mütter plagen sich mit Sorgen und Ängsten, was alles passieren könnte, wenn sie nicht Acht geben, und überhaupt ist das Kind noch zu klein, zu jung, zu unerfahren … Wenn sie hingegen immer wieder mal Anlass haben zu denken: »Du kleiner Giftzwerg!«, dann fällt es ihnen leichter, das Kind in sein eigenes Leben starten zu lassen.

Eine schlechte Mutter?

Frau Rösner wurde erst hilflos, dann wütend. Sie fühlte sich angegriffen von diesem kleinen Wesen. War sie etwa eine schlechte Mutter? War sie gar ... unfähig?

Nein, Frau Rösner ist nicht unfähig und sie ist keine schlechte Mutter. Aber: Sie hat ihr drittes Mutterdasein begonnen mit dem Vorsatz, die perfekte Mutter-Kind-Beziehung zu leben, ein harmonisches, immer friedliches Miteinander. Wer sich an solch einem Idealbild misst, ist in jedem Fall zum Scheitern verurteilt!

Frau Rösner hat sich an einer Vision orientiert, die es in der Wirklichkeit eines normalen Alltags nicht gibt und auch nicht geben kann. Wie soll man denn im Alltag rosige Harmonie aufrechterhalten und gleichzeitig erziehen, Grenzen setzen, Nein sagen usw.? Das Idealbild droht zu einer Fessel zu werden, die alle Handlungsfähigkeit der Eltern lahm legt.

Eltern dürfen wütend sein!

Richtig. Eltern haben das Recht, unmissverständlich ihren Ärger oder ihre Wut zum Ausdruck zu bringen. Daran ist nichts Schlimmes! Wenn wir unseren Kindern zugestehen, dass sie ihre Gefühle äußern und uns mitteilen, dann müssen auch wir Eltern uns unangenehme Gefühle nicht märtyrerhaft verdrücken. Wir dürfen es unmissverständlich sagen, wenn wir der Meinung sind, dass unsere Kinder sich unzweckmäßig oder rücksichtslos uns gegenüber verhalten. Im Anhang finden Sie bei der Besprechung des Buches ›Wo die wilden Kerle wohnen‹ eine Szene zwischen Jule und ihrer Mutter, die die Tochter im Ärger in ihr Zimmer geschickt hatte; anschließend kommen die beiden miteinander ins Gespräch über ihrer beider Erleben und ihre Reaktionen (S. 199).

Ja, Eltern dürfen nicht nur wütend werden und ihren Ärger zeigen, sie müssen es auch, damit die Kinder sie nicht für unerschütterliche Halbgötter oder für unaufrichtig halten. Denn

Kinder spüren, ob die Gelassenheit und Geduld echt sind oder ob es sich um mühsam aufrechterhaltene Fassaden handelt, hinter denen die wahren Gefühle im Verborgenen brodeln. Ist ein solches So-tun-als-ob die Regel, bekommen Kinder den Eindruck, dass Ärger, Zorn und Wut so gefährlich sind, dass auch Erwachsene sie nicht zeigen dürfen, ja dass solche Gefühle »böse« sind oder »schlecht« und »unmoralisch«. Eine schlimme Folge kann auch sein, dass das Vertrauen des Kindes Schaden nimmt: »Mama sieht so aus, als sei alles in Ordnung, aber wirklich glauben kann ich das nicht. Ich kann mich nicht darauf verlassen, dass Mama so ist, wie sie zu sein scheint …« Außerdem: Wie sollen Kinder lernen, mit ärgerlichen Gefühlen umzugehen, wenn sie bei den Eltern nur erleben, dass solche Gefühle unterdrückt werden? Dass also negative Gefühle tabu sind: nicht gezeigt und schon gar nicht benannt werden dürfen?

Unsere Kinder können das ABC der Gefühle nur buchstabieren lernen, wenn wir Erwachsene bereit sind, unsere Gefühle und die unserer Kinder zu benennen. Kinder müssen erfahren, wie das, was sie tun, auf andere, beispielsweise die Eltern, wirkt. Kinder brauchen Rückmeldungen: »Was du gerade getan hast, ist mir unangenehm.« – »Das ärgert mich …« Oder positiv: »Das freut mich jetzt aber!« – »Das macht mir richtig Spaß …« Ohne dieses Feedback können sie soziales Verhalten nicht lernen: sich auf andere Menschen einstellen oder angemessen mit anderen umgehen.

Wie sag ich's meinem Kinde?

Viel hängt beim Äußern von Unmut von der Art und Weise ab, wie man sich ausdrückt. Der große Unterschied zwischen »Ich-Botschaften« und »Du-Botschaften« spielt dabei eine entscheidende Rolle.

»Ich kann mich nicht ausruhen, wenn nebenan Zank und Prügelei ist!« (Ich-Botschaft) klingt ganz anders als: »Ihr tobt da herum wie die Wilden, wie soll ich denn dabei ausruhen?« (Du-Botschaft)

»Ich glaube, auf diese Weise bringe ich das Abendessen nicht auf die Reihe.« (Ich-Botschaft)

»Ein bisschen Rücksicht brauche ich schon!« (Ich-Botschaft) hat eine andere Wirkung als »Ihr bringt mir immer die Küche durcheinander!« (Du-Botschaft)

»Da kann ja kein Mensch mehr was schaffen! Ihr seid derartig rücksichtslos.« (Du-Botschaft)

»Ich kann mich nicht konzentrieren, wenn ihr direkt neben mir Monopoly spielt.« (Ich-Botschaft)

»Mich macht es ganz kribbelig, wenn das Radio läuft, während ich an Oma schreibe.« (Ich-Botschaft) – »Könntet ihr das bitte bei euch im Zimmer anhören?« (Bitte, keine Botschaft)

»Ich bin sauer, wenn ich den Sessel erst freiräumen muss, bevor ich mich draufsetzen kann.« (Ich-Botschaft)

»Ich brauche meinen Feierabend und dazu gehört, dass ich mich nach dem Geschäft eine halbe Stunde hinlege und für niemanden zu sprechen bin – sonst werd ich total stinkig.« (Ganz viele Ich-Botschaften)

Manchmal sind Ärger-, Stress- und Wutsituationen nicht einfach zu bewältigen, weil die Eltern einen sehr schlechten Tag haben: weil auch Väter einmal an die Grenzen ihrer Belastbarkeit stoßen und weil auch Müttern der Hut hochgehen und die Galle überlaufen kann. Der Anlass mag nichtig sein, ein Quäntchen zu viel, und schon geht die Bombe hoch! Kann sein, dass man in solch einem Moment etwas sagt, das man hinterher bereut, aber eben nicht mehr zurücknehmen kann (»Welcher Teufel hat mich geritten, dass ich mir Kinder angeschafft habe!«). Kann sein, dass dabei etwas zu Bruch geht, dass etwas buchstäblich »zerkracht« vor lauter Unbeherrschtheit.

Wenn manchmal die Sicherungen durchbrennen

Forscher haben herausgefunden, dass Baby-Mütter in der Regel sofort auf das Weinen ihres Babys reagieren, ihre Müdigkeit weit gehend abschütteln können und sich dem Kind zuwenden; ja sogar die Milchproduktion kann durch das Weinen angeregt werden. In diesem Fall gibt es so etwas wie eine »Automatik«, ein »Programm«, das durch das Weinen abgerufen wird.

Wenn das Kind größer wird, selbstständiger und nicht mehr in dem Maße abhängig vom Körper der Mutter ist wie ein Säugling, der gestillt wird, spielen andere Gefühle eine zunehmend größere Rolle: Wie geht es der Mutter? Wie deutet sie das Weinen? Was bedeutet es für sie? Und wenn eine Mutter das Weinen als Anklage erlebt, als Vorwurf, als Hinweis auf vermeintliches Versagen, dann kann sehr leicht das Maß des Noch-Erträglichen randvoll sein und überlaufen.

Das liegt daran, dass in jeder Konfliktsituation sehr viele Gefühle beteiligt sind und »mitmischen«: alte, aus der eigenen Vergangenheit, und welche, die mit der aktuellen Verfassung zu tun haben, also damit, ob einer gesund oder krank, entspannt oder gestresst ist. Solche Gefühle beeinflussen stark, wie jemand die Dinge interpretiert, die ihm gerade zustoßen.

Wie Malenas Weinen den Zorn der Mutter steigert
Die vierjährige Malena will unbedingt der Mutter beim Backen helfen, aber die Mutter ist so sehr in Eile, dass sie diesmal lieber alles allein macht. Deswegen schickt sie Malena ins Kinderzimmer. Der Vanillezucker ist aus, die Mutter geht rasch zur Nachbarin, um sich welchen zu borgen. Diese kurze Zeit nutzt Malena, um der Mutter zu »helfen«: Sie will die aufgeschlagenen Eier und den fertig abgewogenen Zucker schaumig rühren, wie sie das schon oft gesehen hat. Dabei rutscht ihr die Schüssel aus dem Arm. Bei der Rückkehr findet die Mutter ihre kleine Tochter auf dem Küchenfußboden, wo sie versucht, mit den Händen die süße Schlempe wieder in die Schüssel zu packen. Die Mutter ist stocksauer über die Kleckerei und die fällige Mehrarbeit. Sie fährt Malena an, dass sie des Teufels sei und dass sie an den Tisch angebunden gehöre, verdammt noch mal, wenn sie ihre Finger nicht von Mutters Sachen lassen kann! Malena schluchzt verzweifelt, dass sie doch nur hat helfen wollen, aber das bringt die Mutter nur noch mehr auf. »Hör bloß auf zu plärren! Helfen! Du hast doch die Sauerei fabriziert und jetzt soll ich sie auch noch aufwischen! Kann man dich denn

keine zwei Minuten aus den Augen lassen!?« Sie bugsiert Malena ins Kinderzimmer und knallt die Tür zu. »Raus hier! Da kannst du bleiben, bis du schwarz wirst!«

Das Weinen des Kindes hat den Zorn der Mutter noch gesteigert. Natürlich ist sie sauer wegen der »Sauerei«, denn das, was sich da zuckrig auf dem Boden ausbreitet, ist ja nun wirklich alles andere als hübsch oder gar hilfreich, und sie ist auch sauer wegen der fälligen Mehrarbeit. In diesem Aufruhr zorniger Gefühle ist überhaupt kein Platz für die Wahrnehmung: »Malena wollte etwas Freundliches tun«, und es ist auch kein Platz für die Wahrnehmung: »Malena ist enttäuscht, weil ihre guten Absichten schief gegangen sind« und »Malena braucht jetzt Trost«. Das liegt daran, dass diese einzelnen Wahrnehmungen völlig unterschiedliche Gefühle hervorrufen, die sich so rasch nicht miteinander vereinbaren lassen. Um ähnliche Schwierigkeiten geht es beim Ambivalenz-Konflikt (S. 158), den auszuhalten auch einem Erwachsenen manchmal schwer fällt.

Erst nachdem die Mutter ihr Gefühlschaos ein wenig sortiert und geordnet hat, kann sie zu Malena ins Zimmer gehen und ihr sagen: »Ich war vorhin furchtbar wütend über die Schweinerei auf dem Boden. Da konnte ich gar nicht sehen, dass du mir einen Gefallen tun wolltest. Und bedanken konnte ich mich vor lauter Wut auch nicht. Dabei hast du das ja nicht mit Absicht gemacht. Da war ein ganz fieser Kuddelmuddel in mir drin. Und vor lauter Kuddelmuddel hab ich dann was gesagt, das ich gar nicht so meine: Ich will doch nicht wirklich, dass du schwarz wirst!«

Eine »ideale« Mutter sein

Frau Rösner hatte den Traum, eine ideale Mutter zu sein. Dummerweise hat sie dieses Ideal als etwas Erreichbares missverstanden. Damit bewahrheitete sich das Sprichwort von dem Weg zur Hölle, der mit guten Vorsätzen gepflastert ist.

Die allzu hohen Anforderungen an sich selbst haben viel zu tun mit der Kindheit der Mütter und Väter und ihren Träumen davon, einmal alles ganz anders und auf jeden Fall viel besser zu machen als die eigenen Eltern. Die überzogenen Idealvorstellungen hängen aber auch zusammen mit einem immer noch untergründig vorhandenen Mutterbild traditioneller Prägung (aufopferungsvoll, dienend usw.) und gleichzeitig einem Frauenidealbild moderner Provenienz (beruflich erfolgreich, perfekt, »alles im Griff« usw.).

Vor diesen Idealbildern möchten viele Mütter schamvoll ihre (vermeintlichen!) »Mängel« verstecken – und machen sich womöglich Vorwürfe – vielleicht weil sie einmal ernsthaft eine Abtreibung erwogen haben, weil sie geschieden oder allein erziehend sind, weil sie meinen, viel zu wenig Zeit für ihr Kind zu haben, weil sie allein die kleine Familie ernähren müssen usw. Da die eigene Realität ihnen so viel schlechter erscheint als das hochglanzpolierte Ideal, wachsen die Ängste vor mutter-verschuldeten Katastrophen.

Grundsätzlich gilt: Eltern können nicht ideal sein. Sie können es nicht, weil sie eben auch nur Menschen sind und ihre Grenzen haben.

Wie können Eltern zu mehr Gelassenheit kommen?

Wer sich an strengen Maßstäben misst, findet immer wieder Fehler bei sich. Heftige Selbstkritik und harsche Selbstvorwürfe, wenn »Fehler« passiert sind, führen zu Schuldgefühlen. Schuldgefühle wiederum nagen an der elterlichen Selbstachtung und fördern leicht die Angst, dass »das Leben« sich rächen und die Eltern bestrafen werde, beispielsweise in Form einer kindlichen Fehlentwicklung.

Das ist keine gute Grundlage für Gelassenheit, doch gerade die brauchen Eltern für ihre Kinder und für sich selbst.

Doch wie können Eltern gelassener werden?

Es ist gut, wenn Eltern mit sich selbst und ihren Grenzen einverstanden sind. Sie sind weder allmächtig, noch sind sie Heilige – sie sind von der Schöpfung auch nicht dafür vorgesehen! Eltern sollten ihre Idealvorstellungen vom Vater- bzw. Muttersein hinterfragen und ihre menschliche Begrenztheit ertragen lernen.

Für mehr Gelassenheit ist es gut zu wissen:

- **Kinder erwarten nichts Unmögliches von ihren Eltern – auch wenn sie gelegentlich etwas anderes sagen. Sie sind ausgesprochen robust und so ausgestattet, dass ihnen »ausreichend gute« Eltern genügen, damit ihr Start ins Leben gelingt.**
- **Es genügt, »ausreichend gute Eltern« (»good enough parents«) zu sein. Dieser Ausdruck wurde von dem englischen Arzt und Psychoanalytiker Winnicott geprägt und bezeichnet durchschnittlich gute Eltern.**

Ausreichend gute Eltern zeichnet Folgendes aus:

- **Sie sind in der Lage, einem Kind das Maß an Geborgenheit zu bieten, das es für eine stabile emotionale Basis braucht. Sie können binden, ohne anzubinden.**
- **Sie muten ihrem Kind altersgemäße Frustrationen und Enttäuschungen zu. Das bedeutet, dass sie ihrem Kind keinen Stein aus dem Weg räumen, den es selbst wegschaffen oder übersteigen kann. Auf diese Weise helfen sie dem Kind zu wachsen.**
- **Sie haben hinreichend viel Vertrauen in ihr Kind und gestehen ihm von klein an Schritte in die eigene Freiheit und Verantwortlichkeit zu. Sie können loslassen, ohne fallen zu lassen.**

Wichtig ist eine verlässliche gefühlsmäßige Bindung zwischen Eltern und Kindern. Sie ist die beste Voraussetzung überhaupt für eine gesunde Entwicklung. Im Zusammenhang mit unserem Thema Aggression bedeutet das speziell: Sie ist die unabdingbare Voraussetzung dafür,

- **dass die angeborene konstruktive Aggressivität sich an-**

gemessen entfaltet zu Selbstbehauptung und einem annehmbaren Durchsetzungsvermögen;

- **dass das Neugierverhalten sich zu einem erfreulichen Lern- und Forscherverhalten entwickelt;**
- **dass die feindselige Aggression keinen Nährboden findet, weil das Kind durch seine einfühlsamen Eltern vor unerträglichem emotionalem Stress bewahrt wird. Denn Anteil nehmende und achtsame Eltern spüren, wann ihrem Kind zu viel zugemutet oder abverlangt wird; sie merken, wann es überfordert ist, und können Abhilfe schaffen (s. a. das Kapitel »Frust ist eine Sache mit zwei Gesichtern«, S. 83).**
- **dass das Kind den nötigen Halt hat, damit es mit seinen »bösen« Gefühlen wie Zorn, Ärger und Wut umzugehen lernt, Kummer und Schmerz durchzustehen vermag und sich trotz aller Widrigkeiten nicht verlassen und aufgegeben fühlt;**
- **dass Streit und Meinungsverschiedenheiten ausgetragen und ausgehalten werden können, ohne dass das Kind befürchten muss, einen geliebten Menschen zu verlieren;**
- **dass Eltern sich entsprechend ihrer größeren Reife in die Nöte des Kindes einfühlen – und nicht umgekehrt.**
- **So können Eltern Anteil nehmen am Leben ihres Kindes und auf eine Weise mit ihm sein, dass ihre Liebe dem Kind offensichtlich wird. Und dennoch können sie darauf bestehen, dass sie auch Rechte haben.**

Unablässige Harmonie zwischen Eltern und Kindern gibt es schlichtweg nicht. Das bringt – wie die vielen Geschichten dieses Buches zeigen – Eltern immer wieder in emotional belastende Situationen, die in Kämpfen und Kämpfchen mit den Kindern münden wollen, es aber besser nicht sollten.

Was können Eltern tun, wenn sie selbst zu Zorn neigen?

- Eltern sollten sich (nicht nur wenn sie zu Jähzorn neigen) gut beobachten und sich so mit der Zeit besser kennen lernen. So lernen sie zu erkennen, wenn ihr Zorn eine Situation zum Entgleisen bringen will.
- Eltern dürfen einen aufbrausenden Charakter haben oder zur Unbeherrschtheit neigen – das ist nicht verwerflich! Sie sollten jedoch damit umgehen können oder es lernen. Notfalls mit Hilfe von außen, damit Schaden verhütet wird.
- Eltern müssen auf sich achten – vor allem in Zeiten großer Anspannung, Müdigkeit und Erschöpfung. Jeder hat eigene Frühwarnzeichen, die ihm anzeigen, dass er bald die Beherrschung und die Kontrolle verlieren wird.
- Manchmal ist es ratsam, die Konfliktsituation zu verlassen, auszusteigen aus dem beginnenden Teufelskreis. Dann ist es hilfreich zu sagen: »Ich werde gerade sehr, sehr wütend und das möchte ich nicht. Ich gehe jetzt für eine Weile raus, damit ich mich beruhigen kann. Danach können wir wieder miteinander reden, bloß jetzt muss ich allein sein.«
- Eltern dürfen um Hilfe, Unterstützung oder Entlastung bitten. Es ist keine Schande, mit Schwierigkeiten nicht allein zurechtzukommen.
- Es macht Sinn, wenn Eltern sich ein soziales Netzwerk schaffen. Das heißt: die Beziehungen zu Verwandten, Freunden, Nachbarn, anderen Eltern usw. pflegen, um sich gegenseitig auszuhelfen, wenn's nötig ist.
- Bei Unsicherheiten der Eltern und Versagensängsten gilt uneingeschränkt: Es ist besser, zweimal zu oft eine Beratungsstelle in Anspruch zu nehmen, als sich mit Zweifeln und Befürchtungen zu plagen und dadurch unnötig Energien zu blockieren, die viel sinnvoller den Kindern und gemeinsamen Aktivitäten zugute kämen.

Und ein Letztes:

Eltern sind Eltern von dem Augenblick an, da sie ein Kind haben. Haben Sie schon einmal daran gedacht, dass Sie erst von diesem Augenblick an beginnen, das Eltern-Sein zu *lernen*? Das ist schwerer, als den Führerschein zu machen, und es ist viel auf einmal! Und während des Fahrenlernens sitzt jemand neben Ihnen …

Seit einigen Jahren ist in den USA eine neue Bewegung auf dem Vormarsch, die sich »Positive Psychologie« nennt. Die Forscher, Psychologen und Therapeuten finden es spannender zu erforschen, warum manche Kinder keine Probleme haben, *obwohl* sie mit ungünstigen Startbedingungen oder unvorteilhaften Lebensumständen auskommen mussten. Sie suchen Antworten auf die Fragen nach den heilsamen Faktoren, nach den ausgleichenden Qualitäten. Die Positive Psychologie will den Blick auf die Fähigkeiten, auf das Gelingende und die Ressourcen, also die Vorräte an Können und Hoffnung, lenken. Übrigens eine Geisteshaltung, die sich auch in Deutschland, z. B. in der systemischen Therapie, durchzusetzen beginnt.

So wissen wir mittlerweile, dass Kinder wesentlich bessere Entwicklungschancen haben, wenn es in ihrem Leben eine verlässliche und tragfähige Beziehung zu einem Erwachsenen gibt. Das kann ein Lehrer oder eine liebe Nachbarin, das können die Großeltern oder die Eltern von Freunden sein oder auch ein Sozialpädagoge oder eine Psychotherapeutin. Wichtig ist, dass die Beziehung über einen langen Zeitraum besteht und dass das Kind in ihr liebevolle Zuwendung, Angenommensein und Vertrauen erlebt.

Alle Menschen, auch Ihre Kinder, sind nicht nur strapazierfähig – und halten die nicht so gelungenen Erziehungsbemühungen der Eltern und eine ganze Menge Schwierigkeiten aus –, sondern sie haben zusätzlich noch einen guten Vorrat an Selbstheilungskräften, mit denen sie ernsthaftere Beeinträchtigungen »reparieren« können. Manchmal bedarf es dazu allerdings noch fachkundiger Hilfe.

Mit so viel Netz und doppeltem Boden müsste es doch möglich sein, gelassen und voll Zuversicht Eltern zu sein.

Anhang
Bücher zum Lesen und Anschauen mit den Kindern

Hier stelle ich Ihnen sechs Bücher für kleine und große Menschen zum Thema meines Buches vor, deren Lektüre ich als bereichernd ansehe. Wenn Eltern und Kinder sie gemeinsam lesen, regt das an, sich auf die Themen »Ärger«, »Wut« und »Zorn« einzulassen und im Fantasie-Probehandeln damit umzugehen.

Es gehört in vielen Familien zum Abendritual, einander zu berichten, was Kinder und Eltern am Tage erlebt haben, was ihnen begegnet ist, was schön oder was schlimm war. Auch das Erzählen oder Vorlesen von Geschichten und Märchen kann noch einmal Nähe herstellen und dem ausklingenden Tag einen freundlichen Schlussakkord geben. Tagsüber sind Bücher zur stillen Selbstbeschäftigung geeignet oder um eine ruhig-besinnliche Schmusestunde zu füllen.

Aber Bücher haben noch eine andere wichtige Funktion. Die Geschichten, die zwischen den Einbanddeckeln auf Entdeckung warten, sind in Form gegossene Lebenserfahrungen. Ein Buch kann die in ihm festgehaltene Geschichte immer wieder neu erlebbar machen. Durch das Immer-Wieder wird sie allmählich vertraut und kann so zum Spiegel eigenen Erlebens oder Empfindens werden.

Die von mir ausgewählten Bücher stellen beispielhafte Erfahrungen aus dem Kinderleben dar und bieten sich daher an, etwas Eigenes darin wiederzuerkennen.

Hiawyn Oram, Satoshi Kitamura: Der wütende Willi

Alter: ab 3 bis 4 Jahren

Ich empfehle dieses Buch nur dann, wenn beim Gespräch mit den Kindern moralinsaures Pädagogisieren außen vor bleibt. Humor hingegen ist nicht nur erlaubt, sondern von Vorteil.

Inhalt: Willi will aufbleiben und einen Wildwestfilm ansehen, aber seine Mutter hält es schon für zu spät und schickt ihn ins Bett. Willi droht ihr: »Dann werde ich wütend!« Und weil seine Mutter sich davon nicht beeindrucken lässt, wird Willi wütend. Das Hochkommen dieser Wut ist trefflich im Bild festgehalten: Wie die Wut gewitterwolkengleich »mit Donner, Blitz und Hagel zerplatzt«, wie sie sich aus dem Haus ausbreitet über die Straße, die Stadt und schließlich die Welt, wie sie Zerstörung hinterlässt, wie sie sich in eine »Explosion des ganzen Weltalls« verwandelt, so dass am Ende Sonne und Mond, alle Sterne, Willis Land und Stadt, seine Straße, sein Haus und sein Zimmer nur noch Trümmer im All sind. Zuletzt sitzt Willi in seinem Bett auf einem Trümmerstück im Weltall und weiß nicht mehr, warum er eigentlich so wütend war.

Der Sinn des Buches: Mutter, Vater, Großvater und Großmutter sagen zu Willi bei jeder erneuten Steigerung seiner Wut: »Es reicht.« Aber es reicht eben doch noch nicht und Willi steigert sich weiter in Rage. Es wird deutlich, wie sehr Willi sich in seinem Ingrimm von den Erwachsenen entfernt, wie er sie mit seiner Gedankenraserei in die fantasierte Zerstörung hineintreibt. Verwüstungsmüde schläft Willi am Ende ein. Er wirbelt in seinem Bett durchs All, begleitet von der Katze, die friedlich auf seiner Bettdecke schläft.

Eine vertrauensvolle Beziehung, eine liebevolle Bezogenheit steht nicht im Vordergrund dieses Buches, jedoch bleibt die Katze, über die Verheerungen zwar erschrocken, treu bei Willi. Die Erwachsenen finden lediglich, dass »es reicht« mit dem Wütendsein. Sie dringen jedoch nicht zu Willi durch, können ihn nicht mehr erreichen. Aber es wird eindrücklich klar, dass und wie Willi sich mit seiner Wut isoliert, wie er sich hinauskatapultiert aus der Realität seines Kinderzimmeralltags und wie er in der Fantasie seine Racheraserei austobt.

Das sind Bilder, die Kinder mit heftiger Wuterfahrung nachvollziehen können. Und sie sind hilfreich, um das Gefühl des Explodierens vor Wut auszudrücken, das Gleich-in-die-Luft-Gehen. Es sind Bilder, die die Weisheit unserer Sprache längst eingefangen hat, Bilder, die so eindrucksvoll sind wie im Märchen vom Rumpelstilzchen, das vor Zorn mit dem Fuß so fest auf die Erde stößt, »dass es bis an den Leib hineinfuhr«, und sich dann selbst mitten entzweireißt.

Die Bilder helfen, eigene feindselige, destruktive Visionen in Worte zu fassen – freilich nicht während eines solchen Ausbruchs, sondern danach, wenn der Zorn verebbt und die Wut abgearbeitet ist.

Das Formulieren der Zerstörungsfantasien und Rachegelüste, das Sprechen darüber, was Kinder denn wünschen, dass passieren möge – oder was sie befürchten, dass geschehen könnte –, kann ihnen helfen, die emotionalen Ausbrüche zu verarbeiten. Es ist ausgesprochen wichtig für sie zu erfahren, dass es für diese schrecklichen Gefühle Wörter gibt, dass man sie benennen, miteinander besprechen und damit auch teilen kann. Was einen Namen hat, ängstigt nicht mehr so sehr.

Wie Sie mit dem Buch umgehen können: »Den könnt ich …, den könnt ich …, umbringen könnt ich den!« Die sonst so sanfte Sybille knurrt das voller Inbrunst. Sie meint den Jungen, der ihr beim Fangenspielen mehr oder weniger aus Versehen ein Bein gestellt hat, und nun ist von ihren neuen Lieblingssandalen ein Riemchen gerissen. »Dem reiß ich auch mal was ab!« Die Mutter fragt lieber nicht nach, was Sybille dem armen Kerl abreißen will. Sie lässt dem Strom der Rachefantasien seinen Lauf und hört nur zu.

Das Reden hilft zu unterscheiden zwischen dem, was Kinder sich lediglich vorstellen und ausmalen, und dem, was real geschieht.

Für Sybille mit ihren acht Jahren ist es leicht, Fantasie und Realität voneinander zu trennen. Der dreijährige Olaf ist noch in einem Alter, in dem Ängste auftauchen können, dass Gedanken und Wünsche auf magische Weise Realität werden. Wenn Olaf jemanden totwünscht, braucht er immer noch Mutters Schlusssatz: »Und hinterher soll er noch lebendig sein!«

Weil Sybilles Mutter Humor hat und Musik liebt, legt sie später eine CD auf und singt mit:

»Erst geköpft, dann gehangen.
Dann gespießt auf heiße Stangen,
dann verbrannt, dann gebunden.
Und getaucht, zuletzt geschunden …«

Osmins Bass-Arie aus Mozarts ›Entführung aus dem Serail‹ übertreibt die Zerstörung und Vernichtung so herrlich ironisch, dass sie dadurch alle Bedrohlichkeit verliert. Das können auch Kinder begreifen.

Ihre wilden Gedanken und ungezähmten Fantasien haben längst Vorgänger. Sogar klassische.

Maurice Sendak: Wo die wilden Kerle wohnen

Alter: ab 4 Jahren

Inhalt: Die Geschichte beginnt »an dem Abend, als Max seinen Wolfspelz trug«, und an Max' Gesicht sieht man, dass der Wolfspelz das Synonym für sein ziemlich fieses Gebaren ist. Schon scheucht er, eine Gabel in der Hand, mit boshaftem Grinsen den Hund aus dem Zimmer. Max ist unleidlich. Als seine Mutter ihn einen »wilden Kerl« nennt, trumpft er auf: »Ich fress dich auf.«

Max ist daraufhin ohne Abendbrot in sein Zimmer geschickt worden, das er als Wald fantasiert. Schließlich ist da ein Meer mit einem Schiff und Max fährt »bis zu dem Ort, wo die wilden Kerle wohnen«. Max zähmt sie »mit seinem Zaubertrick«, da bekommen die wilden Kerle Angst und ernennen ihn zum »König der wilden Kerle«. Das ist wirklich ein geniales Bild dafür, dass Max während seiner imaginären Reise in sein wüstes Inneres die wilden Kerle, seine wütend-aggressiven Seiten, beherrschen lernt und sie zähmt. Schon führt Max die wilden Kerle zu einem wilden Krachmachertanz an, bis er »Schluss jetzt!« ruft und die Kerle ohne Essen ins Bett schickt.

Das ist der Wendepunkt. Max fühlt sich einsam unter den wilden Kerlen. Er möchte »dort sein, wo ihn jemand am allerliebsten« hat. Nun riecht es plötzlich von weither nach Essen! Max segelt heim, landet nach seiner Fantasiereise in seinem Zimmer, wo das Essen steht, und es ist auch noch warm. Eine liebevoll-versöhnliche Geste der Mutter.

Der Sinn des Buches: Max' Drohung: »Ich fress dich auf«, entspricht dem, was Eltern von kleinen Kindern als »Totwünschen« kennen. Ein kleines Kind hat noch keinen Begriff vom Tod und seiner Unumkehrbarkeit. Totsein bedeutet für das Kind Wegsein und enthält ganz selbstverständlich das Gleich-wieder-da-Sein. Wenn Max die Mutter totwünscht, drückt er damit seinen

Zorn oder seine Wut auf sie aus. Zugleich wünscht er sich selbst so mächtig, dass er, der Kleine, die Mutter, diese großmächtige Frau, überwältigen, sie aufessen kann wie ein Fischstäbchen oder ein Schnitzelchen. In diesem Wunsch steckt etwas Archaisches, nämlich der unausgesprochene Gedanke: »Wenn ich meinen besiegten Feind esse, wenn ich ihn mir einverleibe, dann gehen seine Stärke und Macht auf mich über.« Sie denken vielleicht, das sei doch eine sehr gewagte Interpretation und eine ungeheuerliche Vorstellung – Ihr kleines Engelchen sei solch aggressiver Fantasien keineswegs fähig. Seien Sie versichert: Diese Dinge stecken in jedem Menschen, mehr oder weniger verdeckt. In Märchen sind sie zu bildlichen Formeln geronnen und helfen dort, die Welt zu ordnen.

Die Vorstellung: »Ich, Kind, kann die Mama überwältigen«, hat im Moment des Bestraftwerdens etwas Tröstendes. Wenn man das Bild vom Auffressen genau betrachtet, steckt darin eine verblüffende Facette: Ich kann jemanden zum Fressen gern haben, ihn auffressen mögen vor inbrünstiger Liebe. Beides, Verschwindenlassen und Lieben, ist in diesem Bild untergebracht.

Herrlich, dass die wilden Kerle nun ihrerseits Max drohen, ihn aufzufressen (»Wir haben dich so gern!«), schließt sich doch hier der Kreis vom Bild des Auffressens, das einen wütend-destruktiven und einen liebevollen, ja einen geradezu liebe-übervollen Aspekt hat.

Max tut den wilden Kerlen genau das an, was seine Mutter mit ihm gemacht hat: Er ist also in der Fantasie so mächtig wie die Mutter – wenn man es genau betrachtet, sogar noch mächtiger, denn die Mutter hat ja nur Max ins Bett geschickt, aber Max hat alle die fürchterlichen Kerle unter seiner Fuchtel!

Die sind nun auf so wundervolle Weise fürchterlich, dass sie schon etwas Sympathisches ausstrahlen, und ich kann sie mir als Bild für die heftigen inneren Bewohner von Maxens Seele vorstellen, wo sie eine Vorstellung geben mit Brüllen, Zähnefletschen und Krallenzeigen.

Max' Schiffsreise zu den wilden Kerlen ist im Grunde eine Exkursion zu den eigenen inneren Kräften und eine Auseinandersetzung mit seiner Wildheit, seiner Aggression.

Wie Sie mit dem Buch umgehen können: Als die Nachbarin läutete, hatte Mutter Jule verboten, die Näharbeit auf dem Tisch anzufassen. Jule hat dennoch der Verlockung nicht widerstehen können und die Handarbeit durcheinander gebracht. Die Mutter ist nun fuchtig wegen der fitzeligen Mehrarbeit. Sie schickt Jule aus dem Zimmer, weil sie beim Wiederherrichten der Arbeit allein sein möchte. »Ich habe mich so geärgert, Jule, dass ich jetzt einfach mal eine Weile allein sein möchte, sonst platzt mir der Kragen. Das wäre für dich nicht schön und für mich auch nicht.«

Später, als die Handarbeit wieder gerichtet ist, geht die Mutter zu Jule ins Zimmer. »Ich hab den Krempel jetzt wieder in Ordnung gebracht. Magst du ein Buch mit mir lesen?«, fragt sie. Und dann lesen sie ›Wo die wilden Kerle wohnen‹.

»Max muss auch eine Weile allein sein, wie du eben …«, beginnt die Mutter.

»Hmmm …« Jule ist noch einsilbig.

»Ich glaube, er hat sich geärgert über seine Mama. Weil sie ihn bestraft hat.«

»Na, der war aber auch frech«, räumt Jule ein.

»Du meinst, da hat er die Strafe verdient?«

»Ja!« Da ist Jule sich sicher. »Aber ohne Essen – das ist schon doof.«

»Finde ich auch. Deswegen kann er sich schon über die Mutter ärgern …, obwohl die Mutter auch irgendwie Recht hat.«

»Du hast mich aber nicht richtig bestraft, oder?«

»Nein. Ich wollte bloß eine Weile alleine sein, damit ich nicht explodiere. Dann mag ich mich nämlich selber nicht leiden.«

»Das ist ja auch blöd. Ich weiß nämlich noch, wie das mal war!« Jule spielt auf einen Wutanfall der Mutter an, der noch nicht lange zurückliegt. »Da mochte ich dich auch nicht leiden.«

»Vielleicht bist du vorhin mit deinen Gedanken auch irgendwohin unterwegs gewesen.«

»Stimmt! Weißt du, wo ich war? Ich hab Musik gehört. Und dann hab ich mir vorgestellt, dass ich selber so Musik mache.«

»Und dass du dann durch die Gegend fährst und auftrittst?«, fragt die Mutter nach, die sich gut in Jule hineinversetzen kann.

»Ja. Und dann kommst du und guckst zu.«

»Und dann bewundere ich dich, wie toll du das machst, dass alle dich beklatschen?«

»Genau!« Jule fühlt sich verstanden. »Und dann bist du stolz auf mich, was?«

»Klar, Schatz! Klar bin ich stolz auf dich. Auch ohne großen Auftritt!«

Max hat die Reise angetreten in der Situation des Bestraften. Die notwendige Rückkehr in die Realität tritt Max gereift an: Er hat sich mit seiner Wilden-Kerle-Seite auseinander gesetzt.

Die Mutter hat in ihrem Zorn Jule vorbeugend allein gelassen. Jule war sauer über den Rausschmiss, auch wenn er eigentlich kein richtiger Rausschmiss war. Sie hat sich auf eine Fantasiereise in die Zukunft begeben, wo sie einmal groß und berühmt sein wird und die Mutter sie als Star auf der Bühne bewundert. Jule hat sich in die tröstliche Gewissheit geflüchtet, dass auch sie einmal erwachsen, mächtig und tüchtig sein wird und dass sie dann den Beifall der Menschen spüren und den Stolz der Mutter empfangen wird.

Das Buch hat am Ende der Fantasiereise, nachdem die Mutter sich beruhigt hatte und beide bereit waren für ein neues Miteinander, die Rolle des Gesprächsstifters gespielt und damit der Sicherung der Beziehung gedient.

Aliki:
Gefühle sind wie Farben

Alter: ab fünf Jahren

Inhalt: Einfache, originelle Zeichnungen umreißen Alltagssituationen, in denen Gefühle sichtbar werden: Vorfreude, jubelnde Freude, Langeweile, Eifersucht, Trauer – eine vielfältig-bunte Palette.

Wie Sie mit dem Buch umgehen können:
Das Bilderbuch können Eltern gut mit Kindern ab fünf bis sieben Jahren betrachten, selbst Zehnjährige lesen noch gern Geschichten aus den Abbildungen heraus, wenn das Buch ihnen als eine Art »Wörterbuch in Bildern« oder als Gesprächsangebot vertraut ist. Dann können sie mit seiner Hilfe etwas über sich mitteilen.

Die zehnjährige Dörte legt in schwierigen Stimmungen das Buch vor ihre Zimmertür, aufgeschlagen bei dem Bild, das ihrer Laune am nächsten kommt. Wer will, kann sie darauf ansprechen. Das erspart ihr die Frage: »Wie war's denn heute so …?« und langes Herumdrucksen.

Der zwölfjährige Alexander nimmt nach einem schweren Tag gelegentlich das Buch zur Hand und blättert es durch bis zu dem Bild, das jetzt gerade für ihn aktuell ist. Er eröffnet das Gespräch mit dem Aufschlagen einer Seite und dann ist die Mutter dran mit einer behutsamen Frage: »Wie ist das denn, wenn *du* Angst hast? Wie war's heute, als der Zahnarzt gesagt hat, dass er bohren muss?« Oder: »Was meinst du, wie ist das wohl, wenn du morgen in deine neue Klasse kommst und keinen kennst?« Oder: »Wie ist das, wenn du in der Gruppe etwas Schönes gemacht hast, und ein anderer macht es kaputt?«

Der zehnjährige André hat das Buch auf Mutters Schreibtisch entdeckt und blättert darin. Bei dem »Wutanfall in einem Wort« hält er inne: Ein kleines Kind sitzt mit zwei Kochlöffeln vor allerlei Töpfen und Tiegeln. Es ruft, nein, es schreit nur ein Wort: NEIN! – und haut auf die Gerätschaften.

»War ich auch mal so?«, fragt er.

»Na ja, manchmal schon.« Die Mutter erinnert sich noch gut daran. »Wenn du jetzt wütend wirst, hört sich das anders an ...«

André grinst. Er hatte erst am Tag zuvor einen Riesenkrach mit seiner großen Schwester gehabt. Einen wirklichen Krach, nicht nur dieses Wettschimpfen – da war es auch laut geworden! Jetzt sagt er der Mutter, warum das Krachmachen gut tut, wenn man so richtig fuchsteufelswild ist: »Da fühl ich mich leichter hinterher ... Sonst tät ich ja platzen!«

Die Mutter ergänzt: »In dem Lärm steckt die ganze Wut ...« Und André setzt grinsend dazu: »Hast du deswegen neulich die Tür so zugeballert?«

Unten am Bildrand sitzen zwei Vögelchen, die immer mal wieder wie lebendige Fußnoten auftauchen. »Na, na!«, sagen sie nur: Wie die Mutter manchmal. Als Mahnung? Als Warnung?

Andrés Wutanfall gestern hatte eher dem »Wutanfall in vielen Worten« auf dem Bild davor geglichen, und das wäre mühelos ausbaufähig für den schimpfgeübten Zehnjährigen. Die Fußnotenvögelchen sprechen miteinander: »Stock und Steine brechen dir die Beine, aber Wörter tun dir nicht weh.« – »Das denkst du vielleicht.« Das bietet die Möglichkeit, über Schimpfen zu sprechen, das manchmal nötig ist (um Dampf abzulassen) – und über Schimpfen, das verletzen kann.

»Wenn man nicht aufpasst ... also da kann man schon auch mit Wörtern wehtun«, weiß André.

»Kennst du das?«, fragt die Mutter.

»Ja, einmal hat so eine blöde Ziege aus meiner Klasse ›Zwerg‹ zu mir gesagt. Da war ich noch nicht so doll gewachsen wie jetzt. Da hätte ich heulen können ...«

»Mhmm«, sagt die Mutter. »Als ich klein war, hat mal einer ›Brillenschlange‹ zu mir gesagt. Da hab ich wirklich geweint.«

»Ich kann nichts dazu, dass ich erst nicht so schnell gewachsen bin wie die anderen. Und du hast nichts dazu gekonnt, dass du eine Brille tragen musstest. Und wenn die dann so was sagen, ich weiß nicht. Das ist nicht so klasse.«

Bei der Gelegenheit kann die Mutter durchaus noch etwas dazulernen. Sie kann erfahren, in welchen Punkten ihr Sohn sehr verletzlich und kränkbar ist, auch wenn er sich bei geschwisterlichen Schimpfkanonaden völlig cool und unbeeindruckt gibt ...

Der Sinn des Buches: Das Buch ermöglicht es, die Verbindung von Geschehnis und Gefühl beim gemeinsamen Lesen zu erleben. Das Entstehen von Gefühlen, auch von komplexen Gefühlsmischungen ist im Buch leichter zu erkennen als im eigenen Erleben:

das Erschrecken des Jungen beim Stolpern, sein fassungsloses Starren, sein wütendes, lautes Weinen, die auftauchende Hoffnung, die Freude über das neue Eis, das Genießen, das nun vorsichtigere Laufen mit dem Eis, das Schwelgen und Behagen ...

An dem Jungen im Bilderbuch kann man sehen, wie Enttäuschung und zugleich Wut entstehen. Aber man sieht auch, dass sie wieder vergehen.

Selbst wenn man so etwas erlebt hat, macht es einen großen Unterschied, ob die Erfahrung quasi eingekapselt in einem verwahrt bleibt oder ob sie sich beim Erzählen eines fremden Schicksals noch einmal aus der Distanz beleuchten lässt. Die Verknüpfung von Fremdem und Eigenem beim Erzählen hilft dem Kind, sich selbst besser zu verstehen.

Das Buch stellt pfiffig und knapp Situationen dar, die leicht in feindselige Aggression ausarten können oder schon ausgeartet sind. Das Wiedererkennen eigener Erfahrungen ist für ein Kind beruhigend. (»Ich bin nicht das einzige Kind, das am liebsten alles zerdeppern würde vor Wut.«) Außerdem lassen sich anhand von Geschichten leichter Lösungsmöglichkeiten in der Fantasie durchspielen. Beispiel: »Wer könnte Katrin helfen, wenn sie Alice so furchtbar beneidet?« – »Was könnte sie wohl trösten?« – »Was, meinst du, müsste passieren, damit der kleine Kerl aufhören kann, NEIN zu brüllen?«

Die komplizierte Welt der Gefühle wird überschaubarer, und es wird leichter, mit ihr umzugehen, denn sie wird durch das Darüberreden vertrauter.

Hermann Schulz, Wiebke Oeser: Sein erster Fisch

Alter: ab 5 Jahren

Inhalt: Raul und seine Eltern besuchen an einem Wochenende den Großvater am Meer. Während die Eltern am Strand liegen, gehen der kleine Junge und der alte Mann angeln. Sie besorgen sich einen Eimer für die erhoffte Beute, sammeln Würmer und kleine Krebse als Köder und nehmen auch ein Messer mit. Und dann wird es Ernst. Raul lernt von seinem Großvater das Angeln: das Festmachen des Köders, das Auswerfen und Einholen der Angel. Er lernt die Technik und er lernt, dass er Geduld braucht, denn »ein guter Angler überlässt dem Fisch den richtigen Zeitpunkt«.

Schließlich hat Raul einen wunderschönen großen Fisch an der Angel. Während er ihn vom Haken löst, schauen die Gäste im Restaurant hinter ihnen gespannt zu. Doch als dann der Fisch zappelnd auf den Brettern des Bootsstegs liegt, melden sich die Gäste lautstark und entrüstet: Das sei ja Tierquälerei, sie sollen den Fisch wieder ins Wasser werfen. Raul ist verunsichert: Was soll er tun? Der Großvater bleibt gelassen. »Es ist dein Fisch«, sagt er ruhig.

Raul steht der Schweiß auf der Stirn, sein Blick wandert zwischen den aufgebrachten Zuschauern und dem Fisch hin und her. Der Großvater hält ihm das Messer hin und sagt: »Wenn du ihn töten willst, dann tu es sofort.« Und: »Du hast ihn gefangen und du trägst die Verantwortung für den Fisch. Hör nicht auf das, was die Leute rufen.«

Raul entscheidet sich dafür den Fisch zu töten, wenn auch unter Tränen. Die Restaurantgäste sind empört. Der Großvater legt ihm den Arm um die Schultern und sagt: »Hör nicht auf sie. Du hast alles richtig gemacht.« Raul beruhigt sich nur langsam. Er ist traurig, wenn er an den Fisch denkt, aber auch ein bisschen stolz. Die Gäste im Hintergrund empören sich weiter.

Der Sinn des Buches: Das Buch schildert, wie Raul das Handwerk des Tötens erlernt. Ich kann verstehen, wenn Mütter im ersten Moment erschrecken über die schlichte Deutlichkeit, in der dies geschieht. Ist Töten nicht die schlimmste, die böseste Aggression? Darf man dieses Thema einem fünfjährigen Kind zumuten? Schadet ihm das nicht? Das Buch selbst gibt die Antwort, wenn auch zwischen den Zeilen.

Menschen essen nicht nur Gemüse, Obst und Kartoffeln, sondern auch Schnitzel, Lachsfilets oder Fischstäbchen. Wir essen zumeist mit Genuss – und das ist auch gut so. Dabei vergessen wir jedoch allzu leicht, dass wir für unsere Ernährung u. a. auf Tiere angewiesen sind, Mitlebewesen, mit denen wir verantwortungsvoll umgehen wollen. Das Töten der Tiere übernehmen anonyme Einrichtungen weit weg von unserem Leben.

Raul lernt, einen Fisch zu fangen – aus Freude am Angeln, an seiner eigenen Geschicklichkeit und aus Freude am Beutemachen. Er muss den Fisch zwar nicht zum unmittelbaren Stillen seines Hungers töten, doch geht es ums Grundsätzliche: töten, weil wir Menschen Nahrung brauchen. Raul trägt die Verantwortung für den Fisch: Es ist *sein* Fisch und *er* muss entscheiden, was er tun will. Wenn er entscheidet, seinen Fisch zu töten, dann, so lehrt ihn der Großvater, muss er es schnell tun, damit der Fisch nicht lange leidet. Dadurch lernt Raul, dass er ein Nahrungstier töten darf, dass er es jedoch im Bewusstsein seiner Verantwortung für die Schöpfung tun soll.

Und die Menschen, die »Tierquälerei« rufen? Sie lügen. Sie lügen, weil sie doch selbst im Fischrestaurant beim Essen sitzen – sie haben nur nicht selbst getötet, sondern töten lassen, erfreuen sich aber am Genuss, den sie vom Tod der Fische haben. Den Tod selbst haben sie verdrängt.

Wie Sie mit dem Buch umgehen können: Die fünfjährige Cilly kommt hungrig aus dem Kindergarten. »Was gibt's denn heute?«, fragt sie in Richtung Küche. »Das riecht so lecker!«

»Gegrillte Hähnchenschlegel«, sagt die Mutter.

»Was sind das: Schlegel?«, fragt Cilly.

»Das sind Hühnerbeine«, erklärt die Mutter.

»Echte Beine?« Cilly scheint zu zweifeln. »Richtig von einem echten Huhn abgemacht?«

Irgendetwas in Cillys Stimme bewirkt, dass die Mutter sich unbehaglich fühlt. Sie sucht nach einer Antwort, die nach Möglichkeit weitere Fragen verhindert. Sie möchte ihr kleines Mädchen nicht beunruhigen. Und blutige Realität muss doch nicht gerade jetzt sein, vor dem Essen!

»Sag mal, Mama: von einem echten Huhn?«, insistiert Cilly.

»Ja«, gibt die Mutter widerstrebend zu, »aber es lebt nicht mehr.« Da kommt glücklicherweise der achtjährige Heiko nach Hause.

»Ich hab einen Mordshunger«, ruft er schon im Flur.

»Na, dann komm mal schnell rein«, sagt die Mutter. »Wir können gleich essen.«

Cilly scheint die Hühnerbeine vorerst vergessen zu haben. Doch als sie genüsslich an den Knöchelchen nagen, fängt Cilly an: »Weißt du was, Heiko? Das hier sind echte Beine von richtigen Hühnern!«

»Na und?« Heiko bleibt ungerührt.

»Wie macht man die eigentlich ab?«, fragt sie.

Heiko isst mit Genuss und Konzentration, da kann er keine Fragen seiner kleinen Schwester brauchen.

»Mama, sag mal: Wie macht man die Beine ab?«, will Cilly wissen.

Die Mutter fühlt sich unbehaglich: »Musst du das unbedingt jetzt beim Essen wissen?« Heiko hat den Knochen auf die Seite gelegt. Er sagt: »Na wie wohl – abgehackt natürlich!«

Cilly blickt unsicher von Heiko zur Mutter. Die Mutter holt tief Luft, sucht nach einer Formulierung, aber Heiko kommt ihr zuvor: »Haste noch nie Papas Beil in der Garage gesehen? Da nimmste so ’n Huhn, hältst es fest und zack! Kopf ab!« Er mimt die Bewegung. »Und noch mal zack! Zack! Und dann sind die zwei Beiner ab.«

Das reicht der Mutter. Sie sagt: »Also, Heiko, das heißt Beine und nicht Beiner. Und außerdem will ich jetzt in Ruhe fertig essen. Wenn wir nachher abgeräumt haben, dann können wir meinetwegen übers Schlachten reden.«

Sie hat längst gewusst, dass das Thema Schlachten und Essen von Tieren irgendwann aufkommen würde. Bisher hat sie es aber immer geschafft, sich darum herumzumogeln. Sie weiß zwar, dass sie ihren Kindern die Realität zumuten darf – Realität, in Ruhe erklärt, ist niemals so verhängnisvoll wie vages Verschleiern –, aber das Thema Schlachten ist ihr doch zu blutig!

»Ich möchte erst noch darüber nachdenken«, sagt sie den Kindern nach dem Essen. »Dann reden wir drüber. Versprochen!«

Beim Aufräumen in der Küche erinnert sich die Mutter daran, wie ihre Mutter früher auf dem Markt Fische gekauft und daheim ausgenommen hat. Sie denkt daran, wie gern sie Rogen isst oder eben gegrillte Hähnchenschlegel.

Am Nachmittag gibt sie sich einen Ruck: »Kommt, ihr zwei. Ich möchte ein Buch mit euch anschauen. Und dann reden wir über Hühnerbeine.«

Sie setzen sich aufs Sofa, die Mutter liest ›Sein erster Fisch‹ vor. Cilly kriegt große Augen, als sie hört, dass Raul dem Fisch den Kopf abschneidet. »Iiii«, sagt sie. »Das tät ich aber nicht!«

Heiko gibt sich stark und sagt: »Ein Messer! Geil, ey! Der Frank in meiner Klasse, der hat auch eins, sooo groß! Der kann noch viel größere Köpfe abschneiden damit!«

»Mach mal halblang«, dämpft die Mutter ihn. »Frank schneidet sicher keine Köpfe ab. Höchstens die vom Löwenzahn.« Und zu Cilly gewandt: »Cilly, was ist ›Iiii‹? Findest du das eklig?«

»Ich weiß nicht ... ein bisschen schon. Der blutet doch bestimmt, der Fisch!«

»Ja«, bestätigt die Mutter, »der blutet. Ekelst du dich davor?«

»Ein bisschen ... so ganz echtes Blut ... nicht bloß Marmelade oder Ketchup wie im Film.«

Cilly denkt nach. Dann sagt sie: »Der Fisch würde doch sicher lieber wieder ins Wasser gehen statt tot zu sein. Schwimmen. Und zu seinen Freunden!«

Heiko ist ernst geworden. »Ich find den Raul gemein. Und der Großvater ist komisch. Ehrlich: dass der den Raul das einfach machen lässt, dass der dem auch noch das Messer gibt und zuguckt!«

»Habt ihr Mitleid mit dem Fisch?«, fragt die Mutter.

»Klar«, sagt Cilly. »Ich wär doch auch nicht gern tot und auf dem Teller von irgendwem! Du vielleicht?«

»Ich werd auch nicht gern gefressen«, gibt Heiko zu. »Und schon gar nicht von dir«, sagt er in Cillys Richtung.

»Wir brauchen etwas zu essen, damit wir leben können«, sagt die Mutter. »Wir brauchen nicht nur Gemüse und Obst und Kartoffeln und Getreide. Wir brauchen auch Sachen, die nur im Fleisch oder im Fisch sind.«

»Und deswegen essen wir Tiere«, ergänzt Heiko.

Cilly meint: »Aber lebende Tiere kann man doch gar nicht essen.«

»Stimmt«, sagt die Mutter. »Deswegen müssen Menschen die Tiere schlachten, von denen sie etwas essen wollen.«

»Aber dass der Raul ein Messer nimmt und dem Fisch den Kopf abschneidet …« Cilly lässt das keine Ruhe.

»Er hat ja den Fisch gefangen«, überlegt Heiko. »Das ist seiner, hat der Großvater gesagt. Und deswegen muss er entscheiden, was er mit ihm machen will. Wenn er ihn nachher essen will, muss er ihn ja wohl totmachen.«

»Er könnte ihn doch auch einfach liegen lassen, dann stirbt er von selbst«, sagt Cilly. »Dann muss Raul nicht mit dem Messer ran!«

»Da würde der Fisch auch sterben. Aber er würde langsam ersticken, Cilly«, gibt die Mutter zu bedenken. »Das wäre eine Quälerei für den Fisch.«

»Hat der Großvater *das* gemeint, als er das mit der Verantwortung gesagt hat?«, will Heiko wissen.

»Ich denke, ja«, meint die Mutter. »Wenn wir denn schon Tiere essen, dann müssen wir wenigstens dafür sorgen, dass sie nicht unnötig leiden.«

»Hast du mal selber ein Tier totgemacht, außer Mücken totgeschlagen?«, fragt Heiko.

»Zum Essen, meinst du? Nein«, sagt die Mutter. »Aber ich war als kleines Mädchen auf dem Bauernhof bei meiner Oma. Und die hat manchmal für unser Sonntagsessen ein Huhn vom Hof geholt. Sie hat es erst gefüttert und hat freundlich mit ihm geredet. Und dann hat sie es ganz schnell gepackt, mit einem

Griff, und hat ihm den Kopf abgehackt. Ich habe ihr nachher geholfen, die Federn rauszureißen.«

»Und dann hast du das echt gegessen?«, erkundigt sich Cilly.

»Ja, wir haben alle davon gegessen«, erzählt die Mutter. »Die Oma konnte so tolle Sachen aus einem Huhn kochen, unheimlich lecker!«

»Na weißt du«, entrüstet sich Heiko. »Erst totmachen und sich dann noch freuen?«

»Ich glaub, ich weiß, was du meinst, Heiko: ob es fies ist, wenn man Freude am Essen hat, wo doch das Huhn dafür sterben musste?«

»Ja. Das arme Huhn! Und der arme Fisch …«

»Mhm«, die Mutter kann das verstehen. »Das Tier musste sterben. Das war traurig für das Huhn oder für den Fisch. Das ist die eine Seite von der Geschichte. Es gibt aber auch eine andere Seite: Wir brauchen das Fleisch vom Huhn oder vom Fisch. Und so ein Huhn, fertig gekocht und mit leckerer Sauce, oder der Fisch … Denkt mal, wie gern ihr Fischstäbchen esst! Das schmeckt richtig gut. Darüber darf man sich freuen. Niemand muss deswegen ein schlechtes Gewissen haben.«

»Sonst muss man aber wegen Totmachen immer ein schlechtes Gewissen haben«, sagt Cilly.

»Stimmt«, gibt die Mutter zu. Aber sie hat das Gefühl, dass da noch ein Problem steckt.

Dann fällt ihr etwas ein: »Sagt mal: Macht es einen Unterschied, ob einer ein Huhn tötet zum Essen oder ob Raul einen Fisch tötet?«

»Irgendwie schon«, meint Heiko. Und Cilly sagt: »Einen Fisch kann ich nicht streicheln … Und ein Huhn, das ist vielleicht mehr wie ein Hund …«

Heiko lacht los, aber die Mutter bremst ihn: »Lass mal, Heiko. Ich glaube, da ist was dran. Ein Fisch aus dem Meer – den kennt keiner. Da gibt's so viele, der ist zufällig an die Angel gekommen. Aber ein Huhn auf dem Bauernhof – mit dem lebt man zusammen. Das hat vielleicht einen Namen, Berta oder so, und gehört fast schon zur Familie. Meinst du das, Cilly?«

»Ja«, Cilly nickt, »sag ich doch: Das Huhn ist wie ein Hund!«

»Du spinnst«, sagt Heiko, aber dann räumt er ein: »Irgendwie ist das schon so ähnlich: Der *Raul*, der hat den Fisch geangelt. Und der Großvater sagt, das ist jetzt sein Fisch. Dann ist der Fisch auch ein bisschen … wie ein Hund.«

Die Mutter hilft ihm: »Der Fisch ist jetzt *Rauls* Fisch und nicht mehr irgendeiner von hunderttausend Fischen im Meer?«

»Ja, so ungefähr.«

»Mhmm«, die Mutter weiß jetzt, in welche Richtung die Gedanken der Kinder gehen. »Es ist *Rauls* Fisch, so wie es damals Omas Huhn war. Ein Tier, zu dem jemand eine Beziehung hat.«

»Was ist das: Beziehung?«, will Cilly wissen.

»Wenn du jemanden kennst, mit ihm zu tun hast, wenn er vielleicht dein Freund ist oder mit dir in dieselbe Klasse geht, dann ist das kein Fremder mehr. Dann hast du eine Beziehung zu ihm.«

Die Mutter denkt an eine Freundin, die Vegetarierin ist und die gute Gründe dafür hat, kein Fleisch und keinen Fisch zu essen. Und sie denkt daran, dass sie selbst beides sehr gern isst, wenn auch nicht jeden Tag.

Sie sagt: »Wisst ihr, es muss jeder für sich entscheiden, ob er Fleisch essen möchte. Oder Fisch. Oder keins von beidem.«

»Du und Papa, ihr habt entschieden, dass ihr Sachen von Tieren esst?«, will Cilly wissen.

»Ja«, sagt die Mutter. »Aber wir wollen nicht, dass Tiere unseretwegen leiden müssen. Darum kaufen wir nach Möglichkeit da ein, wo es Fleisch von Tieren gibt, die nicht endlos lang rumgefahren werden zum Schlachten oder qualvoll sterben müssen.«

»Tot ist aber doch tot«, wendet Heiko ein. »Und tot ist immer schlimm.«

»Mhmm«, macht die Mutter nachdenklich. »Aber denk mal: Alles, was lebt, muss sterben. Tot ist doch auch was Normales, oder?«

»Ja, irgendwie schon. Aber wenn der Fisch nicht mehr schwimmen darf oder wenn ein Huhn nicht mehr rumlaufen kann, dann ist das doch blöd für sie!«

»Ich weiß keine endgültige Antwort auf alle Fragen. Das sind

Fragen, über die man immer und immer wieder nachdenken muss …«

»Hat dir deine Mama denn nicht beigebracht, was richtig ist?«, will Cilly wissen.

»Viele Sachen hat sie mir beigebracht, Schatz«, sagt die Mutter. »Aber wirklich alles kann niemand seinen Kindern beibringen. Jedenfalls«, die Mutter kommt noch einmal auf das Buch zurück, »finde ich es nicht in Ordnung, dass die Leute im Restaurant Fisch essen und auf Raul schimpfen. Denn die Fische bei denen auf dem Teller sind ja auch mal lebendig gewesen.«

»Stimmt«, bestätigt Heiko, »aber die Leute haben die Fische nicht totgemacht!«

»Du meinst, wenn die Leute den Fischen nicht selbst den Kopf abgeschnitten haben, dann haben sie auch nichts mit deren Tod zu tun?«

»Ja. Der Raul, der hat den Fisch selber totgemacht, das ist was anderes.«

»Findest du, dass das Selber-Totmachen schlimmer ist, als wenn du einen Fisch isst, der von jemand anderem totgemacht wurde?«

Heiko zögert. »Irgendwie ja«, sagt er schließlich.

»Jemand anderes hat das Töten *anstelle* der Leute im Restaurant erledigt. Die Leute bezahlen ja dafür, dass jemand den Fisch erst gefangen und dann getötet und gekocht hat.«

»Hm«, sagt Heiko.

»Ich glaub, wir können das nicht alles auf einmal verstehen«, schließt die Mutter vorerst das Kapitel ab. Sie weiß, dass manche Fragen immer wieder neu beantwortet werden müssen. Die Frage nach dem Recht des Menschen, Tiere zu töten, gehört sicher dazu.

Ihr fällt ein, dass sie einmal von einem Volk gelesen hat, dessen Angehörige sich bei dem Tier, das sie erlegt haben, entschuldigen. Vielleicht könnten sie auch darüber einmal miteinander nachdenken. Damit das Töten nicht gedankenlos geschieht. Und damit es nicht einfach vergessen und ausgeblendet wird.

Annika Thor: Ich hätte Nein sagen können

Alter: ab 11 Jahren

Inhalt: Als Nora nach den Ferien und überstandenen Windpocken wieder in die Schule kommt, muss sie gekränkt feststellen, dass ihre beste Freundin Sabina sich mittlerweile mit Fanny zusammengetan hat. Nora ist plötzlich draußen, die Zweierbeziehung ist aufgebrochen, sie gehört auch nicht zur Clique.

Die »unmögliche« Karin, die Letzte in der Hackordnung der Klasse, nähert sich Nora, sucht Anschluss und bietet sich zu Hilfsleistungen an. Im Bestreben, auf irgendeine Weise wieder dazuzugehören, lässt Nora sich verführen, auf üble Weise Karin auf einer Klassenfete eins reinzuwürgen.

Zwar ist Nora sich dessen bewusst, dass sie sich fies benimmt, aber in ihrer eigenen Not schiebt sie ihre Bedenken beiseite und macht beim Mobbing mit, um nicht selbst auf die unterste Ebene der Hierarchie abzurutschen.

Der Sinn des Buches: Der alltägliche Terror unter Freunden wird in seinen Zusammenhängen und Bedingtheiten dargestellt. Der Wunsch, nicht ausgeschlossen zu sein, kein fünftes Rad am Wagen, sondern beliebt und begehrt, erweist sich als Triebkraft für das Ausschließen und Quälen eines Schwachen.

Das Buch zeichnet die ganz normalen sozialen Bedingungen der Protagonistin wie auch der anderen Kinder mit großem Gespür und so echt nach, dass allenthalben genügend Möglichkeiten zur Identifikation gegeben sind. Wenn beim Sprechen über die Geschichte der erhobene Zeigefinger vermieden wird, bietet sich viel Gelegenheit für Elf-, Zwölfjährige, eigenes Erleben auszudrücken. Vielleicht sprechen sie nicht unbedingt im Detail über das, was sie bewegt. Aber der Hintergrund ihrer Erfahrungen kann ja im Gespräch über Nora, Sabina und die anderen anklingen, ohne dass allzu Intimes ans Licht gezerrt werden muss.

Wie Sie mit dem Buch umgehen können:

»Ich hab das Buch gern gelesen«, beginnt die Mutter. »Und du?«

»Mhmm. Ist spannend«, meint Gitte.

»Am Anfang hab ich richtig Mitleid mit Nora gekriegt …«

»Das war ja auch blöde, dass der die Freundin einfach abgehauen ist.« Gitte kann das verstehen. Sie hat auch einmal eine Freundin verloren.

»Ich hab mir überlegt, was die Sabina eigentlich für ein Mädchen ist. Ob sie nett ist. Ob ich sie leiden mag.«

»Also, erst dachte ich, die ist 'ne Blöde«, meint Gitte. »Und wieso haut die Nora nicht einfach ab, wenn die sich 'ne andere Freundin genommen hat?«

»Und nachher hast du was anderes gedacht?«, fragt die Mutter.

»Ja, dass die Nora sich vielleicht keine andere Freundin nehmen konnte.«

»Wieso meinst du das?«

»Na, wenn die doch schon alle aufgeteilt sind in der Klasse!« Gitte kennt das aus ihrer Klasse, da gibt es auch kleine Cliquen. »Da weiß doch jeder, wer zu wem gehört. Da war ja bloß noch die Karin frei. Und die ist doch echt das Allerletzte.«

Die Ausdrucksweise geht der Mutter gegen den Strich, und so übersetzt sie: »Du meinst, die ist unbeliebt, die mag keiner.«

Gitte nickt.

»Und deswegen ist sie die Letzte, mit der man gut Freund sein kann?«, fragt die Mutter.

»Ja, so ähnlich. Wenn einer doofe Freunde hat, dann sehen die anderen einen auch für doof an. So was will doch echt keiner!«

Es geht im Gespräch nicht primär darum, eine moralisch saubere Handlungsanweisung für die Protagonistin zu erarbeiten! Denn unsere Kinder haben tief innen sehr wohl ein Gefühl für das, was richtig ist. Wichtiger ist, die Motive der Romanfiguren herauszufinden und auszusprechen, weil das Benennen der Handlungsmotive das Verständnis dafür fördert, wie das Verhalten zustande kommt. Es reicht nicht zu wissen, was »richtig und gut« ist, wenn man nicht zugleich weiß, wie schwer es manchmal sein kann, aus eigener Verstricktheit das Richtige zu tun.

Und weil es so oft vorkommt, dass wir oder unsere Kinder etwas Falsches tun, etwas, dessen wir uns hinterher schämen, können wir zumindest versuchen, zu verstehen, an welcher Stelle wir gestrauchelt sind und warum.

»Ich glaube, Nora schämt sich entsetzlich«, vermutet Gitte.

»Meinst du, sie könnte jetzt noch irgendetwas tun? Etwas wieder gutmachen?«

»Ich weiß nicht …« Gitte zweifelt. »Ich glaube nicht, dass Karins Mutter noch mit ihr spricht. Und Karin erst recht nicht.«

»Wie könnte das Buch wohl weitergehen?«, fragt die Mutter. »Was meinst du?«

»Tja, vielleicht in drei Jahren oder so treffen sich Nora und Karin irgendwo. Dann reden sie vielleicht einfach miteinander.«

»Über das, was passiert ist?«

»Nee! Einfach so, erst mal. Vielleicht finden sie dann was, das sie zusammen machen mögen …«

Die Mutter überlegt, wie Gitte das wohl meint: »Meinst du so eine Art vorsichtigen Neuanfang?«

»Ja, so ähnlich. Dass sie sich erst mal neu kennen lernen … und dann können sie ja gucken, was sie machen. Ob sie was miteinander zu tun haben wollen …«

Wir sollten nicht so tun, als gebe es für jedes Problem eine passende, saubere Lösung. Das stimmt nur für Musteraufsätze, nicht jedoch für die Beziehungsgeschichten, die das Leben schreibt.

Kirsten Boie:
Nicht Chicago. Nicht hier.

Alter: ab 12 Jahren

Inhalt: Niklas, seine Schwester Svenja und die Eltern – eine normale Familie, ein normaler Alltag. Doch als Karl in Niklas' Klasse kommt, braut sich Unheil zusammen. Karl, der absolut cool und unberührbar auftritt und Niklas einerseits beeindruckt, andererseits jedoch etwas Unheimliches an sich hat. Die Klassenlehrerin bemüht sich um Integration des Neuen und so kommt Karl zum Hausaufgabenmachen zu Niklas.

Dort nimmt er einfach eine CD mit, die noch dazu Svenja gehört. Beim nächsten Besuch leiht Niklas Karl das CD-ROM-Laufwerk von Vaters Computer, weil dieser ihn unter Druck setzt. Und nun wird deutlich, dass etwas in Gang gekommen ist, das den Namen Terror zu Recht verdient.

Niklas bekommt mit seinem Vater großen Ärger, als der das Laufwerk vermisst. Und als Karl behauptet, Niklas habe ihm das Laufwerk verkauft, ist der Vater ratlos: Was ist in Niklas gefahren? Lügt er? Aber warum?

Niklas fühlt sich in einer ausweglosen Situation: Weil er nicht völlig unschuldig ist, gerät er immer tiefer in die Isolation, überzeugt, dass niemand ihm glauben wird. Tatsächlich scheint auch stets alles gegen ihn zu sprechen. Sogar die Lehrerin beklagt Niklas' irrationale Abneigung gegen Karl. Der übt immer stärkeren Druck aus, tyrannisiert Niklas, schlägt ihn zusammen, geht dabei jedoch dermaßen geschickt vor, dass es niemals Beweise gibt für seine kaltblütigen Taten.

Es dauert lang, bis die Familie Niklas glaubt und sich hinter ihn stellt. Zu einer Anzeige bei der Polizei kommt es allerdings niemals. Selbst tagelanger Telefonterror ist schwer zu beweisen. So ist das Ende der Geschichte denn auch kein Happy End.

Der Sinn des Buches: Der Plot ist nicht zusammenfantasiert, nicht an den Haaren herbeigezogen, sondern er ist von der (hässlichen) Wirklichkeit abgeschrieben. Das offene Ende, unbefriedigend für Harmonieverfechter, lässt Raum für eigene Überlegungen, wie es in der Lebensrealität weitergehen könnte und welche Handlungsspielräume die Leser sehen.

Wie Sie mit dem Buch umgehen können: Die Mutter hat das Buch selbst gelesen, bevor sie es dem zwölfjährigen Ole gegeben hat. Sie ist gespannt, wie er wohl Karl findet – zweifellos kann er für manchen Jungen faszinierend sein. Da Elf-, Zwölfjährige ihre emotionalen Reaktionen durchaus beobachten und ausdrücken können, fragt sie einfach drauflos: »Wie findest du eigentlich den Karl?«

»Och«, sagt Ole, »zuerst find ich den eigentlich nicht so schlecht.«

»Was gefällt dir an ihm?« Sie fragt interessiert, nicht etwa entrüstet.

»Na, der ist echt cool. Wie der mit der Lehrerin redet ..., also, der spricht gar nicht richtig mit ihr. Der bringt die irgendwie ... durcheinander.«

»Ich glaub, das tätest du auch mal gerne, was?«

»Ja, klar. Der macht ja eigentlich nichts Schlimmes. Der ist bloß irgendwie ... stärker als die.« – »Es wäre schön, wenn du auch mal das Gefühl haben könntest, stärker zu sein, wo du doch sonst immer machen musst, was die Lehrer sagen.«

»Ja, schon ...«, gibt Ole zu. Die Mutter versteht das gut. Ihre eigene Schulzeit ist noch nicht so lange her, dass sie sich nicht mehr daran erinnern könnte, wie ohnmächtig wütend sie manchmal auf einen bestimmten Lehrer war.

»Und wann, findest du, wird der Karl unangenehm?«

»Also, wenn er was wegnimmt und so tut, als wäre das gar nicht so ...«

»Kannst du dir vorstellen, wie das wäre, wenn dir das passieren würde?«

»Da wär ich sauer. Ich könnte ja nichts machen. Und irgendwie hätte ich ja dann auch was angestellt und das käme raus, wenn ich ihn verpfeifen würde. Der Niklas traut sich das ja auch nicht.«

»Und was passiert, wenn du dann so ganz arg sauer bist?«

»Vielleicht würd ich mir den Karl schnappen.«

»Und dann?«

»Mann, dem würde ich die Fresse polieren. Oder ich würde mich bei denen reinschleichen und dann ihm mal was klauen. Dass er mal Ärger kriegt ...«

»Dann tätest du ja auch etwas, das nicht recht wäre ...«

»Schon. Aber ich hätte immer noch mehr Recht als Karl. Weil ich das ja dann täte, *nachdem* er mich beklaut hat. Der hat ja zuerst Scheiß gebaut!«

»Das klingt so, als ob das Unrecht kleiner dadurch wird, dass ein anderer vorher Unrecht getan hat!« – »Ich weiß nicht ..., ja schon, irgendwie. Aber ein bisschen auch nicht.«

Ole denkt nach. Dann sagt er: »Also, dann würd ich ihn vielleicht lieber zusammenschlagen. Hat er doch selber dran Schuld!«

»Du meinst, du kriegst dann so etwas wie mildernde Umstände?«

»Ja. Hoffentlich ...«

»So ganz sicher bist du dir aber nicht, oder?«

»Nee, nicht ganz.«

»Kannst du sagen, wo du da Zweifel hast?«

»Na ja – also irgendwie ist das ja auch keine Lösung, das Zusammenschlagen ...«

»Wieso meinst du eigentlich, dass das keine Lösung ist?«

»Erst tut der Kerl mir was. Dann schlag ich ihn zusammen. Und dann kann er das wahrscheinlich nicht einfach stehen lassen und tut wieder mir was an. Und dann geht das nachher immer so weiter ...«

Betroffen stellt Ole fest, dass von der Bestürzung zur fantasierten feindseligen Aggression ein viel kleinerer Schritt liegt, als ihm lieb ist. Das jedoch zu wissen, ist ein Stück Selbsterkenntnis, das sich als außerordentlich bedeutungsvoll erweisen kann.

Literatur

Die besprochenen Kinder- und Jugendbücher

Aliki: Gefühle sind wie Farben. Weinheim: Beltz & Gelberg 1987.
Boie, Kirsten: Nicht Chicago. Nicht hier. München: Deutscher Taschenbuch Verlag 2002.
Kitamura, Satoshi/Oram, Hiawyn: Der wütende Willi. Mülheim: Verlag an der Ruhr 1993.
Schulz, Hermann/Oeser, Wiebke: Sein erster Fisch. Wuppertal: Peter Hammer 2000.
Sendak, Maurice: Wo die wilden Kerle wohnen. Zürich: Diogenes 1967.
Thor, Annika: Ich hätte Nein sagen können. Weinheim: Beltz & Gelberg 2000.

Empfohlene Literatur

Biebricher, Helga/Speichert, Horst: Montessori für Eltern. Die Materialien, die Methode. Für Kinder von 2 bis 6. Reinbek: rororo 1999.
Brockert, Siegfried: Positive Psychologie. Gesund und glücklich durch emotionale Fitness. Stuttgart: Kreuz 2001.
Brüder Grimm: Kinder- und Hausmärchen. Verschiedene Ausgaben.
Deißler, Hans-Herbert: Sinn und Unsinn der Strafe. Freiburg 1981.
Dreikurs, Rudolf/Grey, Loren: Kinder lernen aus den Folgen. Wie man sich Schimpfen und Strafen sparen kann. Freiburg: Herder 1973.
Lichtenberg, Joseph D.: »Motivational-funktionale Systeme als psychische Strukturen«. In: Forum der Psychoanalyse, Bd. 7, 1991.

Nöstlinger, Christine: Anna und die Wut. Wien: Dachs-Verlag 1995.

Oram, Hiawyn/Ross, Tony: Die zweite Prinzessin. Hamburg: Carlsen 1994. (Das 23-seitige Bilderbuch ist nur noch antiquarisch und in Bibliotheken erhältlich.)

Parens, Henri: »The Development of Aggression«. In: Early Childhood. New York: Aronson 1979.

Portmann, Rosemarie: Spiele zum Umgang mit Aggressionen. München: Don Bosco 1995.

Prekop, Jirina: Hättest du mich festgehalten ... Grundlagen und Anwendung der Festhalte-Therapie. München: Kösel 1989.

Rogge, Jan-Uwe: Kinder brauchen Grenzen. Reinbek: rororo 1992.

Stern, Daniel N.: Die Lebenserfahrung des Säuglings. Stuttgart: Klett-Cotta 1992.

Register